Glücklich Sein
in jedem Moment

Golden, Samarpan:
Glücklich Sein in jedem Moment –
Gespräche über das Erwachen
© J. Kamphausen Verlag &
Distribution GmbH
info@j-kamphausen.de

Lektorat: Hans-Jürgen Zander
Typografie und Satz: Wilfried Klei
Umschlag-Gestaltung:
Jan Ateet Frankl
Druck & Verarbeitung:
Westermann Druck Zwickau

www.weltinnenraum.de

1. Auflage 2003
Die Deutsche Bibliothek – CIP-Einheitsaufnahme

Ein Titelsatz für diese Publikation
ist bei der Deutschen Bibliothek erhältlich

ISBN 3-933496-67-5

Alle Rechte der Verbreitung, auch durch Funk, Fernsehen und
sonstige Kommunikationsmittel, fotomechanische oder vertonte Wiedergabe
sowie des auszugsweisen Nachdrucks vorbehalten.

SAMARPAN

GLÜCKLICH SEIN
IN JEDEM MOMENT

Gespräche über das Erwachen

	Geliebter Freund, Geliebtes Selbst	7
	Vorwort	8
1.	Der hohle Bambus	10
2.	Die perfekte Hölle	15
3.	Wer ist der Herr in deinem Haus?	27
4.	Misfits	44
5.	Die Versuchung	59
6.	Unschuld – der Weg zum heiligen Gral	78
7.	Gott, Du musst für mich sorgen!	88
8.	Sünder und andere spirituelle Sucher	101
9.	Das Salz in der Suppe	114
10.	Das Anhalten des Pendels	124
11.	Monster	137
12.	Das Guru-Dilemma	153
13.	Wahre Liebe	171
14.	All-Ein-Sein	184
15.	Der Sprung ins Unbekannte	194
16.	Die Macht der Illusion	206
17.	Hurra, ich bin erleuchtet!	216
	Glossar	232
	Danksagung	235
	Vita	237

Geliebter Freund, Geliebtes Selbst

In diesem Buch findet eine Begegnung zwischen dir und deinem wahren Selbst statt. Die Absicht ist nicht, deinen Verstand mit mehr Informationen zu füttern, sondern dich in Kontakt mit dir selbst zu bringen.

Jeder Fragende repräsentiert dich, die Fragen sind deine Fragen, die Situationen und Erfahrungen, über die gesprochen wird, sind deine eigenen.
Dieses Buch handelt von dir, von der menschlichen Natur, vom Menschsein.
Die wahre Botschaft dieses Buches ist Frieden. Kein Friede, der von äußeren Umständen abhängt, jedoch wahrer ewiger Frieden, der immer hier ist, unabhängig von dem, was das Leben dir in diesem Augenblick gibt.

Wenn du anfängst, dieses Buch zu lesen, dann stelle alle Beurteilungen und Ideen, Philosophien und Theologien beiseite. Jede Seite ist eine Einladung, tiefer in diesen Moment zu kommen, und du kannst das nur, wenn du deine Ideen draußen lässt. Lege alle Urteile irgendwo ins Regal. Du kannst sie wieder holen, wenn du sie gebrauchen willst.
Aber komme gerade jetzt ganz offen mit überhaupt keiner Vorstellung. Es ist, wie ein Kind zu sein, vollkommen unschuldig. Das ist die richtige Vorbereitung, um die Mysterien des Universums zu entdecken, die dich erwarten.

Samarpan

Vorwort

Als ich gefragt wurde, ob ich das Vorwort für dieses Buch schreiben wolle, war meine Antwort ein spontanes JA.
Nun ist ein halbes Jahr vergangen und das Schreiben beginnt.

Ja, was gibt es zu einem Satsang Buch wohl zu sagen bzw. zu schreiben? In einem Buch, in dem es um „Nichts" und „Alles" gleichzeitig geht? In einem Buch, in dem es nicht ums Werden, sondern ums Sterben oder Ent-Werden geht?
Es geht nicht darum, irgendetwas zu erlangen oder zu bekommen, Wissen anzusammeln, Erfahrungen anzuhäufen, nein – es geht einfach um das PURE SEIN.
Sein ist nur hier, in diesem Moment, in dem Du gerade diese Zeilen liest. Da, wo das Suchen aufhört, sich die Suche auflöst, und du als Suchende/r verschwindest.

Samarpan spricht das Un(aus)sprechbare und beantwortet die Fragen in Einfachheit und Vielfalt.
Er wirkt als Instrument und Kanal für das Göttliche, und manchmal tritt das Schwert in den Vordergrund, welches alle Anhaftungen an das Leiden (Illusionen) durchschneidet, und dann wieder spricht die sanfteste Liebe, in deren Feuer alles verbrennt.
Samarpan zeigt keine Abkürzungen, aber den direkten, einfachen Weg.

Wer auch immer in diesem Buch liest, wird die Wahrheit schmecken und riechen.
Und jede Kostprobe ist so wunderschön, so einzigartig. Es wird jeden, der mit offenem Herzen lauschen und lesen kann, tief berühren. Es wird den, der leer sein kann, füllen.

Wann immer Bücher über die Wahrheit geschrieben werden, sind sie Geschenke. Geschenke des Wachrüttelns aus dem Traum, der Illu-

sion. Geschenke des Sich Erinnerns. Das, was war und immer sein wird, Frieden – unsere Natur kann nicht anders als sich erinnern.
Wie soll ein Tropfen, der auf den Ozean trifft, nicht darin verschwinden?

Was mir nun noch bleibt, ist, meiner tiefen Dankbarkeit Ausdruck zu verleihen.
Samarpan, der mich an der Hand hielt und mich durch die dunkelsten Höllen und die höchsten Höhen begleitete.
Der einfach da war – im Sterben der Geschichte, im Sterben der Ideen und Konzepte über uns und das Leben.
Der meine Ozeane von Tränen teilte und mir immer wieder Mut gab, alles hinweg schwemmen zu lassen.
Der Schleier verschwand, und die Ewigkeit enthüllte sich. Und ich möchte keine dieser schmerzlichen und wunderschönen Erfahrungen missen.
Was bleibt, ist Hingabe.
Hingabe an die Liebe, die sich jeden Moment frisch und neu zeigt und entfaltet.
Die Liebe, die entdeckt werden will.

Jetzt, in diesem Moment.

Danke

Sarah Ingrid Münker,
Köln im Juli 2002

1
Der hohle Bambus

Samarpan: Willkommen zum Satsang!
Diese Tage gemeinsamer Stille sind eine Gelegenheit, nichts zu tun. Den größten Teil unserer Zeit verbringen wir mit Sprechen. Wenn du dir selbst gestattest still zu sein, kannst du dich wirklich entspannen. Dann kannst du wirklich eine Pause von deiner normalen Routine machen.
Das erinnert mich an ein paar Geschichten, die Osho erzählt hat. Eine Geschichte handelt von einem Meister, der jeden Morgen einen Spaziergang machte. Einer seiner Schüler pflegte ihn zu begleiten. Als sein Freund darum bat, auch mitkommen zu dürfen, war der Meister unter der Bedingung einverstanden, dass nicht gesprochen werde. So gingen sie schweigend und kamen auf eine Anhöhe, als gerade die Sonne aufging. Es war überaus schön. Der Begleiter sagte: „Seht, wie wunderschön!" Der Meister drehte sich zu ihm und sagte: „Glaubst du, ich könnte das nicht selbst sehen?"
Das war alles, was auf dem ganzen Ausflug gesprochen wurde. Als sie wieder zu Hause waren, wandte sich der Meister an seinen Schüler: „Du kannst morgen wieder mit mir kommen. Bring aber deinen Freund nicht mit, er redet zuviel!"
Wenn du in tiefer Stille bist, ist selbst ein einziges Wort zu viel. Es kann so heftig wirken wie ein Messerstich. Wenn dein Partner oder dein Freund in Stille ist und du sprichst, kann ihn das wirklich stören.

Ich erinnere mich an eine weitere Geschichte. Die Geschichte von einem Maler, der ein Meister war. Er war der größte Künstler im Reich. Der König bat ihn, ihm einen Bambus zu malen. Der Maler sagte: „Einverstanden, aber ich werde ein Jahr dafür brauchen." Der König wunderte sich, doch er willigte ein. Kurz darauf verschwand der große Meister und niemand wusste, wo er war. Er wurde im ganzen Königreich gesucht. Schließlich fand man ihn, als er mitten in einem Bambushain stand.

Er bewegte sich nicht, stand einfach nur da.

Des Königs Minister kam, um nachzuschauen. Er näherte sich ihm und sagte: „Sir, ist bei Ihnen alles in Ordnung?", doch er erhielt keine Antwort.

Ein paar Monate später kam der Meister endlich zurück und malte in ganz kurzer Zeit das Bild des Bambus. Es war wunderschön. Er präsentierte das Bild dem König. Der König fragte: „Mich macht eine Sache neugierig: Wieso hast du um soviel Zeit gebeten? Für das Malen des Bildes hast du doch nur ein paar Stunden gebraucht. Warum hat es dann ein Jahr gedauert?" Der Meister antwortete: „Eigentlich hätte es nicht so lange gedauert. Aber dein dummer Minister hat mich gestört, als ich dort im Hain stand und zum Bambus wurde. Dieser Idiot kam und fragte: ‚Sir?' Spricht man so mit einem Bambus?"

In diesen Tagen habt ihr die Möglichkeit, vollständig zu vergessen, wer ihr seid. Wir haben nicht genug Zeit ein Bambus zu werden, aber genug Zeit, um niemand zu werden. Sprich also mit niemandem. Du könntest etwas sehr Schönes zerstören. Hier im Satsang können wir uns in Stille mitteilen. Ich helfe euch in die Stille zu kommen.

In der Stille kommen sehr viele Dinge an die Oberfläche. Wenn da alte, verdrängte Gefühle sind, werden sie an die Oberfläche kommen. Auch alte Programme, die noch da sind, werden hochkommen. Das ist gut so, erlaube es.

Wenn wir zusammen kommen, können wir uns darüber austauschen. Dies ist die Zeit, darüber zu sprechen, was bei euch vor sich geht. Langweile deine Freunde nicht mit deinem Prozess, tu es hier! Hier langweilt es niemanden, weil wir hier in der Wahrheit bleiben.

Hier im Satsang ist die meiste Energie verfügbar. Seid nicht schüchtern euch mitzuteilen. Jeder schätzt es, weil wir alle durch die gleichen Prozesse gehen. Es gibt nur leichte Variationen. Oft kann ich beobachten, dass bei einem halben Dutzend Leuten alle Lichter angehen wie bei einem Weihnachtsbaum, weil sich bei ihnen das Gleiche abspielt. Wenn jemand sich mitteilen möchte, ist er willkommen!

• • •

Fragende: Ich möchte gerne etwas erzählen. Vor ungefähr einem dreiviertel Jahr hatte ich eine ziemlich heftige Konfrontation mit dem Tod. Ein Verrückter hatte auf mich eingestochen und mich dabei schwer verletzt. Das hat in meinem Leben ziemlich viel ausgelöst und verändert. Mir ist bewusst geworden, dass ich nicht ewig leben werde, jedenfalls nicht in diesem Körper.
Samarpan: Es ist erstaunlich, wie solch eine kleine Sache uns aufwecken kann.
F.: Ja, aufgerüttelt hat es mich. Du nennst das eine kleine Sache?
S.: Es ist wirklich eine kleine Sache. Sie erscheint nur groß, weil wir so sehr mit unserem Körper verhaftet sind. Wir glauben, dass es wichtig ist, ob dieser Körper stirbt oder nicht.
Es ist, als würde man einen richtig guten Roman genießen. Wir tun so, als würde es etwas ausmachen, ob der Held oder die Heldin getötet wird oder nicht. In Wirklichkeit stirbt niemand. Es spielt sich alles nur in der Phantasie des Schriftstellers ab.
So ist das auch in der Wirklichkeit. Diese Körper sind auch nur fiktiv, sie sind Requisiten in diesem Bühnenstück. (lacht)
F.: Ich habe das Gefühl, durch diese Erfahrung ist etwas wach geworden, was dies glauben kann. Mein Verstand ist aber auch noch da und hat jetzt Angst vor der Stille.
S.: Gut, lass uns hier einen Augenblick hinsehen. Schließe deine Augen und heiße die Angst willkommen. Das ist ein guter Punkt. Lasse die Angst kommen, lass sie dich umgeben. Entspanne dich in der Mitte dieser Angst. Was siehst du hier?
F.: Weite.

S.: Hat diese Weite irgendwo ein Ende? Besteht eine Trennung zwischen dir und der Weite?
F.: *Da ist jetzt ein Druck im Kopf.*
S.: Im Kopf, in unseren Gedanken, ist immer Trennung. Kannst du aber in dieser Weite jemanden finden?
F.: *Nein.*
S.: Ist da jemand, der sterben kann?
F.: *Jetzt fühlt es sich nicht so an.*
S.: Das ist großartig! Denn das ist genau das, was passiert. Wenn wir in der Weite sind, gibt es kein Problem, da fehlt nichts. Dort gibt es keine Trennung, kein Ende, keinen Anfang. Gehen wir zurück in den Verstand, sind sofort Trennung, Probleme, Angst und Leiden wieder da. Das ist gut. Das ist, wie es ist. Jedes Mal, wenn du im Verstand bist, sind alle diese Dinge da. Sie erscheinen real. Sie wären keine gute Illusion, wenn sie nicht so wirklich erscheinen würden. Es scheint eine Rolle zu spielen, ob dieser Körper lebendig oder tot ist. Aber in dieser Weite, in diesem Raum ist keiner, der sterben könnte. Da ist niemand, der jemals geboren wurde. Je mehr Zeit wir in dieser Weite verbringen, umso mehr verliert die Illusion ihre Macht. Jedes Mal, wenn du im Verstand bist und Angst aufkommt, dann ruhe einfach in der Angst. Dann bist du im Frieden. Das ist deine wahre Natur. Ruhe einfach darin.
F.: *Das hört sich verlockend an.*
S.: Wir können uns nicht vorstellen, wie es ist, immer in diesem Frieden zu leben. Wenn du in dieser Weite bist, passiert dann überhaupt etwas? Was gibt es da, worüber man reden könnte?
Wenn du zurück in deinem Verstand bist, erscheint dir das wieder normal. So wie es immer war. Der einzige Unterschied ist, jetzt kannst du wählen. Jetzt bist du nicht mehr im Verstand gefangen.
Du kannst entspannen und in dieser Schönheit sein. Es wird immer tiefer und natürlicher für dich werden. Das ist es, was passiert. Wir finden unseren wirklichen Urgrund. Wir finden das, worauf wir uns vollkommen verlassen können.
Du hast herausgefunden, dass du dich auf deinen Körper nicht verlassen kannst. Wäre das Messer nur etwas mehr in die eine oder an-

dere Richtung gegangen, dann wäre alles vorbei gewesen – der Körper ist nicht verlässlich! Aber *Das*, diese Weite ist verlässlich, darauf kannst du dich immer verlassen!
F.: *Es ist schön, wenn du davon erzählst.*
S.: Weil ich aus der Weite darüber spreche.
F.: *Ich fühle es auch in meinem Körper. Etwas weitet sich...*
S.: Ja, es entspannt.
F.: *Ich komme jetzt wohl öfters.*
S.: Ja. (Stille)
F.: *Ich glaube, ich kann nicht aufstehen und gehen. Meine Beine fühlen sich so wackelig an.*
S.: Ich kenne dieses Problem. (lacht)
F.: *Danke.*

2
Die perfekte Hölle

Samarpan: Willkommen an diesem schönen Tag. Worüber möchtet ihr heute morgen sprechen?
Zuruf: Über das Anhalten.
S.: Ja, Anhalten ist interessant, weil niemand weiß, wie man anhält. Niemand weiß, wie man sich verliebt, niemand wie man einschläft. Kein Mensch weiß, wie man anhält, weil Anhalten nur von selbst geschehen kann, nur dann, wenn kein Handelnder da ist.
Es ist wie mit Meditation. Du kannst Meditation einladen. Du kannst sie geschehen lassen, aber du kannst sie nicht selber hervorrufen. Wenn da jemand ist, der etwas tut, dann ist das keine Meditation. Sie geschieht nur, wenn da niemand ist, der aktiv ist.
Anhalten ist die Abwesenheit von jemandem, der etwas tut. Da ist niemand, der anhalten könnte. Es ist keiner da. Das ist Anhalten. Die Natur des Verstandes ist es, sich zu bewegen. Er bewegt sich immer. Er geht von der Vergangenheit zur Zukunft; er erfindet neue und wiederholt alte Geschichten. Ständig ist er in Bewegung.
Du kannst den Verstand nicht anhalten, denn dann entsteht ein Kampf mit ihm. Das Einzige, was du mit dem Verstand zustande bringen kannst, ist eine Vorstellung von Anhalten. Das machen wir manchmal, wir sagen: „Ich verstehe nicht, da ist Stille, aber es macht keinen Spaß." Das kommt daher, weil es keine echte, sondern nur eine künstliche Stille ist, nur eine Vorstellung von Stille.

Es geht also nicht darum, den Verstand anzuhalten und irgendeine Stille zu erzeugen. Schau einfach und sieh, was bereits angehalten ist. Schau hin und sieh, was sich niemals bewegt. Du musst es nicht tun, es ist schon gegenwärtig. Es ist deine wahre Natur still zu sein. Schau und sieh, was still ist.

Du kannst den aktiven Verstand sehen. Das ist in Ordnung und kein Problem. Die Betriebsamkeit des Verstandes beeinflusst und stört die Stille nicht. Die Stille kümmert sich nicht um diese Rastlosigkeit.

Es ist also sehr einfach. Du schaust hin und siehst, was still ist. Dem gibst du deine Aufmerksamkeit. Ruhe in Dem. Nichts muss getan werden, nichts muss verändert werden.

• • •

Samarpan: Möchtest du nach vorne kommen? Was passiert gerade?
Fragender: Es ist so, als ob alles innen drin zusammenbrechen würde.
S.: Was bricht zusammen?
F.: Die Vorstellungen von dem, was wichtig ist.
S.: Gut. Alle Strukturen der Vorstellungen von: wer du bist, was die Welt ist und was die Bedeutung von allem ist?
F.: Ja.
S.: Das sind gute Neuigkeiten. Alles muss auseinanderfallen. Es ist so, als würde ein neues Haus gebaut werden. Erst muss Platz geschaffen werden, indem das alte Gebäude eingerissen wird. Das ist schön, oder stört es dich? Nein? Das ist gut so!
F.: Etwas taucht auf, dem ich niemals zuvor so intensiv begegnet bin.
S.: Das ist die Gnade. Man kann es sich nicht verdienen. Es ist einfach göttliche Gnade.
F.: Ja, es ist ein Geschenk.
S.: Wir leben in einer Welt voller Gnade, und Gnade geschieht mehr und mehr. Da ist soviel Schönheit. (Stille)
F.: Ich fühle, dass ich alles geben möchte.
S.: Wenn du das Göttliche bittest dein Leben ganz zu übernehmen, ist es das Ende deiner Sorgen.
Als ich erkannt habe, dass dieses Leben nicht irgend jemandem gehört und niemals gehört hat, denn dieser Jemand ist nur eine Fiktion, und

fiktiven Personen steht es nicht zu, Dinge zu besitzen, da stand für mich fest: Dieses Leben gehört uneingeschränkt dem Göttlichen. Darum ist es so einfach. Es ist nicht meine Angelegenheit, was mit diesem Körper geschieht oder wie das Leben verläuft. Das macht es wirklich einfach.

F.: *(lacht) Es ist nicht einmal ernst zu nehmen.*
S.: Das ist das Ende der Ernsthaftigkeit.
Ich war noch ein kleines Kind, als meine älteren Brüder ins Priesterseminar gingen um ihr Leben Gott zu weihen. Auch meine Schwester ging ins Kloster und ich besuchte später ebenfalls diese Priesterschule. Es hat sich für mich immer so angehört, als sei es ein Tun, ein Aufopfern. Jemand hat etwas gegeben oder gibt etwas. In Wirklichkeit gibt es da keine Person, sondern nur das Erkennen, wem dieses Leben gehört.
Es geschieht nicht in der Weise, dass ich etwas aufgebe, weil da kein „Ich" ist, das etwas aufgeben könnte. Es ist kein Opfer wertlose Schätze wegzugeben. Es ist kein Opfer das Leiden aufzugeben. Es ist ein Ruhen am richtigen Platz, ein sich Ausrichten auf die Wahrheit.
Das macht die Leichtigkeit des Lebens aus. Es ist so schön im Einklang zu leben. Wir brauchen uns über nichts Gedanken zu machen. Die meisten Leute auf dieser Welt verbringen ihr Leben in ständiger Sorge. Sie sind in Sorge wegen der politischen Verhältnisse, der Religionen, der Kinderrechte, der Frauenrechte, wegen Krebs und all den Dingen, über die wir keine Kontrolle haben. Es ist wirklich dumm damit seine Zeit zu verschwenden. Du könntest dein Leben einfach genießen. Du könntest dieses wertvolle Geschenk genießen, so kurz wie es ist. Tanze und singe das Leben. Du kannst mehr und mehr mit dem Göttlichen im Einklang und in Frieden sein. Dann wird dieser Friede ganz natürlich mit anderen geteilt.
Vor kurzem habe ich bei Osho über Alexander den Großen gelesen. Alexander lag auf seinem Sterbebett. Er hatte fast die ganze Welt erobert und war sein ganzes Leben lang sehr rastlos gewesen. Kurz vor seinem Tod sagte er: „Seht, ich habe mein ganzes Leben vergeudet, was für eine dumme Art, das Leben zu verbringen!"

Wenn dein Leben dich zum Frieden bringt, dann ist es ein gutes Leben und hat seinen Zweck erfüllt. Wenn du dein Leben mit Machtspielen, mit Geld- und Sexspielen, mit jeder Art von Unsinn vertust, als wäre es das, was dich erfüllen könnte, dann ist das eine Vergeudung, weil dir das keine Erfüllung bringen kann.
Nichts ist wirklich erfüllend, außer zurück nach Hause zu finden.

• • •

Fragende: Dein letzter Satz hat mich hier nach vorne gebracht. Genau das fühle ich. Es fühlt sich so dringlich für mich an, mich zu beeilen, schneller zu machen.
Samarpan: Dich zu beeilen und anzuhalten.
F.: Ja, genau. (lacht)
S.: (lacht) Das ist das Paradox. Zuerst ist der Verstand damit beschäftigt all die weltlichen Dinge zu bekommen, wie Macht, Geld, Sicherheit, Liebhaber, Freunde... und dann fangen wir an nach Erleuchtung zu streben. Wir wollen Frieden, aber man kann es nicht bekommen. Es ist schon hier. Es ist immer hier gewesen. Der Verstand kann uns dabei nicht helfen. Der Verstand ist gut im Bekommen, aber nicht gut im Sein. Nur im Nicht-Verstand können wir sein.
Wenn der Verstand sich in die Vorstellung verrennt: „Oh, wir müssen uns beeilen, um zum Hier zu kommen", dann ist das ein Witz! Halte einfach an!
Das Erkennen des Hier entfaltet sich in dem ihm eigenen Tempo und genau zum richtigen Zeitpunkt. Das Erkennen vertieft sich gemäß seiner eigenen besonderen Dynamik. Du kannst nichts dazu tun. Es passiert nur hier. Es passiert nur im Nicht-Verstand, im Nicht-Tun. Entspanne dich einfach!
Ich kenne dieses Drängen. Ich weiß, wie listig der Verstand ist, aber mache dir keine Sorgen darüber.
F.: Und die Gefühle? Wie ich vorher gesagt habe, manchmal fühle ich ein Sehnen. Ist dies das Gleiche?
S.: Sehne dich einfach. Lade die Sehnsucht ein, erlebe sie.
Wir können zwar intellektuell verstehen, dass wir uns nach etwas seh-

nen, was bereits da ist, aber dieses Verstehen hilft uns nicht wirklich. Wenn du Sehnsucht erlebst, bringt sie dich in den Augenblick. Spiele damit, heiße sie willkommen. Entspanne dich in diesem intensiven Gefühl. Lass die Sehnsucht die Arbeit machen, überlasse dich ihr. Schließe die Augen für einen Augenblick. Entspanne in der Mitte. Hier ist kein Tun. Das Sehnen wird es bewirken. (Schweigen) Wie ist es hier?
F.: *Wenn ich mich da sein lasse, dann ist es sehr friedlich.*
S.: „Wenn ich mich da sein lasse", lass uns darüber sprechen.
Wohin lenken wir unsere Aufmerksamkeit? Wenn wir unsere Aufmerksamkeit in diesen Moment lenken, ist es schön und friedlich. Aber es gibt auch, was man im Osten „Vasanas" nennt, die Neigungen des Verstandes. Da ist noch eine Vorstellung, dass es hier etwas zu tun gibt. Etwas zerrt noch an mir. Es ist wie eine Idee, dass ich etwas vergessen habe oder verpassen könnte, oder dass ich noch etwas herausfinden müsste. Oder der Gedanke, dass es noch etwas anderes gibt, was mich glücklich machen könnte.
Tatsächlich weiß ich, hier ist es vollkommen friedlich und es gibt nichts zu tun; die Stille ist schön; es gibt kein Problem, aber ich werde immer noch zurück in den Verstand gezogen. Es ist ganz natürlich und passiert jedem.
Es geht darum, in den Verstand zurückzugehen und dabei still zu sein, dies aus dem Frieden heraus geschehen zu lassen, sich all diese unterhaltsamen und anziehenden Phänomene aus der Stille heraus anzusehen.
Wir werden desillusioniert, indem wir ohne Urteil in das hineingehen, was uns anzieht. Sobald wir urteilen, entsteht Kampf. Das verstärkt die Vorstellung, dass ich etwas falsch mache: „Ich sollte in Frieden sein, aber ich bin nicht in Frieden, sondern in irgendeiner Geschichte." Gehe in die Geschichte, ohne zu urteilen. Es spielt keine Rolle, wovon du angezogen wirst. Finde es selbst heraus!
F.: *(lacht)*
S.: Du bist Gott, der diese Innenwelt erforscht. Sie muss erforscht werden, wir müssen uns mit allem aussöhnen. Wir müssen ganz exi-

stenziell herausfinden, was wirklich hier ist. Du kannst intellektuell verstehen, dass nichts hier ist, doch was nützt das? Es bewirkt nichts, und es ändert nichts. Wenn du aber genau hinschaust, ohne Urteil und ohne jede Vorstellung, dann beginnst du die Wahrheit zu erfahren. Wenn du beginnst mit dieser Offenheit zu schauen, dann siehst du: es ist *nichts*. Vorher kannst du es nicht sehen.

Es ist ein Spiel. Das ganze Erwachen ist nur ein Spiel. Werde nicht ernst dabei! Sobald du eine ernste Angelegenheit daraus machst, wird es zur Last. Es ist einfach nur Spaß.

Gehe, wo immer es dich hinzieht! Gehe in Frieden und Leichtigkeit. Lass alle Urteile, alle Vorstellungen fallen, sie sind keine Hilfe.

F.: Ja!

S.: Gut. (lacht)

• • •

Fragende: *Noch einmal zurück zum Thema Anhalten. Du hast gesagt: „Bleib einfach bei dem, was bereits still ist." Es gibt aber Zeiten, in denen ich überhaupt keine Stille fühlen kann.*

Samarpan: In Ordnung, was fühlst du?

F.: La, la, la, la,...

S.: Du erlebst den Verstand, wie er aktiv ist? Wie fühlt sich das an?

F.: Wenn ich anhalten will, werde ich ärgerlich.

S.: Das ist fein.

F.: Nein!

S.: Ja, das ist fein. Wenn du nein sagst, schließt du die Tür zum Hier. Ärger ist großartig. Er bringt dich zum Hier. Wenn du dich mit dem Ärger anfreundest, wirst du herausfinden: In der Mitte des Ärgers ist Hiersein! (lacht)

F.: Gestern erlebte ich, wie da eine dunkle Macht, eine Art Wahnsinn, in mir ist.

S.: In Ordnung.

F.: Diese Macht will alles kontrollieren.

S.: Sicherlich.

F.: Ich habe mich sehr angestrengt, um zu diesem Stille-Retreat kommen zu können.

S.: Es war eigentlich einfach, oder?
F.: Davor habe ich zwei perfekte Wochen hier auf der Insel erlebt. Ich war sehr oft im Augenblick, wanderte viel. Ich hatte ein paar Romane mitgebracht, las ein wenig. An einem Stille-Retreat teilzunehmen bedeutet aber, nicht zu sprechen und auch nicht zu lesen.
Letzte Woche las ich ungefähr fünfzig Seiten in einem Roman, der mir eigentlich zu niveaulos erschien. Ich packte alle anderen Bücher in den Koffer meines Mannes, als er abreiste. Den Roman behielt ich, weil ich dachte, er stelle nun wirklich keine Versuchung dar.
Gestern kam ich nach Hause, griff mir dieses Buch,...
S.: (lacht)
F.: Das ist nicht witzig. Niemand nimmt mich ernst. Ich habe bis zwei Uhr nachts dieses dumme Buch gelesen, das ein Niveau wie ein Boulevardblatt hat. Ich konnte nicht aufhören! Auch habe ich mir vorgenommen, die kommende Woche eine Art Diät zu halten und nur wenig und leicht zu essen. Gestern habe ich Obst eingekauft, Tomaten und auch etwas Käse.
Nachdem ich dieses Buch ausgelesen hatte, stürzte ich zum Kühlschrank und aß den ganzen Käse, der für drei Tage gedacht war. Ich habe mich mies gefühlt. Warum mache ich so etwas Dummes? (Lachen)
S.: Da ist viel Lachen im Raum.
F.: Ja, jetzt kann ich auch lachen. Bis zu diesem Augenblick war ich frustriert, aber nun...
S.: Alle lachen über sich selber. Denn das liegt in der Natur der Dinge: In dem Augenblick, wo ich sage, ich beginne eine Diät, werde ich alles in mich hineinstopfen.
F.: Aber dieses dumme Buch!
S.: Sobald wir mit dem Verstand zu kämpfen beginnen, geschieht so etwas. Wärest du in Frieden mit dir selbst gewesen, dann hättest du das Buch wahrscheinlich nach fünf Minuten weggelegt. Weil da aber ein Kampf stattfand, war das dumme Buch für die ganze Nacht interessant. So ist es. Das ist sehr gut. Genau so machen wir das, um diese Vorgänge durchschauen zu lernen. Genau darum geht es in diesem Retreat: zu lernen, wie es ist. Es geht nicht darum, es richtig zu machen.

F.: Ich spüre sehr stark den Wunsch es richtig zu machen.
S.: Aber das ist ein Witz: Du kannst es nicht richtig machen. Es ist nicht möglich.
F.: Du hast Recht, das ist die Lektion.
S.: Das Lesen von Romanen während des Retreats ist eine sonderbare Angelegenheit. Natürlich lese ich meinen Roman. Aber nur in Stille. Ich sprach über diesen Punkt mit den Leuten, die hier leben, weil jemand danach gefragt hatte. Es scheint mir, als wurde diese Empfehlung nun auf eine Liste mit Regeln gesetzt. Ich habe nicht darum gebeten. Ich habe zu keinem gesagt: „Bitte, stelle ein Papier mit Regeln zusammen." Einige Leute lieben es, Regeln aufzuschreiben. Sie können es nicht erwarten neue Zehn Gebote zu bekommen. (lacht) Verstricke dich nicht in irgendeinen Kampf. Du bist in Ordnung. Du hast zwei Wochen in Harmonie mit deinem Mann verbracht. Ihr habt es beide genossen, großartig. Sei mit dir selber genauso in Harmonie.
F.: Das ist schwieriger.
S.: Genauso, wie du beschlossen hast, mit deinem Mann in Harmonie zu sein, entscheidest du dich, mit dir selbst in Harmonie zu sein. Sei gut mit dir selber. Darum geht es. Es geht nicht darum, etwas zu tun oder nicht zu tun, sondern darum, gut mit dir selbst zu sein. Es geht darum, wirklich Ferien zu haben und dabei im Frieden zu sein.
F.: Und wenn ich den Wunsch habe, ein Eis zu essen, dann werde ich eins essen.
S.: Ja, dann haben wir eine Eiscreme-Meditation.
F.: Genießen und mich nicht schuldig fühlen!
S.: Wir können Eiscreme-Meditation, Roman-Meditation, Käse-Meditation haben, wir können alles hier genießen. Es gibt keine Regeln.

・・・

Samarpan: Grüß dich.
Fragende: Für mich ist es so: Während ich ein Buch lese, bin ich nicht in meinem eigenen Erleben, ich gehe in eine Geschichte. Ich bin nicht mehr wachsam, sondern in der Geschichte. Es ist, als schliefe ich.

S.: Alles kann zum Erwachen genutzt werden, sogar das Lesen eines Buches. In jedem Buch geht es um eine Geschichte darüber, was wichtig ist und was nicht; wer stirbt und wer überlebt. Bekommt der Mann die Frau oder die Frau den Mann? Mit der Zeit kannst du die Wahrheit, die die Geschichte im Buch ausdrückt, empfinden. Wenn du beginnst, die Wahrheit zu sehen, wird dir klar, dass es nur eine Geschichte ist. Dann weckt dich sogar das Lesen eines Romans auf. Anstatt dich ins Nicht-Bewusstsein zu bringen, nützt dir die Geschichte, um aufzuwachen. Du kannst nachts während deiner Träume erwachen. Alles kannst du nutzen, wenn du beginnst, die Wahrheit in der Geschichte zu empfinden und dich in dein Sein zu entspannen.

Komm einfach ins Hier und sei im Augenblick. Wenn du wirklich im Augenblick bist und keinen Antrieb hast, ein Buch zu lesen, weil Im-Augenblick-Sein mehr Spaß macht, dann ist das kein Problem. Dann bist du im Moment und vergisst das Buch. Wenn du aber von einem Buch angezogen wirst, dann entspanne dich da hinein und nutze das, um im Moment zu sein. Wir können alles nutzen.

F.: Ich habe immer noch die Vorstellung: Wenn ich ein Buch lese, bin ich der Beobachter, aber ich lebe dann nicht mein Leben, sondern vermeide es und verpasse dadurch etwas, weil ich einfach nur beschäftigt bin.

S.: Das ist möglich, alles kann man als Ablenkung benutzen. Alles kann aber auch benutzt werden um *hier* zu sein.

F.: Vielleicht ist es so: Wenn ich beim Lesen wirklich hinschaue, erkenne ich die Gefühle, die von der Geschichte ausgelöst werden.

S.: Du kannst einfach diese Gefühle empfinden. Sie könnten sich etwas sicherer für dich anfühlen als die Gefühle im wirklichen Leben.

F.: Ja, weil ich weiß, dass das nicht die Wirklichkeit ist, es ist einfach nur eine Geschichte.

S.: Das sind nur Gefühle über erfundene Personen. Es ist sehr gut, sich so im Fühlen zu üben. Es bringt dich *hierher*. Darum lesen wir so gern Romane, weil wir alle diese Emotionen in Sicherheit durchleben können. Wenn wir gut geübt haben, können wir auch die Gefühle in unserem eigenen Leben ohne Unsicherheit fühlen, weil wir wissen, dass sie genauso nur eine Geschichte sind. Es ist tatsächlich dasselbe.

F.: Da ist eine andere Frage. Es geht darum, sich sicher zu fühlen, dem Leben einfach zu vertrauen. Ich fühle so viel Angst, so wenig Vertrauen. Wie kann ich dahin kommen, zu vertrauen? Muss ich erst das Schlimmste erleben, was ich mir vorstellen kann, und es überleben?
S.: Du musst nicht das Schlimmste erfahren. Erlebe einfach, was das Leben für dich gerade jetzt bringt. Schnell kommen wir an den Punkt, wo wir sagen: „So, jetzt stelle ich mich dem, jetzt will ich das Schlimmste erfahren." Dann stellen wir uns das Schrecklichste vor, was wir gerade noch so akzeptieren könnten, und fühlen uns dumm wie ein Esel, weil wir es nicht tun können.
Das Leben geht behutsam mit uns um und bringt uns nur, was wir auch verkraften können.
F.: Wenn ich Krieg und die totale Hölle erleben müsste, dann wäre ich mitten drin, aber ich bin's nicht.
S.: Genau, das stimmt. Dann wäre das gerade richtig für dich. Jetzt ist aber genau das stimmig für dich, was ist.
F.: Das ist auch eine Art Hölle.
S.: Ja, natürlich.
F.: Aber nicht die schlimmste, die ich mir vorstellen kann.
S.: Genau, das ist gerade soviel Hölle, wie du verkraften kannst. Was immer das Leben uns heute auftischt, ist genau richtig.
F.: Wie kann ich aber sicher sein, dass du wirklich Recht hast? Ich bin mir nicht sicher, ob ich dir vertrauen kann, wenn du sagst, das Leben bringt uns nur, was wir auch annehmen können.
S.: Entweder habe ich Recht oder nicht. Damit ist jede Möglichkeit abgedeckt, oder?
F.: Das Leben ist einfacher, wenn ich dir glaube.
S.: Es geht nicht darum mir zu glauben. Du kannst mir glauben, aber direkt unter dem Glauben steckt der Zweifel. Dann kannst du einen Kampf darüber ausfechten und dir sagen: „Er ist ein Scharlatan", oder du sagst dir: „Er weiß, worüber er spricht." Es gibt nur einen Weg, die Wahrheit herauszufinden: für dich selber, direkt! Es gibt keinen anderen Weg. Erst dann weißt du, vorher nicht.
F.: Aber wie kann ich es herausfinden?

S.: Indem du das Leben jeden Tag lebst. Wenn du das tust, hast du nur zwei Möglichkeiten: du akzeptierst es oder du kämpfst dagegen an. Mit Kämpfen kennst du dich ja aus, du weißt, wie sich das anfühlt.
F.: Ja.
S.: Und du weißt, wie es sich anfühlt, wenn du akzeptierst. Wir haben jeden Augenblick die Wahl. Der Verstand wird uns sagen: „Oh, das ist zu viel, ich kann das nicht akzeptieren", oder: „Das ist nicht wahr".
F.: *Oder der Verstand hält mich beschäftigt, indem er immer wieder neue Geschichten darüber erfindet. Er macht es kompliziert.*
S.: Ja, das passiert immer wieder. Das ist ganz natürlich. Wir erleben einen Augenblick von Akzeptanz, und es fühlt sich wunderbar an. Du denkst: „Oh, ich bin frei!" Im nächsten Moment bist du zurück in der Geschichte mit Leiden und Kämpfen, und willst es anders haben. So ist es. Dies ist unser Klassenzimmer, unser Labor. Wir befinden uns in einem Forschungslabor und lernen über das Leben. Natürlich machen wir Fehler, daraus lernen wir. Man lernt nicht, indem man es richtig macht.
Jeden Augenblick kannst du das eine oder das andere tun: Du kannst akzeptieren oder kämpfen. Wenn du kämpfst, sagst du: „Gut, ich kämpfe, und es fühlt sich nicht so gut an. Es ist irgendwie albern, aber das ist es, was ich tue."
Dir die Wahrheit darüber einzugestehen, ist alles, was du tun musst. Du kannst dir sagen: Zur Abwechslung akzeptiere ich diesen Kampf einmal und sehe, wie sich das anfühlt. Wir lernen durch den Wechsel von Kämpfen und Akzeptieren. Ich kenne keinen anderen Weg.
F.: *Ist es nicht so, dass ich mich entscheide und sage: Jetzt versuche ich zu akzeptieren?*
S.: Das verstehe ich nicht.
F.: *Ich denke, es passiert einfach. Es geht nicht so, dass ich sage: In Ordnung, jetzt akzeptiere ich. Dann würde mein Verstand wieder dagegen revoltieren.*
S.: Ja, Akzeptieren passiert, und Festhalten passiert. Nach und nach wird sich mehr und mehr Akzeptanz einstellen, weil es mehr Freude macht. Es ist nicht so, dass wir es tun.

F.: In Ordnung.
S.: Glaub' mir nicht! Ich suche keine Gläubigen. Das ist für nichts gut. Nur dumme Menschen glauben. Ich suche Abenteurer, Entdecker. Ich fordere euch heraus, nach euch selbst zu suchen und selber herauszufinden, was hier die Wahrheit ist.
F.: Ja, glauben hilft nicht. Dann kann ich auch an Jesus glauben.
S.: War es nicht Marx, der sagte: „Religion ist Opium des Volkes"? Es ist wie eine Geschichte für kleine Kinder: „Oh ja, ich kann an etwas glauben und dann fühle ich mich besser." Aber so etwas weckt dich nicht auf, du lernst dadurch nicht wirklich. Lernen geschieht nur, wenn du es selber herausfindest.
F.: Ja, das stimmt. Ich habe oft Zweifel. Muss ich dann einfach anzweifeln, was du sagst, damit ich weiß, dass es nicht nur ein Glaube ist?
S.: Wenn Zweifel kommen, schau direkt hin und sieh, was die Wahrheit ist und was nicht. Genau dafür sind Zweifel gut.

3
Wer ist der Herr in deinem Haus?

Samarpan: Ich habe hier ein paar interessante Fragen von Leuten, die normalerweise nicht zum Satsang kommen. Ich lese die erste Frage vor.
Frage: Damit der Mensch in der Wirtschaft und in der Gesellschaft erfolgreich ist, orientiert er sich an Zielen. Er setzt seine Lebensenergie ein, um im Außen seine Ziele zu erreichen, und erwartet dafür Geld, Anerkennung, Wertschätzung, Sicherheit, also Energie von der Gesellschaft. Im Innersten sehnen wir uns nach Frieden, Liebe, Geborgenheit und Miteinander. Im Äußeren herrschen Kampf und Krieg, jeder gegen jeden, und unser Verstand hält das für normal. Dabei fließen wir oft nicht mit dem Leben, sondern sind im Dauerstress, werden krank und fragen uns am Ende des Lebens oder wenn eine Partnerschaft zu Ende geht: Wofür das alles? Was machen wir in unserem Leben falsch?
Jetzt kommen wir zur eigentlichen Frage: Sind Geld, Arbeit, Partnerschaft, Spiritualität und ein gesundes, erfülltes Leben miteinander vereinbar?
S.: Ja und nein. Meistens versuchen die Menschen, Arbeit, Geld, Partnerschaft und Erfolg an die oberste Stelle in ihrem Leben zu setzen. Wenn dann noch Zeit übrig bleibt, und das ist normalerweise

nicht der Fall, dann kümmern sie sich um Spiritualität – oft erst im Alter, wenn man sich um nichts anderes mehr kümmern kann.
(lacht)
Jesus sagte: „Setze Gott an die erste Stelle, dann wird sich alles andere ergeben." Gott an die erste Stelle zu setzen bedeutet, das Wahre an erste Stelle zu setzen. Wenn du das, was nicht wirklich existent ist, vorne ansetzt, dann macht nichts Sinn, dann funktioniert nichts, denn dann arbeitest du gegen dich selbst.
Wir denken, der ganze Sinn des Lebens bestehe darin, Erfolg, Sicherheit, Geld und eine schöne Partnerschaft zu haben, und dann wundern wir uns, wenn es nicht funktioniert, wenn das Leben so sinnlos erscheint.
Denke darüber nach: Du gehst durch die Schmerzen der Kindheit, du machst schmerzvolle Erfahrungen, wenn du dieses Schulsystem durchläufst, du bist in einer Beziehung, hast eine Arbeit. Dein ganzes Leben arbeitest du und lebst diese Beziehung, und dann stirbst du. Das ergibt doch keinen Sinn, oder? Es ist wirklich dumm, denn wir verfehlen das Wichtigste!
In diesem Leben geht es darum, zu erkennen, wer du bist. Diesen Tanz des Lebens zu erlernen; denn wer du bist, ist das Göttliche, das in diesem menschlichen Körper tanzt. Wenn du aber das Göttliche ignorierst und dich auf das konzentrierst, was du als wirklich erachtest, dann verwirrt dich das, weil du von einer falschen Annahme ausgehst. Das, was wir für real halten, ist nicht wirklich, war nie wirklich und wird auch nie wirklich sein. Es erscheint nur als Wirklichkeit, die die Meister schon immer eine Illusion nannten.
Bei all diesen Auseinandersetzungen, all diesen Kriegen, all den Debatten in den Beziehungen, kämpfen wir um etwas, das nicht wirklich ist. Es wird sogar noch merkwürdiger, wenn wir anfangen, Religionskriege zu führen. „Du musst meiner Vorstellung von Gott zustimmen, denn meine Vorstellung von Gott ist richtig, und deine ist falsch!" Das ist wirklich verrückt, denn keine Vorstellung ist richtig. Wenn du dir auch nur irgendeine Vorstellung von Gott oder dem Göttlichen, von Spiritualität machst, dann ist sie falsch. Der Verstand

kann Gott niemals begreifen, das ist einfach nicht möglich.
Wenn du das Entdecken der Wahrheit zur ersten Priorität in deinem Leben machst, passiert etwas sehr Schönes: Das Leben sorgt für sich selber, du brauchst überhaupt nichts zu tun. Es spielt keine Rolle, wie dieses Lebensspiel sich entwickelt. Es geschieht wie es geschieht, und so ist es in Ordnung.
Wenn du es von der Wahrheit aus spielst, ist es ein wundervolles Spiel, das Freude macht, weil du es nicht ernst nimmst. Dein Partner verlässt dich? In Ordnung, kein Problem, denn du findest die Zufriedenheit in dir selbst. Du tanzt mit dem Göttlichen. Was auch immer kommt oder geht, ist in Ordnung: Jobs, Partner, Geld... Es spielt keine Rolle.
Geld macht dich nicht glücklich, und es gibt dir ganz bestimmt nicht das, was du Sicherheit nennst. Es gibt keine Sicherheit in diesem Leben. Wie sicher kann das Leben denn sein? Es ist ein Abenteuer.
Diese Körper werden alle sterben, aber wer du wirklich bist, das stirbt nicht. Dein wahres Selbst kann nicht sterben, das ist die Sicherheit, die einzige Gewissheit, die du je bekommst und die einzige, die du jemals brauchst.

F.: Wie sollen wir mit den immer brutaler werdenden Anforderungen unserer Jobs umgehen? Wird Stress durch mangelnde Freiheit unseres Denkens und durch unser mangelndes Vertrauen ins Leben verursacht? Oder wird der Stress durch die Ansprüche der anderen erzeugt, die wir nicht erfüllen können oder wollen?

S.: Es gibt keine „anderen"! Da ist niemand! Es ist nur eine Vorstellung, dass da jemand ist, der etwas von mir will, und dessen Ansprüche ich erfüllen muss. Ich kann die Erwartungen von niemandem erfüllen. Das ist nicht möglich. Wenn irgendjemand Erwartungen an mich stellt, hat das nichts mit mir zu tun.
Wir versuchen, den Erwartungen unseres Chefs gerecht zu werden, genauso wie wir versuchten, die Erwartungen unserer Eltern zu erfüllen. Wir waren bei unseren Eltern nicht erfolgreich, und wir werden es bei unseren Vorgesetzten auch nicht sein. Warum also sollten wir das wollen?

Es gibt da ein grundsätzliches Missverständnis, dessen Wurzel die Vorstellung ist, dass ich jemand bin und mein Chef wiederum jemand anderes ist. Dieser Chef ist tatsächlich mein eigenes Selbst. Wenn ich erkenne, der Vorgesetzte ist mein eigenes Selbst, dann kann ich nur wollen, dass der Chef gut dasteht, einfach weil ich in Liebe mit meinem eigenen Selbst bin. Das ist etwas völlig anderes als zu versuchen, die Zustimmung des Vorgesetzten zu erhalten. Sobald ich versuche, die Zustimmung von jemand anderem zu bekommen, bin ich nicht in meiner eigenen Kraft. Aber wenn ich es als meine Aufgabe ansehe und es meine Funktion ist, dem Chef zu helfen, was auch immer er oder sie tun möchte, dann macht diese Arbeit einfach Freude, weil ich dann in meiner eigenen Kraft bin. Dann gibt es keinen Konflikt, denn ich will nichts; schon gar nicht von meinem Boss.
Wenn ich euch zu Beginn des Satsangs begrüße, stehe ich euch zu Diensten. Ich will nichts von euch. Ich möchte, dass ihr alles habt, ich möchte euch alles geben. Ich möchte euch eure Freude zeigen, euren Frieden. Wenn ich meine Arbeit wirklich gut mache, dann werdet ihr mich bald nicht mehr brauchen. Wenn meine Arbeit erfolgreich ist, wird die Welt mich nicht mehr brauchen. So bewege ich mich in Richtung Arbeitslosigkeit, und bin am glücklichsten, wenn für mich nichts mehr zu tun bleibt. Seht ihr, wie anders das ist?
Ich kann es nicht verkehrt machen. Auch meine Freunde nicht. Obwohl sie verrückte Sachen machen und in alle möglichen Schwierigkeiten geraten. Aber ich kenne das Geheimnis: Ich weiß, dass sie es nicht falsch machen können, also bin ich in Frieden. Wenn ich wollte, dass ihr keine verrückten Sachen macht, nicht verrückt seid, wäre das schon zu viel verlangt. Wenn ich wollte, dass ihr erleuchtet werdet, ebenfalls. Das erzeugt unnötigen Stress. Es ist nicht meine Sache irgendetwas zu tun.
Früher oder später, in diesem oder in einem anderen Leben, werdet ihr die Wahrheit erkennen; es ist unvermeidlich.
Alles was ich hier tue ist, die Worte auszusprechen, die du mir vermittelst, dass du sie hören musst. Ich bin der perfekte Diener, der perfekte Spiegel. Ich zeige dir einfach deine Schönheit, das ist alles. Der

Spiegel braucht keinerlei Anstrengung zu unternehmen, er tut überhaupt nichts. Das macht ihn zu einem perfekten Spiegel. Wenn er versuchen würde, irgendetwas zu tun, würde er das Bild verzerren.
Die dritte Frage.
F.: Warum erleben wir immer wieder Krisensituationen? Machen wir das aus eigenem Impuls, aus Angst, nicht anerkannt und geliebt zu werden, oder geschieht es nur, weil uns niemand eine Alternative aufzeigt?
S.: Krisen sind wunderbar. Zeige mir jemand, der sich in einer Krise befindet, und ich zeige dir jemanden, der bereit ist, einen Sprung zu wagen! Er ist bereit, einen Sprung zur nächsten Erkenntnisstufe zu machen. Krisen sind Kreuzungen. Du kommst an eine Kreuzung und weißt nicht, in welche Richtung du gehen sollst. Wenn du überhaupt nicht weiter weißt, steckt darin ein großes Potential.

Ja, wir erschaffen uns Krisen, denn wir lernen aus ihnen. Alles, worum es in diesem Leben geht, ist zu lernen, und das lieben wir. Wenn die Dinge ganz normal verlaufen, wenn alles prächtig geht, dann tun wir irgendetwas um diesen Rhythmus zu stören. Ist euch das noch nicht aufgefallen? Wir tun das fortwährend, wir müssen das tun, wir provozieren es. Und dann denken wir, wir wären wirklich verrückt, und dass wir uns besser fühlen würden, wenn alles glatt und einfach ginge. Aber so soll es gar nicht sein. Es soll schwierig, aufregend und voller Lernmöglichkeiten sein. Du lernst überhaupt nichts, wenn alles gefällig und ordentlich verläuft. Was könntest du da schon lernen? Wenn Dinge fehlschlagen, dann lernst du. Wenn dein Leben auseinander fällt, dann lernst du.

Es kommt immer wieder auf den Punkt zurück, worum es in diesem Leben eigentlich geht. Geht es wirklich darum, dass alles glatt und sicher läuft bis ich sterbe? Und dass alles „normal" ist, dass ich eine Frau habe, die mich niemals anschreit, dass meine Kinder ein gutes Benehmen haben und vorzügliche Zensuren nach Hause bringen? Ich liebe die Star-Trek Serie, denn dort werden Themen behandelt, die auf viele Situationen in unserem Leben zutreffen. In einer Folge wird ein Arzt gezeigt, der kein menschliches Wesen ist, sondern eine Person, die von einem Computer simuliert wird, einem medizinischen Programm. Dieser Arzt beschließt, für sich selbst eine Familie zu erschaffen, denn er möchte wissen, wie es ist ein menschliches Leben zu führen. Ihm gelingt es, Frau und Kinder zu kreieren, natürlich sind auch sie alle computersimuliert.

Er lädt einige Mitglieder der Star-Trek Besatzung zum Abendessen ein, weil er ihnen seine neue Familie vorstellen möchte. Die Gäste schauen sich diese künstliche Familie an, in der alle ausnehmend nett zueinander sind. Die Kinder benehmen sich perfekt, die Frau ist eine ausgezeichnete Köchin und ihrem Mann völlig ergeben. Eine Star-Trek Kollegin spricht daraufhin den Arzt an und sagt: „Lass mich die Programmierung übernehmen. Ich mache es ein bisschen lebendiger für dich!" Sie ändert also die Programme. Als der Arzt am folgenden Abend nach Hause kommt, trifft er seine Frau nicht an. Kein Essen ist gekocht, stattdessen vertreibt sich seine Frau die Zeit mit ihren Freundinnen. Der Sohn hat ein paar harte Jungs eingeladen. Die Tochter wird in einen Unfall verwickelt und stirbt. (lacht)

So ist das Leben!

Die vierte Frage.

F.: Die Wirtschaft soll den Menschen Arbeit und Nahrung geben. Aber im Beruf erleben wir Angst und Stress. Wir kümmern uns nicht um den weiteren Kontext, in dem unsere Arbeit geschieht. Wir flüchten in unser Privatleben. Dort herrschen Unverständnis, unerfüllte Erwartungen, Lug und Trug, Partnerwechsel und Machtspiele. Unsere Hoffnung, geliebt zu werden, wird auch hier nicht erfüllt. Wir erkennen, dass die Freude an dem Erworbenen nur kurz ist, während die Unzufriedenheit und unsere Unruhe ein Leben lang andauern. Wir flüchten in Essen und Trinken. Wir werden krank, einsam, verbittert und sterben, ohne irgendetwas von dem, wonach wir uns gesehnt haben, erhalten zu haben. Wo liegt die Lösung?

S.: Es führt uns zu dem gleichen Punkt. Wir glauben, Zufriedenheit stelle sich dann ein, wenn alles perfekt funktioniert. Aber wir sind nie zufrieden. Es funktioniert deswegen nicht gut, weil es gar nicht gut funktionieren soll.

Die amerikanische Regierung unternimmt große Anstrengungen, um Osama bin Laden zu finden, diesen wirklich bösen Zeitgenossen. Aber wenn sie ihn findet, dann muss ein anderer Bösewicht her, denn für die Geschichte ist es sehr wichtig, dass es einen Bösewicht gibt. Ich liebe es, Romane zu lesen. In Romanen muss es einen Verbrecher geben. Ist er ein wirklich guter Schurke, dann willst du bestimmt nicht, dass er gleich zu Beginn des Buches umgebracht wird. Und wenn eine Fortsetzung geplant ist, dann darf er noch nicht einmal am Ende des ersten Buches sterben, so unentbehrlich ist er. Dieser bin Laden ist ein perfekt böser Kerl. Warum?

Es geht hier nur darum, zu verstehen, worum es in diesem Spiel geht. Du musst begreifen, dass es nicht darum geht, dass die Wirtschaft Güter für den Bedarf der Konsumenten produziert und den Menschen Arbeit und ein Einkommen gibt. Nein, das ist nicht ihre Aufgabe. Ganz im Gegenteil, sie soll fehlschlagen. Denn wenn die Wirtschaft perfekt funktionierte, würdest du abends im Fernsehen den Nachrichtensprecher hören: „Heute gibt es nichts zu berichten. Niemand ist verhungert, niemand kämpft gegen jemanden, alle Regierungen vertragen sich ausgezeichnet, und das Wetter ist perfekt! Auch für den Rest des Monats wird es so bleiben." (Lachen)

Nein, erst wenn die Dinge schief gehen, werden die Reporter richtig aufgeregt. So viele Reporter sind in Afghanistan gestorben. Warum sind sie denn überhaupt dort hingegangen? Weil es interessant ist! So etwas ist der Höhepunkt im Leben eines Reporters, inmitten von Gefahren zu sein. Für einen Reporter ist es perfekt, in einer solchen Aktion zu sterben. Warum sollte er im Bett sterben wollen?

Ich hörte von einem Mann, einem Vulkanologen. Er starb, weil ein Vulkan, den er erforschte, früher ausbrach als erwartet. So etwas ist wunderbar und aufregend.

Worum geht es hier überhaupt? Worum geht es im Leben?

Es geht nicht um Sicherheit! Es geht darum, wer ihr seid – *das* ist die einzige Sicherheit. Du warst immer, du wirst immer sein, und du bist unverletzlich. Es gibt keine Feinde, denn du bist alles, was ist!

Wer ihr seid, ist keine Geschichte. Wir geben vor, jemand zu sein, und wir tun so, als gäbe es da noch andere, gute und böse, schöne und hässliche, dicke und dünne, kleine und große „Jemands"; einfach zu unserer Unterhaltung, nur zum Spaß und Abenteuer.

Wenn du dieses Spiel begreifst, spielt es keine Rolle, wie es sich entwickelt. Nichts kann dir geschehen, weil es nicht wirklich real ist. Es handelt sich um eine Computersimulation der Realität, eine virtuelle Realität. Es fühlt sich echt an, es sieht echt aus und wir können glauben, dass es Realität ist, aber es ist nicht wirklich.

Wenn du von der Warte der Wahrheit aus schaust, dann ist es aufregend und friedlich zugleich. Was immer auch geschieht, ist gut so, unabhängig davon, welcher Film gerade abläuft oder wie die Geschichte ausgeht. Du weißt, enden wird sie ohnehin.

• • •

Fragende: Es ist ein eigenartiges, unbeschreibliches Gefühl. Ich fühle mich so weich wie Butter, und so still.
Samarpan: Ja, alles hier ist Stille; kein Ort, wo man hingehen muss; nichts, was man bekommen und nichts, was man werden muss.
F.: ...dann denke ich, ich kann doch nicht die ganze Zeit...
S.: Dann betritt der Verstand das Paradies, so wie die Schlange den Garten Eden und sagt: „Aber etwas stimmt nicht", oder „Etwas wird falsch sein", oder „Etwas könnte falsch sein", oder „Etwas war falsch." (beide lachen)
F.: Wenn ich hier so sitze, dann ist wirklich nichts zu tun.
S.: Ja.
F.: Da ist nichts zu tun, aber mein Verstand sagt...
S.: Was sagt der Verstand? Lass uns ihn bloßstellen!
F.: Er sagt: „Jetzt sitzt du hier und kannst neben Samarpan in Stille sein, warum kannst du es nicht, wenn er nicht da ist?"
S.: Ja, es ist immer so, der Verstand wird immer mit einem Problem zur Stelle sein. So macht er das. Er wird immer einen Weg finden, dir zu sagen, dass etwas mit dir nicht stimmt. Das ist sein Programm. Das Programm, mit dem du bis jetzt gelebt hast, lautet: Ich kann es niemals richtig machen.

F.: Ja, das stimmt.
S.: Das ist kein Problem, weil ich dir beibringe und sage: wahrhaft spirituell ist, es falsch zu machen. Dann weiß der Verstand nicht, was er tun soll und ist desorientiert. Dadurch störe ich das ganze Programm.
F.: Auf der einen Seite weiß ich, es gibt nichts zu tun, aber dann schreit mein Verstand regelrecht: „Was ist jetzt? Du musst jetzt etwas tun!"
S.: Das ist richtig. Der Verstand ist davon abhängig, etwas zu tun. Der Verstand ist der Handelnde, er ist wie ein Bibliothekar. Er geht in die verschiedenen Abteilungen der Bibliothek und sucht nach Dingen, die erledigt werden müssen. Er kommt mit einem riesigen Stapel von Büchern und sagt: „Du meinst, es gäbe nichts zu tun? Schau mal, was ich gefunden habe! Du hast so viel zu tun, dass kein Ende in Sicht ist!"
F.: Ich denke, es ist auch der Verstand, der Gefühle hochbringt wie: „Siehst du, jetzt geht es dir wieder schlecht!".
S.: Das ist richtig. Der Verstand sagt dir also, dass du wirklich ein Trottel bist.
F.: Nein, das sagt er nicht.
S.: Was sagt er dann, was mit dir verkehrt ist?
F.: Was er sagt, was mit mir verkehrt ist? Nichts ist verkehrt.
S.: Das ist die Wahrheit, nichts ist falsch, nichts war jemals falsch. Nichts muss getan werden, es ist fein so, wie du bist, auch wenn Tränen fließen.
F.: Trotzdem taucht immer wieder die Frage auf: „Was muss ich tun?" Irgend etwas muss ich doch machen?
S.: Du musst nichts tun.
Der Verstand ist dazu da, diesem Körper eine Hilfe zu sein, um ihn durchs Leben zu lotsen. Er findet heraus, wie du zur U-Bahn kommst, welche Linie du nehmen musst, wie du zu deinem Ziel kommst. Er sagt dir, wie du das Telefon und einen Computer benutzt, wie du es anstellst, wenn du in der Bibliothek etwas nachschlagen möchtest, wie du ein schönes Essen bereitest. All das sind Aufgaben für den Verstand.

Nur hat der Verstand seine Kompetenzen überschritten. Eigentlich ist er ein Gehilfe, der uns dienen soll. Er soll uns helfen, für den Körper zu sorgen, damit er im alltäglichen Leben funktioniert. Mit seiner Hilfe lernen wir, wie wir uns anderen Menschen gegenüber verhalten und unsere Rollen spielen.

Der Verstand weiß aber nichts vom Sein. Er kennt sich nur mit dem Tun aus. Das Problem ist, dass wir glauben, wir sind der Verstand, wenn wir uns mit ihm identifizieren. Dann flippen wir aus und sagen: „Was muss ich jetzt machen? Es muss etwas zu tun geben! Ich muss irgendwo hin gehen! Ich muss etwas erreichen!"

Es ist einfach die falsche Identifikation. Wenn du in der Stille ruhst, wenn du einfach bist, dann ist es offensichtlich, dass Hier nichts zu tun ist. Es ist nur diese falsche Identifikation, die stattfindet. Das ganze Leiden der Menschheit entsteht daraus. Es geht um einen kleinen Wechsel, eine kleine Veränderung in der Perspektive, das Leben von der Wahrheit und nicht vom Verstand her zu betrachten.

Der Verstand ist an sich kein Problem. Ein solches entsteht nur, weil der Verstand angenommen hat, er müsste das ganze Universum am Laufen halten. Natürlich kann er das nicht. Er ist ein solch kleiner Computer – da gibt es so viel, was er nicht versteht, was er nicht wissen kann und was ihn verwirrt. Wenn er bei seinen Aufgaben bleibt, geht es ihm gut.

Ein fähiger Bediensteter wird dir nicht im Weg stehen, er wird nicht vor deiner Nase herumtanzen. Ein guter Diener wird den Wein servieren und dann verschwinden. Er sieht dir nicht im Stehen über die Schulter und sagt, wie du dein Glas halten sollst.

Der Verstand verhält sich, als wäre er der Meister. Er ist ein schrecklicher Meister, er macht dich verrückt. Er sagt dir, tue dies, und wenn du es getan hast, dann sagt er dir, ich habe dir doch gesagt, du hättest etwas ganz anderes machen sollen. Oder er sagt dir, du hättest es nicht gut gemacht, oder nicht zur Genüge. Ständig nörgelt er an dir herum. Ein guter Diener hat einfach nur die Aufgabe, dir Informationen zu liefern und dir zu helfen, und dann verhält er sich ruhig. Wir sind hier, um dem Diener beizubringen, dass er uns nicht in die Quere kommt. Denn du bist offensichtlich perfekt. Auch der Verstand ist in Ordnung, er braucht einfach nur etwas Disziplin. Wir bringen ihm das bei, indem wir ihm keine Aufmerksamkeit schenken. Wir tun es, indem wir all den Unsinn ignorieren, all diese dummen Ideen, die er uns permanent suggeriert.

F.: Dann sagt mir mein Verstand: „Bevor ich sterbe, will ich aber gelebt haben."

S.: Das ist richtig, wir lernen hier, wie man lebt.

F.: Ja, das stimmt.

S.: Wir lernen, wie man wirklich lebt, wie man den Augenblick genießt. Das ganze Leben passiert jetzt, hier, und nicht im Verstand! Wenn wir in irgendwelchen Vorstellungen leben, ist das kein wirkliches Leben. Alles geschieht nur *hier*.

Eine Art, den Verstand zu disziplinieren, ist, jedes Gefühl zu fühlen, das gerade da ist. Wenn du das Gefühl willkommen heißt, bringt es dich hierher, in diesen Moment.

Der Verstand kommt mit irgendeinem Gedanken, der ein störendes Gefühl mit sich bringt. Für gewöhnlich drehen wir uns damit im Kreis, flippen aus und befinden uns dadurch in ständiger Aufregung. In dem Moment sagen wir einfach: „Okay, ich spüre das Gefühl, ich heiße es willkommen!"

Angst ist da? Okay, lass uns die Angst fühlen. Lass uns sehen, worum es dabei geht. Lass uns mit der Angst Freundschaft schließen. Dann fürchte ich mich nicht davor, Angst zu fühlen.

Traurigkeit ist hier? Schön, dann fühle ich mich traurig. Traurigkeit ist schön!

Wut? Großartig! Dann lass uns dieses Gefühl erforschen. All das bringt uns hierher. Das zieht dem Tiger die Zähne. Der Verstand hat dann nichts mehr, womit er uns quälen kann. Er hat diese Gefühle benutzt, um uns unter Kontrolle zu halten und uns damit zu foltern. Wir sagen ihm: „Okay, tu dein Bestes, gib mir das intensivste Gefühl! Ich bin bereit!" So verliert der Verstand seine Macht.

F.: Das ist aber eine große Herausforderung, mein Verstand ist wirklich listig.

S.: Der Verstand ist trickreich, aber ich kenne all seine Tricks. Ich bin hier, um sie euch zu zeigen. Sobald du sie alle kennst, kann der Verstand sie nicht mehr ausspielen.

F.: Dann will ich dir etwas erzählen: In letzter Zeit ist es so, dass ich oft Angst habe, mir könnte etwas zustoßen, denn ich bin stark mit dem Körper identifiziert. In mir kommt dann die Idee hoch, dass ich ein Bein verlieren werde oder dass ein ganz schlimmer Unfall passieren wird, damit ich diese Identifikation mit dem Körper aufgeben kann. Mein Verstand versucht mich zu beschwichtigen, indem er sagt: „Nein, das wird dir nicht passieren." Wenn ich das nicht ständig wiederhole, besteht die Angst, dass es dann möglicherweise doch passiert.

S.: Ich zeige Dir, wie du diesen Knoten durchschneiden kannst. Was ist denn das Schlimmste, was passieren könnte? Dass dich jemand umbringt, ja?

F.: Noch nicht einmal. Am Schlimmsten wäre es für mich, wenn ich irgendwie behindert wäre, dann wäre ich lieber tot.

S.: Okay, auf irgendeine Art wirst du einmal behindert sein, wie alle anderen auch. Das nennt man Alter. (Lachen)
So ist das. Der Körper hat nicht mehr die Möglichkeiten wie vor dreißig oder vierzig Jahren. Das ist einfach eine Tatsache, aber es ist nicht so, wie wir uns das vorstellen. Es ist einfach wie es ist, und es ist okay. Ich bewege mich etwas langsamer, stehe langsamer auf, weil es mir sonst Schmerzen bereitet, das ist keine große Sache. Es sind die Vorstellungen, die wir damit verbinden, die uns terrorisieren. Aber du weißt, deine ganze Geschichte und die Lebensgeschichte deines Körpers sind bereits festgelegt.

F.: Ja.

S.: Also brauchst du dir keine Sorgen darüber zu machen.

F.: So ist es.

S.: Es wird so sein, wie es sein wird. Ob du dir Sorgen machst oder nicht, es ist dennoch, wie es ist. Es ist einfach das Abenteuer dieses Körpers. Das ist doch interessant.
Am Abend bevor Jesus gefangen genommen wurde, war er im Garten Gethsemane. Man sagt, dass er dort Blut schwitzte, weil er sich vor-

stellte, was ihn erwarten würde. Er wusste, dass etwas Einschneidendes, ein großes Drama passieren würde. Die Vorstellung am Kreuz zu hängen, ließ ihn Blut schwitzen. Aber als es tatsächlich passierte, war er in Frieden damit. Sicherlich war es sehr schmerzhaft und intensiv, aber es war nicht mehr, als er ertragen konnte. Es sind die Vorstellungen, die wir uns vorher machen, die uns in Panik versetzen. Denn in unserer Phantasie kann es immer mehr sein, als wir ertragen können. In der Wirklichkeit ist es aber nie mehr, als erträglich ist. Es ist immer genau richtig.

F.: Wenn es so ist, dass alles so passiert, wie es passieren soll, dann ist es ja reine Zeitverschwendung, wenn mein Verstand annimmt, es würde dem Körper nichts Schlimmes passieren, solange er nur das Gegenteil denkt, von dem, was er befürchtet.

S.: Das ist richtig, genau das ist der Punkt. Wir können nichts dazu tun, es liegt nicht in der Macht des Verstandes. Es macht keinen Unterschied, woran er glaubt oder nicht glaubt, was passieren wird oder nicht passieren wird; es wird so sein, wie es ist. Der Verstand kann hier entspannen, er hat hier nichts zu tun. Es ist nicht seine Aufgabe, dein ganzes Leben zu kontrollieren, denn dazu ist er gar nicht fähig. Nur ein Kind vertraut auf die Zauberkraft von „Wenn ich das glaube, wird dies passieren..." Dein Leben entfaltet sich ganz perfekt; Tag für Tag, von Augenblick zu Augenblick ist alles genau so, wie es sein sollte und wie es vorherbestimmt ist.

F.: Was bleibt da noch übrig? Diese spirituelle Reise hat mich sehr schnell auf den Punkt gebracht: Ich kann nichts tun!

S.: Das ist richtig.

F.: Als ich das herausfand, hat es mich sehr traurig gemacht.

(beide lachen)

S.: Viele Dinge werden passieren. Dieser Körper/Verstand wird an vielen Aktivitäten beteiligt sein, aber das alles hat nichts mit dir zu tun. Du bist, du warst und du wirst immer sein. Das ist das Ende der Reise, einfach Sein. Viele Leute verbringen ihr ganzes Leben mit dieser Reise, sie betrachten sich Zeit ihres Lebens als Sucher, und wenn sie dann dem Ende der Reise näher kommen, machen sie noch mal eine Kehrtwende, weil sie nicht möchten, dass die Reise zum Abschluss kommt. Sie haben ihre Identifikation als Suchende lieb gewonnen.

F.: Ich habe nichts mehr, woran sich der Verstand klammern könnte.

S.: Das ist richtig. Das ist der Tod, das ist der Tod des Ego. Das ist keine kleine Sache, natürlich ist da Traurigkeit. Heiße die Traurigkeit willkommen! Das ist ein ganz wichtiger Schritt, gehe nicht darüber hinweg. Wir müssen den Tod des Ego betrauern. Wenn ein geliebter Mensch stirbt, verbringen wir mehrere Tage in Trauer. Aus psychologischer Sicht ist das eine sehr wichtige Zeit. Gehe nicht darüber weg! Fühle diese Traurigkeit. Da ist nicht nur diese Traurigkeit, da ist auch Wut und alle möglichen anderen Gefühle. Fühle sie alle!

F.: Ja, die Traurigkeit und auch, dass… dass es gar nichts zu tun gibt.

S.: Da ist Traurigkeit; es gibt nichts mehr zu tun. Auch ist niemand mehr da, um etwas zu tun. Diese ganze Idee vom „Ich", beruht darauf, dass „ich etwas zu tun habe", dass „ich etwas bekommen muss" und dass „ich jemand werden muss".

F.: Ja, es ist ganz schön traurig, es ist leer!

S.: Ja, das ist es.

F.: Zwar wäre ich einerseits gerne noch länger gereist, aber ich weiß genau, wie deprimiert ich gewesen wäre, wenn ich erst nach Jahren herausgefunden hätte, dass da nichts ist!

S.: Der klassische Weg wäre gewesen: Der Meister lädt dich in seinen Ashram ein, und du machst einen Entwicklungsprozess durch, der ungefähr dreizehn Jahre dauert, und dann verrät er dir den Witz!

F.: (lacht) Das ist aber gemein! Da habe ich ja noch Glück gehabt! Was mache ich denn jetzt?

S.: Da ich ein sehr fauler Meister bin, komme ich gleich zu Beginn zum entscheidenden Punkt, und die restliche Zeit können wir einfach genießen. Alte Charaktermerkmale werden auftauchen, Vasanas werden an die Oberfläche kommen, das wird passieren. Der Verstand will nicht sofort loslassen.

F.: Das merke ich.

S.: Aber schon nach kurzer Zeit genießt es der Verstand, dass es für ihn nichts zu tun gibt.

F.: Es ist doch komisch, der Verstand weiß es und trotzdem...
S.: Der Verstand begreift die Wahrheit niemals vollständig. Darum müssen wir immer wieder in die Stille gehen und alles von dort aus betrachten, dann ist es offensichtlich, dann können wir verstehen. Das ist kein Begreifen wie im Verstand, sondern es ist einfach ein Sehen, was ist. Denn was ist, das ist, und das ist einfach offensichtlich.
Du kannst es jederzeit neu erkunden. Es ist gleichgültig, was der Verstand glaubt. All die Bücher, die wir gelesen haben, helfen uns dabei nicht. Nur im Hiersein siehst du. Alles ist sehr klar, da ist Niemand; Niemand, um etwas zu tun, Niemand, um etwas zu werden.
F.: Dem Verstand fällt es schwer, das so anzunehmen.
S.: Ja, da ist Widerstand, das ist in Ordnung. Kämpfe nicht gegen den Widerstand. Auch der Widerstand ist hier willkommen.
Der Verstand wird dir sagen, dass dies das Ende von allem ist. Aber in Wirklichkeit ist es der Anfang von allem, der Anfang vom Lernen. Hier beginnt das wirkliche Lernen; wirkliches Lernen kann nur im Hiersein geschehen und endet niemals. Es ist sehr aufregend. Es gibt ein ganzes Universum zu entdecken und das Jenseits von ihm, es hat kein Ende. Aber der Verstand kann hier nichts tun, er muss der Diener bleiben. Du musst nackt, „entkleidet" hier in diesen Moment kommen, ohne Vorstellungen.
Niemand ist hier, denn wenn jemand hier ist – und es ist immer ein imaginärer „Jemand" – dann verursacht er die Probleme.
Also vergieße die Tränen, betraure den Tod dieses Jemand und lasse ihn gehen.
Wir haben viele Analogien für diesen Vorgang. Eine der schönsten beschreibt den Vogel Phönix, der sich in das Feuer begibt, darin stirbt und dann aus der Asche wieder aufersteht. Wir sehen es auch in der Natur: Die Raupe verpuppt sich, stirbt, und wandelt sich zu einem Schmetterling. Es ist der Tod und die Wiederauferstehung. Wir müssen durch den Tod gehen, wir müssen durch die Hölle gehen, um in den Himmel zu kommen. Betraure also den Tod, versuche nicht, darüber hinweg zu gehen. Ruhe einfach hier, denn der Zeitpunkt ist sehr gut getroffen.

F.: Wenn alles so ist wie es jetzt ist, dann fragt sich mein Kopf: Wann mache ich etwas? Wenn ich den Impuls dazu bekomme? Oder wie mache ich das? Dann weiß ich gar nichts mehr.
S.: Das ist richtig. Du weißt nichts. Du weißt nicht, wann du aufstehen, wann du wohin gehen, wann du was machen sollst. Das ist richtig. Das meinte Osho, als er sagte: „Nicht-Wissen ist wahre Intimität."
F.: (lacht) Wird es dann so sein, dass ich nicht mehr vorher überlege: jetzt stehe ich auf, sondern dass ich einfach aufstehen werde? Oder wie wird es sein?
S.: Ich weiß es nicht, das musst du herausfinden.
F.: Okay. Ich komme mir ziemlich blöd vor.
S.: Das ist gut, willkommen im Club!

• • •

Fragende: *Vielleicht kann ich mich dem „Club der Heulsusen" anschließen.*
Samarpan: Immer wenn ich Tränen sehe, weiß ich, dass da eine Bereitwilligkeit ist.
F.: Als ich heute morgen aufwachte, habe ich mich sehr krank gefühlt. Ich war gezwungen, still zu bleiben und mich hinzulegen. Dann kam mir der Gedanke, dass dies ein tiefgehender Reinigungsprozess ist, und das hat mir geholfen, es zu akzeptieren. Ich hatte gar nicht die Möglichkeit, Widerstand zu leisten, denn ich konnte gar nichts tun. Plötzlich kamen die Tränen, wie aus dem Nichts. Ich hatte nicht mal bemerkt, dass da Gefühle waren; da waren nur Tränen, keine Gedanken, und ich fühlte eine tiefe Erleichterung. Jetzt habe ich die Wahrnehmung dieser klaren Stille in mir verloren. Mein Verstand fragt sich, warum das so ist?
S.: Was ist jetzt hier?
F.: Frieden. Frieden und auch Freude, aber das ist nicht der richtige Ausdruck, vielleicht Liebe; und da ist Aufregung in meinem Bauch.
S.: Schließe die Augen und gehe mit deiner Aufmerksamkeit in die Mitte dieser Aufregung. Diese Erregung ist überall um dich herum, und du bist in der Mitte. Was ist hier?
F.: Ich kann die Mitte nicht fühlen, ich fühle die Begrenzungen meines Körpers.

S.: Wie ist es, hier zu sein?
F.: Es ist stabil und innen still, gleichzeitig fühle ich meinen Körper.
S.: Mache dir keine Gedanken um den Körper, schau einfach in die Stille. Schau, ob du ein Ende der Stille finden kannst.
F.: Nein, da ist kein Anfang und kein Ende.
S.: Kannst du eine Trennung zwischen dir und der Stille wahrnehmen?
F.: Mein Verstand ist immer noch sehr beschäftigt.
S.: Der Verstand schafft immer eine Trennung, das ist kein Problem – aber schau in die Stille, ob du darin eine Begrenzung findest. Schau, ob du überhaupt jemanden finden kannst.
F.: Niemanden, den ich benennen kann. (Schweigen)
Von Zeit zu Zeit fühle ich meinen Herzschlag sehr stark. Aber es stört die Stille in mir nicht.
S.: Das ist richtig.
F.: Aber ich sehe auch, wie die Gedanken kommen, und das stört mich, weil es Beurteilungen sind.
S.: Das ist interessant. Kommen die Gedanken oder sind sie immer da und schwirren irgendwo herum?
F.: Sie sind immer da.
S.: Es ist in dem Moment störend, wo du deine Aufmerksamkeit den Gedanken gibst. Dann empfindest du sie als eine Störung. Aber schau zurück in die Stille und sieh, ob die Stille gestört ist. Nein? Solange du in der Stille ruhst, können die Gedanken herumwandern, und sie stören gar nicht.
F.: Ist es Widerstand, wenn ich Kopfschmerzen bekomme?
S.: Vielleicht ist es eine Hilfe, um *Hier* zu sein. Kopfweh ist sehr hilfreich. Ruhe in den Kopfschmerzen, lasse sie da sein. Das Kopfweh wird dich zurück in diesen Augenblick bringen. Alles wird dich hierher bringen. Nichts ist ein Problem, nichts ist jemals falsch. Was auch immer sich zeigt, kann benutzt werden.
F.: Danke, dass du hier bist.
S.: Es ist wundervoll, was hier passiert.

4
Misfits

Samarpan: Guten Morgen, willkommen zum Satsang.
Ich habe angefangen einen Brief schriftlich zu beantworten, aber ich antworte lieber hier direkt. Es ist ein wunderschöner Brief, ich möchte ihn mit euch teilen:
„Heute Abend kam die Traurigkeit. Ich habe bemerkt, dass die Traurigkeit das einzige Gefühl ist, was uneingeschränkt kommen und gehen darf, und wie schön das ist, wie friedlich.
Das ist das Geheimnis. Wenn du die Traurigkeit willkommen heißt, dann wird sie freudvoll, das ist großartig.
Und es ist interessant, alles über die Beziehung zu meinen „Gefühlskindern" herauszufinden. Ich habe viele Bilder, z.B. sehe ich, dass ich ein Raum mit zwei Türen bin, in den Gefühle eintreten und wieder gehen. In diesem Raum sind sehr starke Kräfte am Werk, die versuchen, eine der Türen für bestimmte Gefühle geschlossen zu halten, und andere Gefühle davon abzuhalten, zu gehen. Es macht Spaß, zu beobachten, wie ich mit unterschiedlicher Anstrengung versuche, Dinge fern oder im Raum zu halten. Ich kann die Gefühle beobachten und etwas über sie herausfinden. Mein Eifersuchtskind ist immer noch hässlich. Es ist zu schwer, um auf meinem Schoß sitzen zu können. Ich möchte es wegstoßen, wenn es kommt. Aber dann, wenn ich es wieder anschaue, kann ich etwas Wärme und Mitleid für dieses „ungeliebte Kind" verspüren.

(lacht) Ja, die Eifersucht ist eifersüchtig, weil die Traurigkeit auf dem Schoß sitzen darf und sie nicht.

Gerade sah ich, dass ich keine Wahl habe, ob ich weiß oder schwarz bin, ob männlich oder weiblich, ob dick oder dünn. Ich sah mich wie eine Pflanze, die unter bestimmten Bedingungen wächst, so als würde ich zwischen Steinen wachsen und andere Pflanzen im Schlamm oder umgekehrt. Der eine ist eine Sonnenblume, der andere eine Tulpe oder ein Veilchen. Da war kein Gedanke, ob ich lieber die eine oder andere sein möchte.

Es erinnerte mich an ein Video, das ich gesehen habe, über verschiedene Blumen, deren Blüten sich alle auf unterschiedliche Weise öffneten. Es war so schön, das zu beobachten. Einige sehen scheu aus, andere sanft oder elegant, Rosen explodieren geradezu. Es sieht wirklich so aus, als hätten sie eigene Charaktere, und sie alle sind schön. Ich sehe also, dass ich einen Charakter habe, einen Körper, eine Persönlichkeit, die sich auf eine bestimmte Art und Weise entwickeln. Es ist so erstaunlich zu sehen, dass sich diese Veränderung in einem halben Jahr vollziehen konnte, und ich danke Dir, Samarpan, so sehr. Mein Herz ist voller Liebe für Dich. Ich möchte Dir immer näher und näher kommen, das ist mein starker Wunsch. Wenn ich merke, dass ich alles loslassen muss, macht mir das überhaupt keine Angst, solange ich Liebe und Vertrauen spüre. Ohne Dich könnte ich die Liebe nicht spüren. Du bist mein Dolmetscher und Begleiter.

Ich reise gerne in Deinem Taxi."

Schön, ich habe nur eine Bemerkung dazu: Es schwingt ein wenig Wollen mit, dass es anders sein sollte. Vergiss dieses „Ich sollte näher dran sein". Du bist genau da, wo du sein musst.

Es ist wirklich ein Wunder. Ihr alle seid genau da, wo ihr sein müsst. Lasst alle Wünsche gehen, dass euer Leben anders aussehen sollte. Das ist einfach nicht wahr. Das ist nur ein Trick des Verstandes, um euch gefangen zu halten. Sobald du akzeptierst, wo du stehst, bist du am richtigen Platz.

Wenn du versuchst woanders zu sein, dann bist du nicht hier, dann bist du in einer vorgestellten Welt. Sei genau hier, wo du bist und wie du bist; es ist so einfach. Das Leben wird sich darum kümmern, dass du jede Art von Erfahrung machst, die du brauchst und die genau auf dich abgestimmt ist.

Das nennt man Karma, das Gesetz der Anziehung. Karma bedeutet, dass dein ganzes Leben genau so auf dich zugeschnitten ist, dass es perfekt für dein Erwachen ist. Wir sagen oft: „Ich mag mein Karma nicht." Aber das Leben liebt dich. Das ganze Universum kooperiert mit deinem Leben. Es weiß, dass es perfekt ist, wie es ist. Es beginnt damit, dass dir genau die richtigen Eltern gegeben wurden, um dich zum Wahnsinn zu treiben. (Lachen)

So geht es weiter. Wir ziehen genau die richtigen Leute an. Wir meinen, es seien die falschen Leute, aber sie sind genau die richtigen um uns die Knöpfe zu drücken. Wir ziehen die passende finanzielle Situation an. Ich weiß, wir alle denken, dass nie genug Geld auf der Bank ist. Aber es ist immer genügend Geld vorhanden. Ich merke, dass die finanziellen Möglichkeiten, die ich hatte und habe, immer passend waren und sind. Gott gab mir nie soviel Geld, dass ich damit in ernsthafte Schwierigkeiten geraten wäre. Das wäre ganz bestimmt geschehen, wenn mir mehr Geld zur Verfügung gestanden hätte. Auch jetzt, wo ein neuer Computer benötigt wird, ist das Geld dafür da, genau zum richtigen Zeitpunkt, einfach perfekt. Da ist nie etwas übrig und das wäre auch zu nichts nütze.

In eurem Leben ist es genauso. Wenn ihr aufhört, euch etwas vorzumachen, dann erkennt ihr, in welch vollkommener Weise das Leben für euch sorgt. Der Verstand denkt: „Ich weiß es besser als Gott, ich könnte es besser arrangieren, wenn ich das Sagen hätte." (lacht)

• • •

Fragende: *Hallo, Samarpan. Zunächst möchte ich dir für deine Unterstützung danken.*
Samarpan: Ich liebe es, Unterstützung zu geben. Es ist meine Aufgabe und meine Freude, dich total zu unterstützen.
F.: *Was du gerade gesagt hast, scheint genau auf mich zu passen. Als ich gehört habe, dass ich hierher kommen kann, dachte ich: „Warum kann*

ich nicht bis zum Ende bleiben wie die anderen und muss nach der ersten Woche gehen?" Ich habe verzweifelt versucht länger bleiben zu können. In den letzten Nächten spukte das sogar in meinen Träumen herum. Ich habe mich damit ganz verrückt gemacht.

S.: Das ist der Verstand, der glaubt, er wüsste es besser. Wenn du dein Herz fragst, wird es sagen: „Ich vertraue darauf, dass alles so sein wird, wie es sein soll. Wenn ich die zweite Woche bleiben muss, dann wird das möglich sein, und wenn nicht, dann eben nicht." Das ist das Vertrauen, dass die göttliche Mutter sich um alles kümmern wird, um jedes kleine Detail. Der Verstand braucht sich nicht darum zu sorgen, das ist zu viel Arbeit, oder?

Anstatt es zu genießen hier zu sein, beschäftigt sich der Verstand damit, ob du nächste Woche hier sein könntest. Was für eine Zeitverschwendung! Sei einfach diese Woche hier. Die nächste Woche wird sich um sich selbst kümmern. Das gilt für alle von uns, für jeden Aspekt unseres Lebens. Sei einfach hier, wo du bist. Denke nicht über das „da" oder das „dann" nach, das ist viel einfacher.

Vor kurzem habe ich meine E-Mails durchgesehen. Ich bin überrascht, wie viele E-Mails ich letzten Monat beantwortet habe. Wenn ich das so anschaue, erscheint es mir unmöglich. Ich bin jedes Mal, wenn ich eine E-Mail beantworte, total mit meiner Aufmerksamkeit dabei, und sobald ich sie weggeschickt habe, vergesse ich sie.

Im Augenblick zu leben ist so einfach. Keine Anstrengung ist dafür nötig, alles geschieht ganz natürlich, auf seine eigene Weise.

F.: Es ist gut, das zu hören. Ich habe noch eine andere Frage. Du hast darüber gesprochen, dass alles nur Vorstellung ist und dass es kein „Ich" gibt. Wie passt das mit all den Familienstrukturen zusammen, mit den Beziehungen zwischen Eltern und Kindern, und all diesen Dingen?

S.: Es passt so zusammen, wie es im Drehbuch des Lebens geschrieben steht.

F.: Das verwirrt mich.

S.: Warum?

F.: Ich habe eine Ausbildung in Familien aufstellen, und ich beginne gerade damit zu arbeiten. Aber nachdem ich viele Satsangs besucht habe, kann ich überhaupt nicht mehr damit arbeiten. Jetzt frage ich mich, ob die Verwirrung in mir der Grund dafür ist.

S.: Alles, was in dieser Geschichte, in dieser Illusion geschieht, hat nichts mit der Wirklichkeit zu tun, sondern mit der Geschichte. Bei den Familienaufstellungen wird die Geschichte auf eine magische Weise betrachtet, um den größeren Zusammenhang dieser Familiengeschichte zu sehen, mit allen Kräften und Einflüssen, die da wirken. Aber all diese Einflüsse spielen sich im Verstand ab. Es ist eine schöne Arbeit, es ist nichts verkehrt daran, aber es ist Verstandesarbeit.

Bei der Familienkonstellation spricht man über eine Illusion. In dieser Illusion hat man einen Vater, eine Mutter, Brüder, Schwestern, Ehepartner, Kinder. Sie alle üben einen Einfluss auf mich aus. Wenn ich aber nicht im Verstand bin, dann haben sie keinerlei Einfluss auf mich. Wenn ich nicht an diese Illusion glaube, wenn ich ihr keine Macht gebe, wen kümmert es dann?

Ich habe an einigen dieser Gruppen teilgenommen, es war schön. Es geschehen einige wunderschöne Dinge dort, ich sage nichts dagegen. Das Schönste, was ich von dort mitgenommen habe, war, die Kraft der Hingabe zu erkennen. Wenn ich mich vor meinen Eltern verneige und zu ihnen sage: „Ich ehre euch, und ich erlaube euch, euer eigenes Schicksal zu haben, ich respektiere das und lasse es bei euch", macht mich das frei. Das ist sehr machtvoll. Jesus drückte es anders aus. Er sagte: „Ich habe keinen Vater und keine Mutter." Das ist wirklich großartig. Damit fällt er ganz aus der Familienkonstellation heraus. (Lachen)

Ich habe keinerlei Beziehung zu meinen Kindern. Hin und wieder ist da ein Gedanke, dass es anders sein sollte. Tatsache ist aber, dass ich nichts unternehme. Und was meine Enkelkinder betrifft, da muss ich nachschauen, wie sie heißen.

Ich lebe einfach nicht in deren Realität. Ich bin nicht der Vater von irgendjemandem. Dies sagte ich vor Jahren einmal zu meiner Tochter, aber sie hörte es nicht gerne. Ich bin einfach vom Vatersein zurückgetreten. Das ist die Wahrheit. Es ist schon bemerkenswert, ich habe meine vier Kinder aufgegeben, und jetzt habe ich Tausende. (lacht)

F.: *Für mich fühlt es sich so an, als wäre ich an diesem Punkt noch sehr ernst. Ich konnte nicht lachen, als du gesagt hast, dass du vom Vatersein zurückgetreten bist.*

S.: Mein Vater ist von seiner Vaterschaft zurückgetreten – er ist gestorben. So kommt man aus der Geschichte heraus. (Lachen)
Ich habe mir das angeschaut und dachte: Ja, ich könnte sterben, oder ich gehe einfach aus der Geschichte heraus. Eigentlich habe ich es gar nicht selbst getan, sondern Gott hat es für mich getan, es war alles für mich arrangiert. Jahrelang fragten mich die Leute, ob ich Kinder hätte. Besonders bei Frauen habe ich gelernt, dass ich in Schwierigkeiten gerate, wenn ich „Ja" sage. Also habe ich gesagt: „Nein, ich habe keine Kinder." Das war das Ende der Unterhaltung, und viel einfacher. Wir nehmen die Geschichte ernst. Meine Geschichte ist, dass ich vom Vatersein zurückgetreten bin. So war meine Geschichte geschrieben, es hat sich einfach so ergeben. Die Geschichte meiner Kinder ist, dass ihr Vater irgendein Wirrkopf ist, der sich einem Guru angeschlossen und sie verlassen hat. Die Geschichte meiner ersten Frau ist die, dass sich ihr Gatte als Blödmann herausgestellt hat. (Lachen)
Sie hasst mich immer noch. Sie will nicht einmal mit mir korrespondieren, sie will nichts mehr mit mir zu tun haben. Das macht es für mich viel einfacher. Sie hat es mir immer leicht gemacht. Sie hat mich verlassen, ich brauchte gar nicht von ihr fortzugehen. Und dann hat sie es schwierig für mich gemacht, zurückzukommen und die Kinder zu sehen. Sie hat also diesen Ablösungsprozess unterstützt. Das ist alles das Werk des Göttlichen. So arrangiert das Leben die Dinge genau so, wie sie arrangiert werden sollen.
Das einzige Problem mit jeder Art von Psychologie ist, dass wir mit der Vorstellung beginnen, irgendetwas sei nicht in Ordnung, und wir müssten dies dann reparieren. Nichts ist verkehrt. Wenn du davon ausgehst, dann kannst du einfach da sein wo du bist, dann bist du in der besten Position.
Ich weiß nicht, ob dir das jetzt hilft?
F.: *Eigentlich nicht wirklich.*
S.: Das habe ich mir schon gedacht.

F.: Wie passt das mit Verantwortung zusammen?
S.: Diese Versuche, dass alles zusammen passen soll, spielen sich im Verstand ab. Ich kann dir nicht dabei helfen, es passend zu machen. Es passt einfach nicht, nichts passt zusammen. Nichts ergibt einen Sinn. Das ganze Leben ergibt keinen Sinn, es ist nicht vernünftig. Und was die Verantwortung anbelangt...
Du bist immer noch sauer, was meine Kinder betrifft. (Lachen)
F.: Ja, noch mehr sogar. Ich sehe diese Dynamik des Weitergebens, die so oft in den Familienkonstellationen sichtbar ist. Dein Vater hat euch verlassen, du hast dasselbe mit deinen Kindern gemacht.
S.: Ja, wir haben es alle perfekt hingekriegt.
Weil ich ging, müsste mein Sohn das Gleiche machen? Ich weiß es nicht.
F.: Ich bin nicht sauer, weil du deine Familie verlassen hast. Ich sehe aber die Dynamik, die sich immer weiter fortsetzt.
S.: Da ist die Vorstellung, dass da irgendetwas verkehrt ist, und die Erwartung, wie es sein sollte. Aber das ist nicht die Wahrheit.
Wie sollte es denn sein? Was würde an meinem Leben besser sein, wenn es anders wäre? Ich kann mir nichts vorstellen. Ich bin in solch einem Frieden, ich bin vollkommen frei.
Die Dynamik, die mein Vater in Gang gesetzt hat, war mir also dienlich. Genau wie die Dynamik, die eure Eltern weitergegeben haben, für euch eine Hilfe war. Sie waren genau in der Weise neurotisch, wie es für euch gut war. Das meinen wir, wenn wir von Karma sprechen.
F.: Ich sage nicht, dass du etwas hättest anders machen sollen, das würde ich nicht sagen.
S.: Das Merkwürdige daran ist, wir denken immer, es hätte die Möglichkeit bestanden, es anders machen zu können. Aber das ist nicht wahr. Du tust es genau so, wie du es tust, und es ginge gar nicht anders. Dein ganzes Leben ist so, wie es sein soll.
Und was die Verantwortung angeht: Verantwortung ist die Fähigkeit, auf etwas zu antworten. Dies ist die Definition von Osho; mir gefällt sie. Das ist wirkliche Verantwortung: Ich antworte dem Augenblick, ich bin wahrhaftig dem Moment gegenüber. Das ist Integrität. Das ist

nicht irgendeine Vorstellung von Verantwortung, da lässt man sich leicht verwirren. Diese Vorstellung, dass ich verantwortlich sein muss, z.B. dass ich mich um meine Eltern kümmern muss, dass ich etwas tun muss, weil es von mir erwartet wird, das ist nicht Verantwortung, das ist Sklaverei. Auf diese Weise versklavt uns die Gesellschaft.
Das Leben stimmt dem nicht zu, stimmt mit diesen Vorstellungen nicht überein. Gemessen an diesen Ansichten der Gesellschaft verhalten sich die meisten Menschen sehr eigensinnig und machen alles verkehrt.

F.: Irgendwie klingt das wie bei der Familienkonstellation. Man nimmt das innere Bild der Familie, stellt es nach außen und arrangiert die Dinge dann so, dass sich alle besser fühlen. Dann kehrt man das Bild wieder nach innen. Das klingt für mich so ähnlich wie das, was du gesagt hast.

S.: Nein, das ist überhaupt nicht dasselbe. Bilder haben mit dem Verstand zu tun: Erst baut man die Konstellation auf, wie der Verstand die Situation wahrnimmt. Man schaut, wie es sich anfühlt, probiert aus, wie es sich besser anfühlen könnte, und verinnerlicht dann die neue Ordnung. Das ist okay, aber es ist nicht die Wahrheit, es führt nicht zur Freiheit. Papaji hat es einmal so ausgedrückt: Es ist, als säßen wir in der Wartehalle im Flughafen und warteten darauf, dass unser Flug aufgerufen wird. Wir aber beschäftigen uns dort damit, die Möbel umzustellen und den Raum neu zu dekorieren. Wir brauchen nicht den Verstand umzugestalten – lass ihn in Ruhe! Was ich sage, ist etwas ganz anderes. Ich sage: Vergiss all das Zeug in deinem Verstand, die Vorlieben und Neigungen, all diese eingerosteten Vorstellungen, die Beziehungsprobleme, Familienprobleme und all die anderen Probleme. Kümmere dich nicht um sie! Höre auf all dem deine Aufmerksamkeit zu widmen.
Du hast keine Mutter und du hast keinen Vater, das ist die Wahrheit. All das gehört zur Illusion.
Wenn du eine bessere Geschichte haben willst, dann nimm an einer Familienaufstellung teil. Wenn du frei sein willst, dann vergiss die Geschichte. Schenke der Geschichte überhaupt keine Aufmerksamkeit,

dann hat sie keine Macht über dich. Du bist frei. Du bist einfach göttlich. Es spielt keine Rolle, wie verkorkst deine Geschichte ist. Du wartest nur darauf, dass dein Flugzeug startet, bis dahin ist nicht mehr viel Zeit. Und wenn das Flugzeug abhebt, dann nimmst du all diese Dinge nicht mit, weder dein Bankkonto noch deine Eltern oder Brüder und Schwestern. Du kannst sie in deinem Verstand mitnehmen, aber dann musst du wieder zurückkommen und den ganzen Unsinn nochmal von vorn beginnen. Das haben wir bisher so gemacht. Deswegen werden wir immer wieder geboren, weil wir an diesen Geschichten haften. Wenn du von der Geschichte frei sein willst, dann lass sie in Ruhe.
Was bedeutet das für dich und deine Arbeit?
F.: Ich habe keine Ahnung.
S.: Es ist eine magische Arbeit, die überaus machtvoll ist. Macht ist sehr verführerisch. Du muss sehr vorsichtig damit umgehen, denn es ist sehr leicht durch Macht verführt zu werden. Man wird trunken davon, es wird zu einer Droge.
F.: Vielleicht ist das der Grund, warum ich mich im Augenblick nicht mit dem Familien aufstellen beschäftige.
S.: Ich habe das Gefühl, dass es gut für dich wäre, es aufzugeben. Auf Grund deiner Persönlichkeit ist es für dich besonders gefährlich.
F.: Ich dachte, ich könnte das etwas abschwächen, indem ich Aufstellungen nur noch für Firmen anbiete.
S.: Mein Vater war Alkoholiker. Ein Paar Mal hat er von sich aus aufgehört, zu trinken. Nach einer Weile sagte er sich dann: „Ein Glas Bier kann ja nicht schaden, ich trinke ein Bier zum Abendessen." Nach einem Bier war er wieder mitten in seiner Alkoholsucht. So ist das mit Süchten.
Du musst dich entscheiden, was du willst, und dem dann hundertprozentig folgen. Willst du die Wahrheit? Dann gib ihr all deine Energie, all deine Kraft. Willst du etwas anderes? Auch gut! Dann vergiss die Wahrheit und folge dem. Aber spalte dich nicht innerlich.
Die meisten Leute befinden sich im Zwiespalt. Eine Frau schrieb mir: „Ich will einen Mann, ich will, dass mein Geschäft gut läuft, ich will eine gute Freundin, auf die ich mich verlassen kann, und ich möchte

gern an meiner Spiritualität arbeiten." So ist es; so sind die Prioritäten verteilt. Ganz oben auf der Wunschliste steht, einen Mann zu haben. Die Spiritualität kommt ganz zum Schluss.

Jesus sagte: Setze Gott an die erste Stelle, und alles andere wird sich von allein ergeben. Das ist das Leichteste. Setze Gott an die erste Stelle und überlasse ihm alles andere. Du brauchst dich um gar nichts zu kümmern. Ob du einen Mann hast oder Geld auf dem Konto oder eine Arbeit, du überlässt das alles Gott. Dann kann sich dein Verstand ausruhen. Er muss nicht die ganze Zeit über so beschäftigt sein.

• • •

Fragende: Das war gerade sehr aufregend für mich. Mein Herz schlägt, und ich bin voller Freude. Jetzt weiß ich, was ich an erster Stelle will - die Wahrheit. Die Geschichte dazu ist: Ich war wirklich eine Sklavin dieser Familienkonstellation. (Lachen)
Um es kurz zu machen: Mein Vater starb im zweiten Weltkrieg, meine Mutter war in jedem Bereich die Nummer Eins in meinem Leben. Auf subtile Weise war sie sehr erfolgreich darin, mich an sich zu binden. Selbst als ich Tausende Kilometer weit reiste, um Osho zu sehen, war sie in meinem Kopf. Es war eine Qual für mich, denn ich konnte nicht bei Osho bleiben. Sie sagte immer: „Oh Kind, du kannst tun und lassen was du willst!", aber als ich dann zurückkam, war sie sehr krank. Sie schaute mich an und ich wusste, es war alles meine Schuld.
Ich erinnere mich genau an meine Jugend. Ich wollte keinen Mann und keine Kinder haben. Ich wollte etwas anderes, doch ich wusste nicht genau, was. Aber mir war ganz klar, was ich nicht wollte. Natürlich bin ich in die Falle gegangen, hatte einen Mann und ein Kind, war immer depressiv und wusste nicht, warum. Natürlich hatte ich Schuldgefühle, eine schlechte Mutter zu sein. Als ich Osho sagen hörte: „Du bist weder Vater noch Mutter von jemandem, und du hast kein Kind", dachte ich: Aber das ist doch meine Pflicht.
Samarpan: „Deine Verantwortung!"
F.: Dann entwickelten meine Mutter und mein Sohn eine sehr enge Beziehung, sie haben mich ganz vergessen, und ich habe das genossen.

Natürlich war da ab und zu ein Monster, das mir zuflüsterte: „Du kümmerst dich weder um deine Mutter noch um deinen Sohn, was bist du für ein schlechter Mensch!"
Mein Sohn ist jetzt 34 Jahre alt und erwachsen. Ihn kann ich jetzt loslassen, und meine Mutter ist dieses Jahr gestorben. Was für eine Erleichterung! (Lachen)
Ich erinnere mich noch an meine Kindheit. Wenn meine Mutter wegging und sagte: „Ich komme erst in fünf Stunden wieder", dann bin ich vor Freude durch die Wohnung getanzt.
S.: Jetzt ist also weder eine Mutter noch ein Sohn da.
F.: Aber da waren Therapeuten, die sagten: „Du solltest Familienaufstellung machen!" Und ich habe das getan. Ich fühle mich sehr erleichtert, dass du sagst, es sei einfach nur Verstandeskram. Denn ich habe die ganze Familiengeschichte noch nicht beendet.
S.: Was fehlt noch?
F.: Die Ursprungsfamilie fehlt noch. (Lachen)
Bis jetzt habe ich ja nur mit meinen Eltern und meinem Sohn gearbeitet. Ich merke, ich habe gar keine Lust mehr, mich mit diesem gedanklichen Zeug zu beschäftigen. Ich möchte die Geschichte nicht besser machen, ich will in der Wahrheit sein!
S.: Wenn du in der Wahrheit bist, bist du nicht in der Geschichte. Es ist wie mit einem Buch, das dort im Regal steht: Du musst es nicht nehmen und lesen.
F.: Ich habe noch eine andere Frage. In einem Therapiebuch habe ich gelesen, es wäre heilsam seine Lebensgeschichte aufzuschreiben.
S.: Die Leute, die diese Bücher schreiben und Therapien anbieten, wollen ein Geschäft machen, also gib Acht. Sie haben keinerlei Interesse an deiner Freiheit, sie haben ein Interesse daran, dass du zur Therapie kommst.
F.: Seit Jahren sitze ich vor diesem Papier. Es ist eine solche Last! Nach ein paar Sätzen ist es so lächerlich, so trivial. Ich habe das Gefühl, da sei überhaupt keine Geschichte.
S.: Es ist nur eine Geschichte von den vielen, die wir hatten. Es spielt keine Rolle, wie die Geschichte ist, was da geschieht, wie sie ausgeht. Du weißt, wie die Geschichte enden wird: Mit dem Tod dieses Körpers.

Und was dazwischen geschieht, wen kümmert es? Schenke deine Aufmerksamkeit der Nicht-Geschichte, der Freiheit.

In einer Therapie wirst du gebeten, zurückzugehen, um deine Geschichte zu heilen. Das ist wirklich ein sehr langer Umweg. Du kannst dich 20 bis 30 Jahre lang damit beschäftigen und wirst nicht fertig damit. Heilung geschieht, wenn du einfach jedes Gefühl akzeptierst, was immer es auch ist. Du brauchst nicht zu wissen, woher es kommt, mit welcher Geschichte es verknüpft ist oder warum es geschah. Es ist einfach ein Gefühl. Wenn du einfach Ja zu ihm sagst und es willkommen heißt, wird es dich lehren. Es wird dich zum Frieden bringen. Das ist die Heilung. Es wird dir deine Freiheit zeigen. Du musst nicht wissen, ob das Gefühl aus deiner Kindheit oder aus einem früheren Leben stammt. Du schließt Freundschaft mit Traurigkeit, mit Eifersucht, mit Hass, mit Angst, mit all diesen netten Bekannten. Da gibt es gar nicht so viele. Das geht sehr schnell. Dazu brauchst du keine 30 Jahre.

Diese Frau vorhin schrieb, es sei erst sechs Monate her, und ihr Leben sei so leicht und einfach geworden. Dabei hat sie gerade erst damit begonnen, ihre Gefühlskinder willkommen zu heißen. Es geht schnell und bringt dich nicht in den Verstand. Es gibt ihm keine Macht. Es gibt der Wahrheit, deiner Erleuchtung, der Wahrheit dessen, wer du bist die Macht, und nicht der Geschichte. Die Geschichte ist sowieso nicht existent, mache dir um sie keine Sorgen.

F.: Es tut so gut, das zu hören, dass man sie nicht ernst nehmen muss.
S.: Wir brauchen der Geschichte überhaupt keine Energie zu geben. Papaji sagte: „Lebe nirgendwo im Verstand." Lebe hier, dann ist es einfach.

Ich zeige dir die Abkürzung. Therapeuten werden dich auf den langen Umweg führen, bei dem kein Ende abzusehen ist. Für sie ist es nicht profitabel, wenn du das Ende erreichst. Meine Leute brauchen mich nicht sehr lange, weil es so schnell geht. Ihr Leben wird leicht und einfach, und sie verlieben sich in sich selbst, verlieben sich in die Wahrheit. Dann sehe ich sie ab und zu, und sie sagen: „Hallo, mir geht es gut."

F.: Danke.
S.: Bleibe einfach mit Osho. Osho ist nicht im Verstand, Osho ist einfach hier, immer hier, in diesem Augenblick.
F.: Ich fühle dazu nur: Ja, ja, ja, ... Kein: „Ja, aber ...!"
S.: Es ist offensichtlich, dass es das ist, was du willst, und es ist offensichtlich, dass das alles ist, was du jemals gewollt hast. Es ist ein Glück, wenn du das erkennst, es macht alles sehr einfach. (Schweigen)
Du bist nicht jemand mit einer Familie. Du bist nur *Das*.

• • •

Fragender: *Gestern sprachst du davon, ein Narr zu sein, ein Dummkopf, ein Idiot. Das war sehr stark für mich. Ich muss ein Geständnis ablegen: Ich bin ein totaler Idiot.*
Samarpan: (lacht) Das ist großartig. Das ist wie bei einem Treffen der Anonymen Alkoholiker: „Hallo, mein Name ist Sam, und ich bin Alkoholiker."
F.: Innerlich fühle ich mich traurig. Ich sehe diesen Teil von mir, der denkt: „Ich sollte wirklich anders sein, damit ich in dieser Welt funktionieren kann."
S.: Du hast es dein ganzes Leben lang versucht. Wie ist es dir damit ergangen?
F.: Sehr schlecht.
S.: Das ist der Punkt.
F.: Auf der anderen Seite habe ich soviel Spaß dabei, wenn ich mir selbst gestatten kann, einfach dumm zu sein.
S.: Ich habe einmal ein selbst gedrehtes Video einer Selbsterfahrungsgruppe gesehen, in dem sich die Teilnehmer total dumm benommen haben. Sie haben sich in der Öffentlichkeit wie geistig Zurückgebliebene aufgeführt. Sie waren in einem Restaurant und sabberten während des Essens aus dem Mund. (Lachen)
In allen von uns steckt solch ein Idiot. Darin ist eine solche Kraft verborgen. Wir versuchen cool zu sein, dabei macht es viel mehr Spaß, einfach nur zu sein.
F.: Ich bin so einfältig, das ist beängstigend. Ich habe das Verlangen, mich in die Hoffnungslosigkeit zu entspannen und auseinander zu fal-

len. *Es ist solch eine Anstrengung, mein Gesicht zu wahren. Und es ist sowieso eine Lüge. Es ist nicht, wer ich wirklich bin.*

S.: Da steckt eine solche Kraft in Hoffnungslosigkeit. Denn die Hoffnung, das ist diese Lüge, die damit beginnt, dass wir sagen: „Ich bin nicht in Ordnung, so wie ich bin." Oder: „Mein Leben ist nicht in Ordnung, so wie es ist." Und dann hoffen wir, dass es besser wird. Genau das hält uns aber in der Misere fest. In dem Augenblick, wo wir die Hoffnung aufgeben, ist da eine immense Freiheit.

Ich lerne es immer noch, einfach ich selbst zu sein. Immer noch kommen die alten Programme hoch. Ich gebe ihnen nicht mehr viel Energie, aber sie kommen immer noch an die Oberfläche.

Darum bat ich Osho, mich zu lehren, normal zu sein, gewöhnlich zu sein; denn das bringt die Freude. Etwas Besonderes zu sein macht keinen Spaß.

Gestern habe ich den Deutschen Bundeskanzler im Fernsehen beobachtet. Er sieht ganz in Ordnung aus. Ich kann mir nicht vorstellen, solch ein Leben zu führen. Er muss die ganze Zeit schauspielern. Er scheint es zu genießen, den ganzen Tag lang Veranstaltungen zu besuchen, Hände zu schütteln, Reden zu halten. Mich würde ein solches Leben umbringen. Ich bin froh, dass ich so skurril sein kann, wie ich bin. Ich sitze hier ein paar Stunden mit euch, und dann gehe ich zurück in mein Zimmer, arbeite vor meinem Computer oder lese, was auch immer ich gerade tun möchte.

Wir lernen alle, einfach der zu sein, der wir sind.

Es ist schön, dass du hier bist. Ich liebe es, einem Bruder zu begegnen. Osho pflegte uns seine „Misfits" zu nennen, Außenseiter der Gesellschaft. Wenn du dir selbst treu bist, dann passt du nicht in diese Welt. Die Gesellschaft fordert ein künstliches Sein. Alle Männer, die im Büro arbeiten, müssen sich in Anzug und Krawatte zwängen. Das ist die Uniform. Wer sie nicht trägt, der darf nicht mitmachen.

Clinton wurde erwischt, aber nicht weil er rumvögelte, sondern weil er so tat, als würde er es nicht tun. Er versuchte dieses Image zu wahren, dieses falsche Image, und er wurde ertappt.

Die Leute denken immer, sie müssten vorgeben, anders zu sein, als sie sind. So, wie wir sind, ist es in Ordnung, ganz gleich, wie das ist.

F.: *Zu Beginn ist es schwierig zu entdecken, wer ich wirklich bin, nach all diesen Jahren, in denen ich fremde Gesichter getragen habe, und nach all den Geschichten.*
S.: Das ist auch meine Erfahrung. Nachdem ich so viele Jahre versucht hatte, anders zu sein, dachte ich: „Moment mal, ich weiß ja gar nicht mehr, wie ich bin. Ich bin so damit beschäftigt zu funktionieren, dass ich gar nicht mehr weiß, wie ich eigentlich bin." Das war der Moment, als ich begann, mich selber kennen zu lernen. Dieser Prozess ist noch nicht beendet, denn ich verändere mich die ganze Zeit. Ich weiß immer noch nicht, wie ich bin.
Aber unterwegs zu sein ist leichter, sobald man die Beurteilungen loslässt und mit Gottes Augen schaut. Diese Körper/Verstand-Mechanismen sind ohnehin interessant, denn es ist erstaunlich, wie verwoben alles miteinander ist. Nimmt man die astrologischen Einflüsse hinzu und packt auch noch die Familienkonstellationen oben drauf, dann wird es wirklich interessant. (Lachen)
Es ist einfach fein wie du bist und es spielt keine Rolle wie!
Als ich zu sehen begann, wie mein Mikroprozessor mit einer eher langsamen Geschwindigkeit in diesem Körper/Verstand-Mechanismus funktioniert, ohne dabei den Gedanken zu haben, er sollte schneller sein, war es in Ordnung: Es funktionierte. Ich lernte in Santa Fe Taxi zu fahren und ich hatte den ganzen Stadtplan im Kopf, aber ich musste mich wirklich anstrengen, das alles auswendig zu lernen. Ich war nicht der gescheiteste Taxifahrer, aber ich kannte mich am besten mit den Straßen aus, weil ich mit meiner ganzen Energie dabei war.
Es ist schön, zu entdecken, wie du bist. Das ist wunderbar.

5
Die Versuchung

Samarpan: Einen schönen Nachmittag!
Ich habe darüber nachgedacht, wie es sich mit den unterschiedlichen Persönlichkeiten verhält. Ich kannte einen Mann, der die Aufgabe hatte, sich um die Beziehungen zwischen dem Management und den Angestellten einer Stadtverwaltung zu kümmern. Er sagte etwas sehr Interessantes: „Es ist nicht erlaubt, jemanden zu diskriminieren, nur weil er eine miese Persönlichkeit hat und weil es unangenehm ist, mit ihm zusammen zu sein."
Das ist interessant, denn so ist es. Auf irgendeine Weise ist das Zusammensein mit jedem von uns unangenehm. Ich weiß, dass auch ich manchmal unmöglich bin, und das ist noch nett ausgedrückt. Ich habe vor, noch unmöglicher zu werden. Ich bin gerne unmöglich. Ich mag es, wie ich bin. All unsere Versuche, anders zu sein, um andere Menschen zufrieden zu stellen werden fehlschlagen. Was für eine Anstrengung, wie unmöglich das doch ist! Niemand kann wirklich seine Persönlichkeit ändern. Man kann höchstens einige Tendenzen unterdrücken. Dann kommen sie aber auf absonderliche Weise wieder zum Vorschein; denn wir können unsere Persönlichkeit nicht ändern. Manchmal bin ich überrascht, wie geduldig meine Frau mit mir ist. Je mehr ich in Frieden mit mir selbst bin, mit der Art, wie ich bin, desto geduldiger wird sie mit mir.

Wenn du mit dir selber okay bist, dann wird jeder mit dir in Frieden sein, irgendwann auf jeden Fall. Zunächst werden dich diejenigen, mit denen du schon seit langer Zeit zusammen bist, auf die Probe stellen und immer wieder testen. Aber wenn du wirklich mit dir selber in Frieden bist, dann werden sie ihre Anstrengungen aufgeben, dich ändern zu wollen und sie werden dich ertragen, so wie du bist. (lacht) Wenn ihr etwas zu sagen habt, bitte.

Fragender: Du sprachst darüber, wie es ist, wenn man etwas erreichen will, und sich dann danach irgendwie leer und nicht zufrieden fühlt. Unter einem gewissen Aspekt führe ich ein wunderschönes Leben. Ich habe eine gute Beziehung, eine schöne Arbeit, Freunde. Auf einer tieferen Ebene fühlt es sich aber leer und hohl an. Wenn ich hier sitze und in mich hineinhorche, ist da dieses Nichts. Vielleicht könnte ich sagen, das ist eine Art Erfüllung, denn ich könnte ewig so sitzen. Auf der anderen Seite ist es aber einfach nichts, und da erscheint der Gedanke: Vielleicht lebe ich so nicht richtig. Meine Frau fragt mich: „Was ist dein größter Wunsch?" Und ich antworte: „Frei zu sein." Diese Sehnsucht ist da. Vielleicht brauche ich einen Meister, der mich an die Hand nimmt und mir den Weg zeigt.

S.: Es ist dieses Nichts nach dem wir alle suchen. Doch hier haben wir es damit zu tun, aus dem Verstand heraus auf das Nichts zu sehen. Schau einfach jetzt hin und sage mir, ob in diesem Nichts irgendetwas fehlt.

F.: Nein, da ist alles in Ordnung. Aber trotzdem...

S.: Dieses „Aber-Trotzdem", wo kommt das her?

F.: Das kommt von meinem Verstand. Wofür habe ich meinen Verstand? Gott hat uns geschaffen mit...

S.: Das, was wir Verstand nennen, ist einfach nur unser persönlicher Computer. Er hilft uns, in dem mitzuspielen, was wir Wirklichkeit nennen. Er hilft uns bei der Arbeit und im Austausch mit Anderen. So ist einfach dieses Spiel in dieser Welt.

Nur wenn wir es aus der Wahrheit heraus spielen, gibt es Erfüllung. Wenn wir nach Zufriedenheit in diesem Spiel selbst suchen, werden wir sie nicht finden. Die Zufriedenheit ist nicht im Spiel selbst begründet, sondern sie ist *hier*, einfach hier, in diesem Augenblick, in der Stille, im Nichts. Hier liegt die Zufriedenheit, da war sie immer, und da wird sie immer sein.

Die Natur dessen, was wir Verstand nennen, ist es, nach Zufriedenheit in der Lebenssituation, in der Arbeit, in Beziehungen zu suchen. Weil wir sie dort nicht finden, fühlen wir diese tiefe Unzufriedenheit. Das kommt daher, dass wir am falschen Ort danach suchen. Wie du schon gesagt hast, in deinem Leben ist nichts verkehrt, alles ist in Ordnung. Es stellt nicht zufrieden, aber es ist auch nicht unbefriedigend.

F.: Manchmal habe ich einen Wunsch, dann erfülle ich ihn mir. Keine wirklich große Sache. Ich bin mit dem Wunsch nicht identifiziert, es ist mehr spielerisch.

S.: Ich habe die ganze Zeit Wünsche und ich mag es, damit zu spielen. Solange du das nicht ernst nimmst, solange du nicht glaubst, dass die Erfüllung irgendeines Wunsches dir etwas geben wird, ist es nur ein Spiel.

Wenn ich an meinem Computer sitze und ein Spiel spiele, dann ist das Ziel des Spiels, es erfolgreich abzuschließen. Gewinne ich das Spiel, dann habe ich den Impuls, noch einmal ganz von vorne anzufangen und ein neues Spiel zu gewinnen. Das ist die Natur der Dinge. Die Befriedigung liegt im Spielen selbst, nicht in der Lösung der Aufgabe.

In meinem Leben gab es immer wieder Situationen, in denen ich etwas aufbauen konnte. Ich hatte ein Haus, und habe es so umgebaut und hergerichtet, wie ich es haben wollte. Ich liebte das, es machte soviel Spaß. Als es dann fertig war, machte es keinen Spaß mehr.

Mit Osho haben wir in Oregon eine Stadt gebaut. Das war der größte Spaß, den ich je in meinem Leben hatte. Nicht vielen Menschen ist es vergönnt, eine Stadt aufzubauen. Mein größter Kindheitswunsch ging in Erfüllung; es war, als hätten wir einen riesengroßen Baukasten mit allen nur möglichen Bauteilen. Aber nachdem wir die Stadt gebaut hatten, war das Spiel vorbei. Einige Menschen hielten das für ein Problem und meinten, dass wir versagt hätten. Wir waren erfolgreich darin, eine Stadt zu bauen! Wenn das Spiel zu Ende ist, geht man zu etwas anderem über. Du kannst nicht an dem Spiel festhalten, das du gerade gewonnen hast. Das ist unbefriedigend.

F.: Das bedeutet, das Spiel zu spielen, ohne dass ein tieferer Sinn dahinter ist.

S.: Ja, es bedeutet nichts. Manchmal macht es genauso viel Spaß, ein Spiel zu verlieren wie ein Spiel zu gewinnen. Ich hasse es, ein Spiel zu verlieren. Aber es gibt Zeiten, da macht es soviel Spaß, da könnte ich immer und immer wieder spielen und verlieren.

F.: Das erinnert mich an meinen Bruder. Er spielt mit mir Tischtennis und verliert immer, seit 20 Jahren, aber er will immer wieder spielen. Er ist frustriert deswegen. Er sagt, es sei doch nur ein Spiel, und irgendwann wolle er gewinnen, aber ich kann ihn nicht betrügen, indem ich ihn gewinnen lasse.

S.: Es ist wahr, du kannst ihn nicht gewinnen lassen. Wir haben die Vorstellung, dass Gewinnen das Ziel ist, aber das stimmt nicht. Es ist die Freude am Spiel, die uns anzieht.

Seit kurzem spiele ich Golf. Weil ich das Spiel lernen möchte, beobachte ich auch die Profispieler im Fernsehen. Es ist faszinierend, die Kommentare der Reporter zu hören. Sie reden immer darüber, wie wichtig dieser eine Schlag gerade ist. Wenn ihm dieser eine Schlag gelänge, dann gewinne der Spieler zehn Millionen Dollar, und wenn er es nicht schaffe, dann wäre dies das Ende seiner Karriere. Das ist alles Blödsinn. Man kann sehen, dass die richtig guten Spieler sich keine Gedanken über die Wichtigkeit eines Schlages machen. Bei ihnen überwiegt einfach die Freude am Spiel.

F.: Manchmal mache ich es mir selbst schwer, wenn ich etwas entscheiden muss. Ich denke darüber nach, und es wird richtig ungemütlich. Ich denke dann immer, dass ich die richtige Entscheidung treffen muss, aber vielleicht ist es unmöglich, herauszufinden, was richtig ist. Oder ich habe Angst davor, einen Fehler zu machen.

S.: Ja, so ist es mit Vorstellungen. Zunächst haben wir die Vorstellung, dass wir in der Lage seien, die richtige Lösung herauszufinden. Wir durchsuchen alle Ordner in unserem Computer, können aber dort die Lösung nicht finden. Anstatt uns zu entspannen und das zu akzeptieren, suchen wir weiter nach der Lösung. Das zehrt an unserer Energie und nimmt uns die Freude am Leben, weil wir das Unmögliche versuchen. Die Antwort ist nicht in unserem Verstand. So einfach ist es: Die Lösung finden wir dort nicht! Wenn wir dies sehen, bedeutet dies das Ende des Problems und der Suche, dann folgt die Entspannung. Das ist die Antwort. Es ist so einfach, so offensichtlich, jeder weiß es.

F.: *Bedeutet das spontan zu entscheiden? Wenn man zwei Möglichkeiten hat und fühlt sich zu einer hingezogen, soll man dann spontan handeln, ohne darüber nachzudenken?*

S.: Um das Golfspielen wieder als Beispiel zu nehmen: Wenn du über den richtigen Schlag nachdenkst, wirst du alles verderben, weil du nicht im Moment bist. Dann bist du mit deiner Aufmerksamkeit im Verstand, der den Golfschlag nicht ausführt. Das Leben zeigt es dir durch ein sehr subtiles Wissen. Der Verstand weiß nichts darüber, es gibt keine Information darüber. Du kannst auf keine Erfahrung aus der Vergangenheit zurückgreifen. Jeder Moment ist völlig neu, du musst dich ganz auf die Intuition verlassen. Du spürst einfach Freude. „Ja, so will ich es machen, auch wenn ich nicht weiß, warum."

F.: *Manchmal ist das so, aber ich falle auch immer wieder in den Verstand zurück. Dann ist es sehr anstrengend.*

S.: Es gibt dabei ein paar Dinge zu beachten. Das Leben wird dir nicht andauernd intuitive Hinweise anbieten. Vielleicht wirst du ein Zeichen in die Richtung bekommen, in die du gehen sollst. Es wäre noch nicht einmal korrekt, dies die richtige Richtung zu nennen. Es ist ein Wink. Aber wenn du, anstatt ihn zu beachten, im Verstand suchst, dann wird das Leben dir diesen Hinweis nicht immer erneut geben. Wenn du nicht intelligent genug bist, darauf zu achten, dann bleibt dir nichts anderes übrig, als zu kämpfen und zu versuchen, es herauszufinden. Das ist perfekt, denn so lernen wir, indem wir den Schmerz und die Anstrengung dieses Kampfes spüren.

Meine Frau und ich sahen uns diese Fernsehshow an, wo man eine Million Euro gewinnen kann. Ich mag den Moderator dieser Show. Er ist einfach nett. Ein Teilnehmer, sehr intuitiv und im Moment, schaffte es bis 65000 Euro und wusste aus dem Bauch heraus die näch-

ste Antwort. Aber Teil des Jobs des Moderators ist es Zweifel zu säen. Er sagte: „Bist du dir sicher? Du hast noch einen Joker, vielleicht willst du den benutzen?" Damit schaffte er es, den Kandidaten in den Verstand zu bringen, seine Zweifel zu wecken und ihn zu einer falschen Antwort zu verleiten, obwohl er schon zur richtigen angesetzt hatte.
F.: Wenn mir das passiert, macht mich das verrückt, denn eigentlich weiß ich es doch!
S.: Ja, das ist richtig. Aber es ist nicht dieses „Ich", das weiß. Das ist der Trick: Da ist Wissen, und es geht darum, diesem Wissen zu vertrauen. Irgendwie geschieht es durch Gnade, dass ich mehr und mehr lerne, diesem Wissen zu vertrauen.

Ein Beispiel dafür: Wir suchen nach einem Platz, wo wir alle zusammenleben können. Jemand fand eine zum Verkauf stehende Klosteranlage, die jetzt einem älteren Ehepaar gehört. Mit dem Verstand betrachtet, war das Objekt sehr attraktiv. Alles war so, wie wir es suchten. Meine Frau war sehr aufgeregt, und auch alle anderen Beteiligten. Es war eine Menge Energie vorhanden und diese Energie bewog mich, mir diesen Platz anzusehen. Doch als ich dort war, konnte ich mich an diesem Platz nicht leben sehen. Ich habe nicht gespürt, dass dieser Ort mich einlud. Natürlich versuchte mein Verstand das zu begreifen. Nach einer Weile setzte ich mich von den anderen ab und ging alleine über den Platz. Ich fühlte einfach. Im Fühlen wusste ich es. Interessanterweise bestätigte mir später ein Freund, der sich viel mit Astrologie beschäftigt, meine Empfindungen über diesen Platz. Was ich intuitiv wusste, konnte er astrologisch sehen. Ich war mir sehr sicher damit. Es ist eine Sache der Übung.
F.: Das bedeutet, wenn es Antworten gibt, enthält dieser Augenblick sie alle. Das Kämpfen und Suchen ist gar nicht notwendig.
S.: Ein Teil davon ist, dass man die Vorstellung loslässt, dass man es falsch machen könnte, denn es ist wirklich nicht möglich, etwas falsch zu machen.

Die Idee, dass er einen Fehler machen könnte, hat den Quizteilnehmer in der Show befangen gemacht, und natürlich musste er es dann falsch machen. Wir können nichts falsch machen; das ist unmöglich. Erfolgreiche Menschen zeichnet aus, dass sie keine Angst vor Fehlern haben. Da ist immer jemand, der uns sagen wird: „Du bist wohl verrückt, so kannst du das doch nicht machen!" Immer wird da jemand sein, der uns vom Verstand her belehrt. Man hört es im eigenen Kopf, vom eigenen Verstand und von anderen Menschen.

Das Leben ist nicht logisch, darum können wir es auch von der Logik her nicht begreifen. Das Leben macht viel mehr Spaß, wenn wir es nicht mit Logik verstehen wollen.

F.: Manchmal ist es gut, den Intellekt zu benutzen, um einen Plan zu machen. Ich mache mir zum Beispiel eine Liste mit Dingen, die ich erledigen will. Wenn ich dann sehe, dass sich die Dinge in eine andere Richtung entwickeln, folge ich diesem Fluss. Trotzdem ist es gut, erst mal eine Liste zu machen.

S.: Es spricht nichts dagegen, Pläne oder eine Liste zu machen. Meistens ist es doch so, dass selbst sorgfältig geplante Aktionen anders ablaufen als gedacht. Wir haben gerade den Veranstaltungskalender für das nächste Jahr verschickt. Viele Dinge können sich bis dahin ändern. Aber es ist wichtig, den Plan zu machen, sonst würde gar nichts geschehen. Räume müssen gebucht und Informationen verschickt werden, all das muss sehr frühzeitig geschehen. Es geschieht immer im Jetzt. Das Konzept vom Jetzt muss sehr weit gefasst sein. Denn das kommende Jahr ist jetzt, diese Planung geschieht jetzt und sogar die Planung für das übernächste Jahr beginnt schon, aber es ist alles jetzt.

F.: Ich habe es schon so oft von dir gehört: „Mit dem in Frieden und Akzeptanz zu sein, was auch immer kommt, sei es von innen oder von außerhalb, und sich nicht zu sagen, es sollte anders sein."

S.: Ja, alles ist so, wie es ist. Das Leben ist genauso voller unangenehmer Dinge wie voller angenehmer. Wenn wir jedes Mal, wenn etwas Unangenehmes geschieht, in Schwierigkeiten geraten, dann stecken wir mindestens die Hälfte unserer Zeit im Dilemma. Es ist wirklich eine Kunst, den Tanz mit dem Leben zu lernen, und mit dem, was passiert, in Frieden zu sein.

Wir wissen nicht, was Akzeptanz bedeutet. Es bedeutet nicht, dass wir die Dinge nicht ändern können; oft können wir Dinge verändern. In

Wirklichkeit wollen die Dinge verändert werden. Sie bitten darum, geändert zu werden, das ist Teil des Lebens. Das richtet sich nicht gegen das, was ist, sondern bedeutet, mit dem Leben zu gehen. Der Verstand kann das nicht begreifen, es ist zu komplex. Es ist wirklich ein Tanz. Du hast eigentlich schon das Gefühl für diesen Tanz. Ich bin gerne dein Partner, der dir zeigt, wo die Felsbrocken liegen.
F.: Danke.

• • •

Fragende: *Hallo Samarpan. Ich merke, dass es viel einfacher ist, in Frieden mit den Dingen zu sein, wenn es mir gut geht.*
Samarpan: Ja, es ist einfacher, wenn es einem gut geht.
F.: Oder fühle ich mich gut, weil ich mehr in Frieden sein kann?
S.: Ja, auch das. Auch wenn es dir nicht gut geht und du damit in Frieden bist, ist es leichter.
F.: Ja, das ist auch meine Erfahrung. Wenn ich mit Menschen spreche, dann geht es oft darum, dass man etwas tun und planen muss, und die Frage taucht auf, wo das Leben hingeht, und die Leute stellen auch mir diese Fragen. Ich kann das sehr gut verstehen, denn ich habe mein ganzes Leben geplant und geschafft, ein Ziel gehabt und darauf hin gearbeitet. Und habe dann gemerkt, dass es nicht das Richtige war. Seitdem ich anders lebe – jetzt habe ich die Einstellung „dein Wille geschehe" – ist das Leben einfacher für mich. Schwer ist es nur, dies jemandem zu erklären, der noch am Planen festhält.
S.: Versuche es erst gar nicht. Versuche nicht, irgendetwas irgendjemandem zu erklären; du kannst es nicht. Man kann es ja noch nicht einmal sich selbst erklären. Wir entdecken das, indem wir leben. Hinterher sagen wir: „O ja, das ist offensichtlich." Selbst wenn es dir vorher jemand erklärt hätte, wäre es dir nicht von Bedeutung gewesen. Wenn jemand bereit ist, etwas zu lernen, dann geschieht das ganz leicht. Wenn jemand nicht bereit ist, dann ist es nicht möglich, ihm etwas zu vermitteln.
F.: Ich habe im Laufe der Jahre durch das, was du sagst, gelernt.
S.: Du warst bereit dazu. Es kommen nur Menschen zu mir, die bereit sind. Wenn sie bereit sind, dann ist da dieser Einklang. Deine Be-

reitschaft ist dann in Resonanz mit der Bereitschaft in mir. Aufgrund deiner Resonanz kommen die richtigen Worte aus diesem Mund, genau so, wie es für dich perfekt ist. Es hat nichts mit mir zu tun, und auch nichts mit dir. Da geschieht dieser Einklang, diese Resonanz. Das ist sehr mysteriös; ein Geheimnis. Wenn ich hier alleine säße, kämen keine Worte aus meinem Mund. Was gäbe es denn zu sagen?

F.: Da ist immer das Gefühl, ich möchte nach Hause kommen. Ich habe aber auch große Angst davor.

S.: Was geschieht denn, wenn du nach Hause kommst?

F.: Ich weiß es nicht.

S.: Aber da gibt es irgendwelche Vorstellungen davon. Wenn du keine Vorstellung hättest, würdest du keine Angst verspüren.

F.: Es ist eine Mischung von Angst, Schmerz und Sehnsucht. Ich habe das oft mit irgendwelchen Menschen verknüpft oder auch mit Plätzen, mit „dem" Zuhause. Seit diesem Sommer weiß ich ganz genau, es ist die Sehnsucht nach... – es gibt kein Wort dafür.

S.: Das, wonach du dich sehnst, ist das hier?

F.: Ja.

S.: Okay, es ist hier. War es schon immer hier? Schaue hin!

F.: Ich weiß nicht, was immer heißt, es ist jetzt.

S.: Ist dieses Jetzt immer? Schau einfach hin. Schau, ob es jemals einen Zeitpunkt gab, wo das nicht der Fall war.

F.: Nein.

S.: Ganz offensichtlich! Und bei dieser Sehnsucht, wer sehnt sich hier? Ist da irgend jemand?

F.: Irgendetwas sehnt sich, vielleicht habe ich immer noch diese Idee, dass da jemand ist.

S.: Erst ist da die Vorstellung, dass da jemand ist; dann ist da diese Vorstellung, dass dieser Jemand nicht zu Hause ist, und dann ist da die Sehnsucht, nach Hause zu kommen. Du hast das Zuhause niemals verlassen, du bist dieses Zuhause, da gab es nie eine Trennung.

F.: Und wie passiert es, dass diese Idee immer wieder auftaucht?

S.: Vorstellungen geschehen, gib ihnen keine Aufmerksamkeit. Schau einfach auf das, was hier ist. Wenn du *hier* bist, ist da irgendeine

Sehnsucht? Die Sehnsucht ist nur im Verstand. Der Verstand wird niemals hier sein, er kann nicht hierher kommen. Das ist eine andere Dimension.

F.: Ich merke gerade, dass der Verstand es immer verstehen will und ich immer etwas dafür tun will, damit er es versteht.

S.: Ja, damit fängt er dich ein, dass er verstehen will. Der Verstand will die Wahrheit verstehen. Das ist großartig; wir haben hier einen sehr spirituellen Verstand vor uns. Das aber ist ein Widerspruch. Der Verstand kann niemals die Wahrheit verstehen. Das Beste, was geschehen kann, ist, dass der Verstand sich vor dem verneigt, was er nicht begreifen kann und dass er dem zu Diensten ist, was er nicht verstehen kann. Dann stellen sich Harmonie und Frieden ein.

F.: Das habe ich nicht verstanden: zu Diensten sein? Ich versuche dann immer dem Verstand zu sagen: „Sei still, du hast keine Ahnung davon!"

S.: Das ist aber nicht besonders nett gegenüber deinem Verstand. Sage ihm nicht, er müsse den Mund halten. So behandelt man keinen Diener. Sagt der Diener etwas Unangemessenes über Dinge, die ihn nichts angehen, dann ignoriert man ihn einfach. So behandelt man einen Diener. Du bist der Meister, du hast es nicht nötig mit dem Diener zu streiten. Wenn du das tust, gibst du ihm zu viel Macht. Wir lernen hier die Kunst, mit diesem Körper/Verstand in dieser Welt in Harmonie zu leben. Es ist ein schöner Tanz.

Sobald du dich mit dem Verstand streitest, gibst du ihm Macht und machst ihn zum Chef. Das ist er aber nicht. Der Verstand ist dein persönlicher Computer. Ob du dem Computer deine Aufmerksamkeit schenkst oder nicht, ist deine Sache. Du brauchst nicht seine Zustimmung, um ihn zu ignorieren. Zur Zeit steht mein Computer auf dem Schreibtisch, eingeschaltet, aber ich schenke ihm keinerlei Aufmerksamkeit. Meine Aufmerksamkeit ist hier. Es ist mir gleichgültig, was der Computer tun will, ob er die Dateien untersuchen oder mit sich selber spielen will.

Das ist alles, was wir hier zu lernen haben: Der Herr in unserem eigenen Haus zu sein. Wir haben gelernt, den Verstand zum Herrn zu machen, und er ist ein schrecklicher Meister. Er quält uns andauernd.

F.: Ich erlebe es wiederholt, dass ich anderen Menschen Macht über mich gebe, indem ich denke, ich habe es ihnen nicht recht gemacht oder ich hätte in einer Situation freundlicher sein müssen. Das quält mich enorm.
S.: Das ist die Gesellschaft in Form des Verstandes. Es ist nämlich nicht nur der Verstand zwischen deinen Ohren, der auf alles Einfluss ausüben und uns tyrannisieren will. Wir haben es auch diesem kollektiven Verstand gestattet, Herrschaft über uns auszuüben. Wir nennen es, gesellschaftlich akzeptabel sein oder ein guter oder religiöser Mensch, oder ein guter Deutscher – was auch immer. Das ist die Tyrannei.
F.: Ich möchte eigentlich das sein, was ich bin.
S.: Ja, das ist die Freude. Sie besteht darin, dir selbst gegenüber wahrhaftig zu sein. Erwarte nicht, dass dein Verstand oder der von irgendjemand anderem dem zustimmen wird. Das würde bedeuten, dem Verstand zu viel Macht und die Direktive aus der Hand zu geben. Sei in Frieden mit dir selbst. Wenn jemandem etwas nicht gefällt, so ist das in Ordnung und kein Problem. Die anderen sind nicht gezwungen mit dir zu spielen. Es gibt viele Menschen, die nichts mit mir zu tun haben wollen. Die sind nicht hier. Gut so, nicht? Wenn ich mich entschließe, mit mir selbst in Frieden zu sein, dann kommen nur die Menschen, die mit mir in Frieden sind. So einfach ist das.
F.: Wenn ich so sein würde, wie ich wirklich bin, und wenn ich danach handeln würde, wie ich mich fühle und was ich für richtig halte, dann würde ich alleine sein.
S.: Vielleicht wäre das so. Wofür brauchst du andere Leute? Die Wahrheit ist, dass wir niemanden brauchen und alleine sind. Es gibt niemand anderen, da ist überhaupt niemand.
Das ist eine Art der Tyrannei, eine der Möglichkeiten, wie der Verstand dich gefangen hält: „Wenn du nicht auf mich hörst, dann werde ich dich einsam sein lassen. Ich werde dir alle deine Freunde fortnehmen, du wirst allein sein, und du wirst es nicht mögen."
Aber in dem Augenblick, wenn du sagst, es ist in Ordnung; ich bin bereit, mich einsam zu fühlen, dann hat der Verstand keinen Einfluss mehr.
F.: Ich liebe es, alleine zu sein.

S.: Das ist die Wahrheit, wir alle lieben es, alleine zu sein. Das entdecke ich immer und immer wieder. Die Menschen beschweren sich: „Ach, ich habe keinen Partner, ich habe keine Freunde, ich bin wirklich allein." Wenn wir dann etwas tiefer gehen, kommt die Wahrheit ans Licht: „Ich liebe es, allein zu sein, in Wirklichkeit will ich es so."
F.: Außer, wenn der Verstand das Sagen hat.
S.: Der Verstand kann sagen, was immer er will. Er wird allerlei Unsinn hervorbringen. Jesus gab uns ein wirklich gutes Beispiel dafür. Er sprach über seinen Verstand und über die Art von Unsinn, den sein Verstand verbreitete. Jesus nannte das den Teufelsverstand. Es war nach einer Fastenzeit in der Wüste. Er hatte 40 Tage gefastet, und am Ende solch einer Fastenzeit fühlt man sich richtig „high", man fliegt geradezu. Jesus stand auf der Mauer des Tempels von Jerusalem, und er hörte den Verstand sagen: „Stürze dich von der Zinne dieses Tempels. Die Engel werden dich, den Sohn Gottes, auffangen, bevor du dir auch nur einen Zeh an einem Stein stößt. Mache dir keine Sorgen."
Klingt das für dich irgendwie bekannt, sagt dein Verstand ähnlich verrückte Dinge?
Es geht wirklich nicht darum, deinen Verstand anzuhalten. Es geht darum zu lernen, den Verstand zu ignorieren, das, was er sagt, als Unsinn und verrücktes Zeug zu erkennen. Unser Verstand produziert alle möglichen absonderlichen Einfälle, all die Programmierungen, denen wir während unseres Lebens ausgesetzt waren, all die Fehlinformationen. Versuchst du, deinen Verstand zum Schweigen zu bringen, gibst du ihm Macht.
In dieser Bibelgeschichte demonstriert Jesus ganz direkt, wie man damit umgeht. Er kehrte ihm einfach den Rücken zu, er wandte sich ab. Die Worte, die uns überliefert wurden, beschreiben dieses Bild. Jesus sagte: „Trete hinter mich, Satan!" Es ist ein ganz klares Abwenden: man wendet sich in eine andere Richtung und lässt den Verstand hinter sich. Das ist der Weg.

• • •

Fragender: Es gibt viele Sachen, über die ich sprechen könnte. Oft spüre ich Traurigkeit.

Samarpan: Was hat es mit der Traurigkeit auf sich?
F.: Es fühlt sich so an, als gehe es darum, nicht gesehen zu werden, allein zu sein. Seit letztem Jahr verändert sich sehr viel in meiner Beziehung. Einige Abmachungen, die ich mit meiner Frau hatte, wurden gebrochen. Irgendwie habe ich meine eigene Kraft wiedergefunden, aber meine Frau flippt ziemlich aus.
S.: Das ist gut.
F.: Sie geht durch intensive Schmerzen.
S.: Es ist wirklich erstaunlich. Einfach dadurch, dass du Ja dazu sagst wie du bist, hilfst du nicht nur dir selbst, sondern auch allen in deiner Umgebung. Auf perfekte Weise drückst du allen die Knöpfe und tust dabei gar nichts.
F.: Ich habe ständig diese Gier nach Aufregung, nach Abwechslung, nach Abenteuern.
S.: Wo kommt diese Gier her?
F.: Ich könnte es so ausdrücken: es ist ein Weglaufen vor meiner jetzigen Situation.
S.: Okay, da ist also irgendeine Vorstellung, dass es außerhalb etwas gibt, das dir Befriedigung bringen könnte. Ist das die Wahrheit, gibt es so etwas?
F.: Ich weiß es nicht.
S.: Du weißt es nicht?
F.: Momentane Befriedigung kann schon von außen kommen. Ich kann die richtige Antwort nicht geben.
S.: Ich warte nicht auf die richtige Antwort, die richtige Antwort für dich kenne ich auch nicht. Ich habe meine Antworten gefunden, aber dir kann ich keine Antworten geben. Du glaubst, dass es wichtig ist, diesem Verlangen nachzugeben, und gleichzeitig hast du die Auffassung, dass es besser ist, ihm nicht zu folgen. Also findet ein Kampf statt.
F.: Ja, da ist die Verlockung wegzulaufen, und da ist diese Stimme, die sagt: „Bleib hier!"
S.: Allein in dieser Ausdrucksweise „weglaufen" liegt schon die Beurteilung, dass du es nicht solltest. Und dennoch ist da eine Anziehung,

ein Wunsch, es zu erforschen und zu erkunden. Dadurch steckst du in dieser Auseinandersetzung.
F.: Ich habe schon oft die Erfahrung gemacht, dass ich weglaufe und es hinterher bereue, weil ich alles zerstört habe.
S.: Ja, es ist das übliche Muster einer Sucht, sich entweder in etwas hineinzustürzen oder es zu unterdrücken; dadurch halten wir sie am Leben.
F.: Das habe ich nicht verstanden.
S.: In dieser Sache gibt es zwei Aspekte: Sich etwas hinzugeben, um darin nach zeitweiliger Befriedigung zu suchen, und die Unterdrückung, um es unter Kontrolle zu halten. Das ist die Natur der Sucht. Die Illusion erscheint lebendig und real.
F.: Was hat es mit diesem Bereuen auf sich? Es ist eine sehr starke Erfahrung von mir, erst total für eine Sache zu gehen und es dann zu bereuen.
S.: Aus meiner eigenen Erfahrung mit Sexualität als junger Mensch kann ich dies verstehen. Für einen katholischen Jungen gab es keinen Raum für Sexualität. Die einzige Möglichkeit war Unterdrückung. Mit einem Naturell, wie ich es habe, funktioniert Unterdrückung nicht allzu lange. Erst unterdrückst du, dann gibst du nach, und dann kommt das Gefühl einer Schuld, dass du es falsch gemacht hast. Dann beginnt man wieder mit der Unterdrückung...
Das sind die zwei „Hörner" dieses Dilemmas. So halten wir es am Leben, durch Unterdrückung, gefolgt von Nachgiebigkeit und Befriedigung; dann gehen wir wieder zurück zu Unterdrückung und Bestrafung, Gefühlen von Schuld und Reue – was auch immer. Die Lösung liegt darin, genau in der Mitte anzuhalten. Die Lösung ist, die Gefühle zu fühlen und sie weder zu unterdrücken, noch auszuleben.
In Bezug auf Sexualität bedeutet das einfach, sich erregt zu fühlen. Das ist sehr lebendig und angenehm – kein Problem. Wenn da keine Vorstellung besteht, dass etwas nicht stimmt oder unterdrückt werden müsste, dann ist da einfach nur dieses schöne Gefühl, erregt zu sein. Dann besteht auch kein Bedürfnis, es auszuleben und damit in irgendeine Geschichte oder in irgendeinen Traum hineinzugehen.

Wenn ich mich einfach voller Lust fühle und damit entspannt bin, dann verschwindet ab einem bestimmten Punkt das Gefühl oder verwandelt sich in etwas anderes, oder etwas ganz Anderes geschieht. Es ist dann einfach kein Thema mehr. Es hat keine Macht mehr. Dies ist die Kunst, mit dem zu tanzen, was ist. Wenn ich im Zentrum davon innehalte, besteht nicht die Fantasie, dass mir das Ausagieren das Paradies bringt und auch keine Notwendigkeit, es zu unterdrücken. Es ist eine Kunst.

F.: Ich höre das schon seit Jahren und bin mir immer noch nicht sicher, ob ich es verstanden habe.

S.: Es gibt keine andere Möglichkeit, als es selbst zu erfahren. Und es ist eine alte Gewohnheit, dieser Sucht Energie zu geben.

Ich habe kürzlich einen Freund getroffen, dessen Sucht mit Sexualität und Macht zu tun hat. Er mag es, sich als Frau zu kleiden und Männer sexuell zu verführen, die normalerweise nicht nach anderen Männern Ausschau halten, um sexuelle Erfahrungen zu haben. In Wirklichkeit spielt er ein Machtspiel. Er durchläuft diesen gleichen Zyklus des Unterdrückens und Auslebens; er glaubt, es wäre verkehrt, und trotzdem fühlt er sich stark zu diesem Spiel hingezogen.

Um diesen Zyklus oder jede Art von Sucht zu unterbrechen, ist es erforderlich, ganz tief in die Erfahrung hineinzugehen. Problematisch ist es, wenn es sich dabei um eine mehrschichtige Sucht handelt – und normalerweise sind alle diese Süchte vielschichtig. Andere Leute sind mit einbezogen, Machtspiele finden statt. Das allein ist schon eine Verführung: Macht, mit dem Verstand anderer Leute zu spielen, Rache an anderen Menschen zu üben, oder unterdrückten Ärger an anderen auszuleben – es ist sehr komplex. Um diesen Zyklus zu durchbrechen, ist es erforderlich, ohne jegliche Beurteilung, mit allen beteiligten Gefühlen Freundschaft zu schließen. Ich kann dir über meine Erfahrung berichten, aber ich kann es nicht für dich tun. Du kannst es nur selbst tun, wenn du die Wahrheit darüber herausfinden willst. Dieser Mensch, von dem ich eben erzählt habe, will die Wahrheit nicht wirklich herausfinden. Er genießt das Spiel zu sehr; er will eigentlich nicht davon ablassen, denn er liebt die Macht.

Es hängt also davon ab, was du willst. Wenn dein Verlangen nach der Wahrheit stark genug ist, dann hältst du einfach an. Dann heißt du alles willkommen, was da kommt. Du musst aber vollkommen still sein, denn sobald du in den Verstand gehst und dem Verstand erlaubst, dich irgendwo hinzuführen, dann bist du nicht mehr hier und kannst nicht mehr die Wahrheit sehen, denn die ist nur hier.

Die Versuchung ist groß, in den Verstand zu gehen und in ihm zu spielen. Aber dann wird der Verstand einen Sklaven aus dir machen. Das ist die alte Geschichte, einen Pakt mit dem Teufel zu schließen, einen Pakt mit dem Verstand.

* * *

Fragender: Ich habe ein Frage, die vielleicht besser in eine intimere Atmosphäre passen würde, aber ich möchte sie trotzdem hier stellen. Es geht um Energieverlust durch Sexualität. Manchmal, wenn ich mit meiner Frau zusammen bin, verliere ich Samen, bekomme aber keinen Orgasmus. Manchmal habe ich das Gefühl, ich brauche einen, und manchmal fühlt es sich so an, als würde ich beim Samenerguss Energie verlieren.

Samarpan: Fühlt es sich immer so an, dass du durch den Samenerguss Energie verlierst?

F.: Nein, nicht immer.

S.: Interessant, mal ist es so, mal ist es nicht so. Damit verlieren alle Theorien über...

F.: ...Tantra...

S.: ...ja, wie „du solltest nicht ejakulieren" und der ganze Kram, ihre Grundlage. Sie sind einfach nicht wahr. Für mich gilt das auch: Manchmal ist ein Samenerguss ein Energieverlust, ein anderes Mal nicht; kein Problem. Ich glaube, wir müssen hier noch ein bisschen Forschung betreiben. (Lachen)

Vergiss deine Vorstellungen, denn sie scheinen nicht zu stimmen. Man muss dies mit einer wissenschaftlichen Einstellung erforschen. Wir sammeln die Fakten, wir registrieren die verschiedenen Zustände, die wir erleben, und protokollieren sie wie Daten. Wir suchen nach der Wahrheit, wie es sich tatsächlich verhält.

Manchmal kommt es zu keinem Energieverlust, manchmal fühlt es sich an, als ginge Energie verloren. Es ist interessant, wie dieser Körper/Verstand funktioniert. Selbst wenn ein Energieverlust stattfindet, was macht das? Dann hat man eben die Erfahrung, auf einem niedrigen Energieniveau zu sein. Es gibt so viel zu lernen und zu erleben; es ist endlos unterhaltsam.

F.: Vielleicht geht es ja nur darum, es einfach so anzunehmen, wie es ist.

S.: Sicherlich, dann gibt es nirgends ein Problem. Wenn wir aber in eine Einstellung hineingeraten, dass eine Sache gut und die andere schlecht ist, dann beginnen die Probleme. Wenn viel Energie gut und wenig Energie schlecht ist, dann befinden wir uns natürlich die Hälfte der Zeit im Konflikt. Manchmal haben wir einfach ganz ohne Grund wenig Energie, und es hat überhaupt nichts mit Sex zu tun. Wenn ich wenig Energie habe, dann entspanne ich einfach. In dieser Entspannung funktioniert alles.

F.: Vielleicht liegt das Problem darin, dass es mir hinterher leid tut, und ich glaube, mehr Energie zu haben, wenn ich mich anders verhalten würde.

S.: Diese Gedanken sind mir auch vertraut. Ich habe z.B. die Vorstellung, ich hätte die vorangegangene Nacht mehr schlafen sollen. Aber wenn ich genau hinschaue, dann finde ich keinen Zusammenhang zwischen meiner Leistungsfähigkeit und der Menge Schlaf.

In der letzten Nacht habe ich ungefähr zehn Stunden geschlafen, aber ich glaube, am Abend davor hatte ich mehr Energie. Wer kann das begreifen? Ich kann es nicht verstehen. Ich weiß nicht, was gut ist, was geschehen soll.

Es kommt vor, dass ich zum Satsang komme und mich wirklich schlecht fühle. Dann sitze ich hier und entspanne einfach in dieses Gefühl, und manchmal sind das dann die besten Satsangs. Aus dieser Akzeptanz heraus geschieht etwas Wunderbares. Wir müssen unsere Beurteilungen den Dingen gegenüber fallen lassen. Der Verstand ist ganz schnell mit einer Geschichte bei der Hand: „Es hätte anders laufen sollen! Wenn ich es anders gemacht hätte, dann wäre der Tag heute besser verlaufen."

F.: Darin bin ich Meister.
S.: Das können wir alle sehr gut.
F.: Meine Frau sagt mir das Gleiche. Wenn ich es z. B. bereue, dass ich so spät ins Bett gegangen bin, sagt sie mir: „Das sind doch nur Vorstellungen."
S.: Es ist schön, mit einer weisen Frau verheiratet zu sein, nicht? Ich muss mit der Tatsache Frieden schließen, dass ich ein Narr bin. Manchmal bin ich die ganze Nacht wach und schaue mir einen blöden Film an. Wir müssen uns annehmen, wie wir sind, und alle Beurteilungen darüber fallen lassen. Gott muss mich so akzeptieren, wie ich nun mal bin. Manchmal macht es einfach Spaß etwas Dummes zu tun, wie die ganze Nacht aufzubleiben. Ich liebe es, um drei oder vier Uhr morgens wach zu sein, wenn alle anderen schlafen. Es ist so still. Deine Frau hat recht. Lasse die Beurteilungen fallen. Es ist gut so, wie es ist, du bist in Ordnung. Wenig Energie, viel Energie – manchmal sind wir produktiv, manchmal taugen wir zu gar nichts, so ist es eben. An manchen Tagen schaue ich mir die Liste mit den zu beantwortenden E-Mails an und denke nur: Zum Teufel damit! Zu anderen Zeiten setze ich mich einfach hin und bin total produktiv, so ist es. Ich kann es auf keine Umstände schieben.
F.: Auf meiner Arbeitsstelle ist es manchmal nicht ganz so einfach damit. Aber die Leute wissen auch, dass man nicht immer gleichbleibend produktiv sein kann.
S.: Wenn dein Chef nur einen Funken Weisheit hat, dann ist ihm klar, dass man nicht immer produktiv sein kann. Wenn du im Durchschnitt eine akzeptable Produktivität vorweisen kannst, dann ist das genug.
F.: Man muss sich auch entscheiden, welche Dinge man einfach liegen lässt und welche Angelegenheiten man sofort in Angriff nehmen muss.
S.: Ich mache das so mit Sachen, die erledigt werden müssen: Zunächst gibt es da Dinge, die wirklich einfach sind, um die ich mich ganz schnell kümmern kann; dann gibt es Dinge, die Zeit und Konzentration erfordern, aber vielleicht habe ich diese Art von Konzentration im Moment nicht und lege sie beiseite; dann sind da noch die Sachen, um die man sich sofort kümmern muss. Alle diese Aufgaben

enthalten die Energie, die man für ihre Erledigung benötigt. Genau diese Energie kann man dann nutzen. So kümmert sich alles um sich selbst.
F.: *Manchmal staune ich nur.*
S.: Ja, es ist ein wunderschöner Tanz.

6
Unschuld – der Weg zum heiligen Gral

Samarpan: Guten Abend, willkommen zum Satsang.
Ich sprach bereits über das Thema der Macht des Verstandes. Wenn du in irgendeiner Welt deines Verstandes lebst, ist es ungefähr so: Von allen möglichen Leuten hörst du Lügen, die auf dich einwirken. Wir werden durch die Werbung, durch die Reden von Politikern angegriffen. Die Psychologen und Priester sagen dir, dass du nicht in Ordnung bist, und dass du ihre Hilfe brauchst, damit sie dich in Ordnung bringen. Es ist ein Machtspiel.
Du kannst aus diesem Spiel total aussteigen, du kannst von all dem unberührt bleiben, indem du einfach nicht im Verstand spielst. Nur Verstand kann von Verstand beeinflusst werden. Nicht-Verstand kann nicht beeinflusst werden. Wenn du nicht in der Illusion lebst, wenn du nicht in die Illusion investierst, kann dich nichts berühren.
Ich sage nicht, dass du dann nichts fühlst. Du fühlst alles. Deine Bereitschaft alles zu fühlen, macht dich unbeeinflussbar. In dieser Bereitschaft alles zu fühlen, was sich zeigt, hat die Verstandesenergie keine Macht mehr über dich.
Machtspiele setzen voraus, dass du vor etwas Angst hast, oder dass du auf etwas begierig bist. Wenn du nichts willst und vor nichts Angst

hast, wie könnte dich dann irgendjemand irgendwie zu packen bekommen? Du kannst nicht manipuliert werden. Du bist frei!

Jemand sagte einmal: „Ein ehrlicher Mensch kann nicht getäuscht werden." Das ist die Wahrheit. Nur wenn du mitspielst, kannst du für dumm verkauft werden. Du musst glauben wollen, was die Politiker dir erzählen. Ich meine, wie könntest du sonst dieses Zeug glauben? Es ist doch offensichtlich Schwachsinn... Was sagen sie? „Wenn ihr mich wählt, werde ich alles friedlich und sicher machen und zum Erblühen bringen. Ich werde mich allem Bösen in der Welt annehmen und euch alles Gute geben." Das geschieht nie, aber wir haben ein sehr schlechtes Gedächtnis.

Meistens sprechen Politiker von Plänen für die kommenden zehn Jahre, aber ihr Amt haben sie nur für vier Jahre inne. Eine sehr sichere Sache! Wer wird sich nach zehn Jahren denn noch daran erinnern, was du gesagt hast?

Wenn du ehrlich zu dir selbst bist, wenn du wahrhaftig bist, egal was passiert, dann kannst du nicht manipuliert werden. Wenn du der Wahrheit verbunden bist, willst du nichts. Du bist zufrieden mit dem, was ist, und du suchst nicht nach etwas anderem. Dann können sie dich also mit Gier nicht kriegen, und auch nicht mit Angst. Wenn du vor diesem Moment keine Angst hast, hast du vor nichts Angst. Denn dies ist alles, was ist: die Erfahrung dieses Augenblicks.

• • •

Fragender: Während der ersten Tage des Retreats war ich gedanklich sehr beschäftigt. Jetzt komme ich langsam an. Es ist, als ob in mir ein kleiner Junge wäre, der wichtig sein oder etwas zu tun haben will. Als du gerade von Manipulation sprachst, machte es bei mir „klick". Ich wurde als Kind so stark manipuliert, dass ich überhaupt nicht mehr wusste, was ich wollte. Jetzt bin ich mir nicht mehr sicher.
Samarpan: Worüber bist du dir nicht mehr sicher?
F.: Was die Wahrheit ist.
S.: Die Wahrheit ist ganz einfach, denn sie ist immer genau *hier*. Normalerweise meinen wir mit Wahrheit, was die Wahrheit in „unserer"

Geschichte ist. Aber es gibt keine Wahrheit in der Geschichte. Es ist nur eine Geschichte. Sei einfach *hier*. Was ist die Erfahrung von hier, jetzt?
F.: Der kleine Junge in mir möchte schreien: „He, ich bin auch hier!"
S.: Ja, das ist die Wahrheit dieses Moments, einfach diese Erfahrung der kleine Junge zu sein, der Anerkennung will.
F.: Da ist die Erfahrung, nicht zu wissen und mich damit unsicher zu fühlen, dass da etwas Undefinierbares ist, wo es keine Strukturen gibt.
S.: Ist das kleine Kind unsicher?
F.: Nein, das kleine Kind ist manchmal traurig.
S.: Ist das kleine Kind gerade jetzt traurig?
F.: Nein. (Schweigen)
Jetzt kommen Wellen von Traurigkeit.
S.: Wenn du das einfach da sein lässt?
F.: Da ist viel ... – ich kann es nicht wirklich erklären.
S.: Wo geschieht das, im Verstand oder im Hier?
F.: Hier.
S.: Also was gibt es da zu erklären?
F.: Ich kann es nicht sagen.
S.: Das kleine Kind ist völlig nackt, es versteckt überhaupt nichts. Es ist verletzlich. Ganz schnell kommt in uns Verteidigungswille hoch. Wenn man irgendeine Bedrohung sieht, wenn wir Verwirrung wahrnehmen, dann kommt dieser Verteidigungsmechanismus in Gang. Ansonsten gibt es da nichts, weswegen man verwirrt sein müsste. Da ist einfach die kindhafte Erfahrung dieses Augenblicks.
F.: Ich kann es sehen, wie die Verteidigung aufgebaut wird.
S.: Wie fühlt es sich genau jetzt für dich an?
F.: Ich weiß noch nicht einmal, was ich sagen soll.
S.: Wie fühlt sich dieser Moment an?
F.: Mein Körper ist sehr entspannt. Dann sind da Gefühle, die kommen und gehen. Da ist auch das Gefühl, dass ich etwas verkehrt mache, etwas verstecke.
S.: Hier gibt es nichts zu verstecken. Solange kein Gedanke oder irgendeine Geschichte damit verbunden ist, gibt es nichts zu verstecken. Es sind nur Gefühle, die kommen und gehen, und sie bedeuten überhaupt nichts. Mit dir hat das alles nichts zu tun.

Es ist auch nicht so, dass es sich bei dem einen um ein gutes Gefühl und bei dem anderen um ein schlechtes Gefühl handelt. Du beobachtest sie einfach ganz unbefangen. Sobald du dich damit als jemand identifizierst, der diese Gefühle hat, und dich als jemand siehst, der etwas anderes als gerade dieses empfinden sollte, und sobald sich eine Geschichte dazu entwickelt, was das Gefühl bedeutet und was damit nicht stimmt, kommt der Verstand hinzu, der seinen Kommentar über die Erfahrung abgibt, und es wird kompliziert. Ansonsten ist es einfach nur eine Erfahrung, sie bedeutet nichts, und da ist niemand, der die Erfahrung macht.

F.: Es ist beängstigend. Ich habe das Gefühl, ich muss etwas tun, etwas sagen oder ich muss gehen, weil ich nichts zu sagen habe.

S.: Unsere Eltern haben uns der Unschuld beraubt. Sie haben uns beigebracht, dass es falsch sei, was wir fühlten und sie haben Geschichten erfunden, um das zu bekräftigen. Natürlich haben wir diese Geschichten nach und nach geglaubt. Wir wurden permanent manipuliert: „Fühle dich nicht so, du musst dich anders fühlen." Dadurch kommen die Verteidigungsmechanismen auf, das Verstecken geschieht: „Ich möchte, dass keiner mitbekommt, dass ich es verkehrt mache." Du kannst es nicht verkehrt machen, es ist nicht möglich. Ich habe keine Zielvorstellung, ich tue nichts. Ich versuche nicht dich zu ändern. Du bist schön, wie du bist. Und wenn du einen ernsthaften Erwachsenen spielst und dabei dieses unschuldige Kind bist, dann bist du erst recht schön.

Ich bin froh, dass du zur Ruhe kommen konntest und hier im Satsang sein kannst.

• • •

Fragende: *Als du darüber sprachst, dass du deine Familie verlassen hast, erinnerte mich das daran, dass mich vor 20 Jahren meine gesamte Familie und meine Freunde daran hindern wollten, zu Osho zu gehen.*

Samarpan: Die Familie will nie, dass du weggehst um den Meister zu sehen.

F.: Irgendwie durfte ich dann doch zu einem anderen Ashram gehen. Aber immer wurde mir gesagt, was gut und was schlecht sei, und irgend-

wie habe ich mich darin verstrickt. Jetzt sehe ich erst, was da wirklich passierte.
S.: Was geschieht jetzt?
F.: Ich bin total erstaunt, wie mein Leben verlaufen ist. Ich habe mich mit allem Möglichen beschäftigt, nur um mich nicht mit der Wahrheit auseinandersetzen zu müssen.
S.: Dein ganzes Leben hat immer auf das Ankommen im *Hier* gezielt! Natürlich bist du ein paar Mal falsch abgebogen, das ist Teil des Lernprozesses, um den richtigen Weg zu finden. Das ist sogar wichtig, du musst alles über diese „falschen" Wege herausfinden. Du musst herausfinden, dass sie nirgendwohin führen.
Die Vielfalt der Illusionen verwirrt uns.
F.: Ich hätte nie geglaubt, dass mich Illusionen so fesseln könnten.
S.: Aber du warst immer auf dem Weg zum Hier, in deinem ganzen Leben ging es immer um die Wahrheit.
F. Ja, aber diese Umwege, ich kann es kaum glauben!
Ich bin sehr glücklich, jetzt hier zu sein.

• • •

Fragende: *Hallo. Ich wollte mich als Aura-Soma-Beraterin ausbilden lassen. Das Auflegen der Essenzen auf den Körper soll etwas bewirken, zum Beispiel Erleuchtung. (Lachen)*
Samarpan: Okay.
F.: Anstatt das Sortiment mit den Essenzen zu kaufen, bin ich geflohen, weil ich mir gesagt habe, diese Dinge haben keine Macht. Wenn etwas passieren soll, dann geschieht es von selbst.
S.: Das ist richtig.
F.: So habe ich in meinem Leben Mitteln wie Bachblüten oder Meisteressenzen nie Macht zugestanden. Es hat mich nicht angezogen sie zu benutzen.
S.: Ich bekomme von den Leuten alle möglichen Dinge. Das hier zum Beispiel ist das Bild eines Wasserkristalls, nachdem man über das Wasser ein Gebet gesprochen hat; das ist großartig. Natürlich nimmt das Wasser diese Information auf. Wenn man auf die Außenseite eines Wasserglases die Worte „Liebe" oder „Frieden" schreibt, dann ver-

ändert sich das Wasser. Großartige Dinge geschehen da. Ich bekomme von den Leuten die unterschiedlichsten Präparate wie homöopathische Mittel, Bachblüten, Aura-Soma; ich nehme sie alle. (Lachen)
F.: Fühlst du dann etwas? Ich fühle überhaupt nichts, wenn ich so etwas einnehme.
S.: Ich schenke dem nicht so viel Aufmerksamkeit. Das Problem mit all diesen Dingen ist, dass der Verstand sich alles einbilden kann.
Die Bilder von den Wasserkristallen haben mich daran erinnert, dass Wasser für den Körper gesünder ist, wenn man ihm liebevolle Energie gibt, bevor man es trinkt. Wasser kann Informationen sehr schnell aufnehmen, und es kann Heilung bewirken.
Es erinnert mich daran, dass wir, als ich ein Kind war, vor dem Essen immer gebetet haben. Wir baten um Gottes Segen für die Mahlzeit, aber in Wirklichkeit haben wir die Lebensmittel gesegnet. Wenn du einer Speise sagst, dass sie gute Nahrung ist, dann spricht sie darauf an. Das ist die Macht der Gedanken.
Wenn du in den Frieden fällst, dann ist alles gesegnet, und alles wird transformiert. Auch Gebäude nehmen diese Energie auf. Als ich in Jerusalem war, besuchten wir eine Höhle von Johannes dem Täufer. Es war verblüffend. Da war noch immer eine sehr starke Energie in dieser Höhle. Ich ging hinein und wollte für immer darin verweilen. Die Felsen nehmen einfach diese Energie auf, diese Liebe, diesen Frieden. Genauso ist es in den Höhlen im Himalaja, in denen Menschen Tausende von Jahren hindurch meditiert haben. Die Felsen nehmen die Schwingungen auf.
F.: Und all das erscheint in unserem Bewusstsein, und ich bin all das?
S.: Ja, das ist richtig. Du bist all das, was ist. Wir haben aber das Universum in zwei Hälften aufgeteilt. Der einen Hälfte der Schöpfung erzählen wir, dass sie schlecht sei, und da du Gott bist, muss dieser Teil der Schöpfung das tun, was du ihm sagst.
Durch diese Beurteilungen haben wir aus dem Paradies eine Hölle gemacht. Sobald wir diesen Prozess umkehren, sobald wir alles lieben und alles als unser eigenes Selbst behandeln, wird es in ein Paradies zurückverwandelt.

F.: *Ich bin davon ausgegangen, dass alle Dinge so sind, wie man es selbst glaubt. Ist das so? Oder glaubst du, dass zum Beispiel Bachblüten bestimmte Wirkungen haben?*
S.: Ja, Bachblüten haben eine Wirkung. Den Dingen wohnen bestimmte Eigenschaften inne. Das Wasser der einen Quelle schmeckt besser als das einer anderen Quelle. Bei den Fotos von den Wasserkristallen kann man ganz klar sehen, wie unterschiedlich die Wasserstruktur sein kann. Man sieht deutlich, dass das Wasser sich verändert, wenn man ein Gebet darüber spricht. Das sind ganz besondere Phänomene. Mit den Bachblüten verhält es sich so, dass man beobachten konnte, dass die Essenzen bestimmter Blüten eine spezifische Wirkung haben. Es handelt sich dabei um einen Austausch von Informationen. Die Blume vermittelt dem menschlichen Körper eine bestimmte Information auf feinstofflicher Ebene.
F.: *Gerade hast du gesagt, wenn man ganz in Frieden ist, ist darin alles enthalten. Es ist meine Überzeugung, dass das Prinzip „das Höchste zuerst" richtig ist und alles dementsprechend geschieht. Du bist wie ein Hologramm, das erscheint, wenn jemand es braucht.*
S.: Was versuchen wir hier gerade zu tun? Versuchen wir das im Verstand zu begreifen? So fühlt es sich jetzt an.
F.: *Nein, ich wollte deine Meinung über diese Mittelchen hören, die angeblich etwas bewirken und Macht haben sollen.*
S.: Meine Meinung zu diesen Mitteln ist, dass sie alle großartig sind.
(Lachen)
Uns stehen so viele Dinge zur Verfügung, mit denen wir spielen können. Wenn du einen Spielplatz findest, der dir nicht zusagt, dann brauchst du nicht mein Einverständnis, um dort nicht zu spielen. Spiele nirgends, wo du es nicht wirklich willst.
F.: *Ist es nicht auch so mit den Psychologen und Psychotherapeuten, über die du gesprochen hast? Sie spielen auch, wie sie es gerne möchten und bekommen viel Geld dafür.*
S.: Ja, natürlich, und sie machen auch viele gute Dinge, sie helfen Menschen.
F.: *Warum sich dann nicht gleich mit der Wahrheit beschäftigen? Das Höchste zuerst, so wie du es machst!*

S.: Das ist der Weg von Ramana Maharshi, und auch mein Weg. Dennoch gibt es viele Menschen, die dafür noch nicht bereit sind, und das ist in Ordnung so.

Menschen, die bereit sind zum Psychologen zu gehen, suchen Psychologen auf. Oder sie lernen Reiki, und für sie wird das eine Tür, um in Richtung Wahrheit zu gehen. Alle diese Dinge können ein Zugang zur Wahrheit sein. Für mich hatte die Psychologie diese Funktion, sie hat mich hierher gebracht. Jetzt kann ich darüber Witze machen. Weil ich ein Insider in dem Bereich war, kann ich damit Spaß haben. An all dem ist nichts verkehrt. Menschen werden durch Bachblüten und alle möglichen Dinge zur Wahrheit gebracht.

F.: Ich weiß das. Als Pranatherapeutin behandle ich Menschen, und es hilft ihnen; sie sind glücklich.

S.: Genauso ist es. Die Patienten, die zu dir zur Pranatherapie kommen, besuchen nicht meine Satsangs. Vielleicht kommen sie später, aber nicht als erster Schritt. Für manche Menschen mag es leichter sein, zuerst zu einem Pranatherapeuten oder Reikilehrer zu gehen.

F.: In letzter Zeit, oder eigentlich schon immer, habe ich den Leuten das Gleiche gesagt wie du. Immer mehr Leute bestätigen mir, dass ihnen diese Ruhe und dieser Frieden gut tun.

S.: Das ist die beste Medizin.

F.: Ja, das ist das Beste. Das wollte ich von dir hören.

S.: Es ist offensichtlich; der Frieden bewirkt wirkliche Heilung.

F.: Manchmal rätst du den Menschen, sich in bestimmter Weise zu verhalten. Aber ist das nicht nur ein Agieren der Körper/Verstand-Mechanismen, die sich gar nicht anders verhalten können?

S.: Ja und nein. Ich kann alles sagen. Es geschieht so, dass ich genau das sage, was du hören musst. Was immer geschieht, ist in Ordnung. Um herauszufinden, was das Richtige ist, tun wir einfach das, was uns anzieht, es ist ganz einfach. Wenn du dahin gehst, wo du dich hingezogen fühlst, dann gehst du zum richtigen Ort; so führt uns das Göttliche. Der Verstand versucht die Dinge auf sehr komplizierte Weise anzugehen. Er sagt uns: „Gehe nicht dahin, wo du dich hingezogen fühlst, gehe dahin, wo es am schwierigsten ist. Du musst dich da durchbeißen, du musst es überwinden." Oder du gehst den einfachen Weg.

F.: Ganz so sehe ich das nicht. Es kann sehr intensive Lernprozesse nach sich ziehen, und auch Leiden, wenn man dahin geht, wohin man sich gezogen fühlt.

S.: Das ist richtig, genau. Wenn du das tust, was dir attraktiv erscheint, dann kann deine ganze Welt zusammenbrechen. Sie muss zusammenbrechen.

F.: Aber danach, wenn man durch all diesen Schmerz gegangen ist, weiß man: „Jetzt bin ich frei!"

S.: Ja, wenn du durch den Schmerz gehst, entdeckst du deine Freiheit!

F.: Mir ist in meinem Leben viel Leid widerfahren. Jetzt sehe ich das als Reichtum. Das Leiden hat mich frei gemacht.

S.: Das ist richtig. Es ist die Hölle, die zum Himmel führt. Wir gehen in die Hölle, wir verwandeln sie in ein Paradies. Dann bist du natürlicherweise dankbar für die Hölle. So funktioniert es.

F.: Vielen Dank.

S.: Du bist sehr willkommen.

• • •

Fragender: *Ich kenne das, ins Zentrum der Gefühle zu gehen. Das ist wirklich gut. Wenn ich zum Beispiel eifersüchtig bin, funktioniert es. Ich gehe in die Mitte der Eifersucht, und der Wirbelsturm findet um mich herum statt. Es ist unglaublich, ich kann es sogar genießen eifersüchtig oder wütend zu sein.*

Manchmal jedoch ist es mir nicht möglich in die Mitte zu gehen. Dann rennt der Verstand im Kreis herum und schreit: „Hier bin ich! Hier bin ich!"

Samarpan: Du darfst nicht in die Mitte gehen, wenn du nicht in einem Zustand der Unschuld bist. Es gibt so viele Bilder und Metaphern für dieses Phänomen. Der Ritter geht in die Höhle, um nach dem Heiligen Gral zu suchen. Er muss verschiedene Prüfungen bestehen. Wenn er nicht unschuldig ist, wird er umgebracht, ist er aber makellos, dann erreicht er den Heiligen Gral. Dies ist eine Geschichte über das Bewusstsein. Wenn du ins Zentrum des Gefühls gehen willst, um es los zu werden, dann bist du nicht unschuldig. Wenn du irgendeine Absicht verfolgst, dann bist du nicht mehr im Zustand der Unschuld. Wenn die Geschichte des Gefühls dich immer noch gefangen hält, dann bist du auch nicht unschuldig. Nur wenn du rein bist, kannst du an dieser Schönheit teilhaben.

Du erkennst unmittelbar, wo du stehst, es ist nicht schwierig und erfordert keine Zeit. Wenn du in diese Akzeptanz hineinfällst, dann heißt das noch nicht einmal „in die Mitte zu gehen". Du erlaubst dem was ist, einfach da zu sein.

F.: Manchmal weiß ich einfach nicht, was ich tun soll, um zur Wahrheit zu kommen.

S.: Wenn da ein „Ich" ist, das irgendwohin kommen will, dann bist du nicht unschuldig. Wenn du eine Vorstellung hast, dass du etwas tun müsstest, bist du nicht unschuldig. Sei einfach hier. Wenn eine Erfahrung kommt, sei einfach nur dieses kleine Kind, das sagt: „Ah, diese Erfahrung, so stark, so intensiv, ich sage „Ja" dazu." Dann kannst du tiefer hineingehen.

Aber wenn der Verstand sich in irgendeiner Weise einmischt, dann ist da keine Unschuld. Sofern da ein „Ich" ist, das etwas tun, manipulieren oder vermeiden möchte, gibt es keine Unschuld. Du weißt also sofort, wo du stehst.

F.: Großartig.

S.: Das ist wirklich großartig.

7
Gott, Du musst für mich sorgen!

Samarpan: Guten Morgen. Willkommen zum Satsang.
Heute morgen erkannte ich, wie ein Leben voller Sehnsucht und das Ende des Sehnens miteinander verknüpft sind. Ich hatte eine sehr klare Erinnerung an meine Kindheit. Ich wusste, dass ich aus einem bestimmten Grund in dieses Leben gekommen war, aber ich hatte vergessen aus welchem. Aber es verfolgte mich. Ich durchlief verschiedene Phasen meines Lebens ohne diesen Sog zu beachten. Er kehrte aber immer wieder zurück und war stärker als alles andere.
Es ist eigenartig, wie deutlich sich manche Augenblicke im Leben abheben. Einer dieser Augenblicke war die Zeit, als ich für die Gaswerke arbeitete. Ich glaube, zu jener Zeit las ich Gasuhren ab. Ich stand also vor einer dieser riesigen Villen und stellte mir vor, wie es wäre, in diesem Haus zu wohnen. Mir war absolut klar, dass dies für mich nichts Wünschenswertes war. Der einzige Unterschied, in einem riesigen oder in einem kleinen Haus zu wohnen, ist die Höhe der Miet- und Unterhaltskosten. Das ist alles. Das war also nicht attraktiv. Mehr Geld zu verdienen interessierte mich nicht, und ich hatte nicht die Absicht, eine höhere soziale Stellung anzustreben. Aber da war etwas, das beständig an mir zog und mich nicht in Ruhe ließ.

Heute morgen habe ich erkannt, was das war – die Stille.
Es gibt nur das Nichts.
Ich bin in Frieden. Es gibt nichts, was ich brauche, nichts, was ich tun muss. Selbst dies hier übt keine Anziehung auf mich aus. Es gibt keinen Wunsch, die Welt zu retten. Die Welt ist in Ordnung, so wie sie ist.
Ich bin auf die Welt gekommen, um diesen Frieden zu finden. Einfach um herauszufinden, dass es nichts zu tun gibt. So konnte meine Seele endlich zur Ruhe kommen.
Wenn jemand stirbt, sagt man, er möge in Frieden ruhen. Aber ihr wisst, niemand ruht in Frieden. Nur wenige Menschen sterben in Frieden. Die Leute sterben enttäuscht und frustriert. Sie sterben voller Wünsche, sie wollen etwas anderes, sie wollen mehr. Es kommt nur selten vor, dass jemand in Frieden stirbt. Dass ein Mensch in Frieden lebt, ist noch seltener. Dabei ist es für jeden möglich. Du kannst dein ganzes Leben in Frieden leben. Das ist das Ende des Sehnens, das Ende des Leidens, das Ende der Begierden.
Als ich Papaji sagen hörte, dass man die Begierden aufgeben müsse, sagte ich: „O nein, ich will meine Begierden nicht aufgeben." Ich dachte, er spräche von Sexualität. (Lachen)
Die Begierden aber sind der Ursprung des Leidens. Ich rede nicht davon, das Vergnügen aufzugeben. Vergnügen ist einfach ein Teil des Lebens. Genauso ist es mit Schmerz. Beide sind Teile im Gefüge des Lebens.
Etwas zu begehren oder zu wünschen, was nicht hier ist, bedeutet Leiden. Es verursacht ein Ungleichgewicht. Unser ganzes Leben lang jagen wir einem Traum hinterher, eine Begierde jagt die nächste, und wir erreichen niemals ein Ende, bis wir das finden, was uns Erfüllung schenkt. Bis wir zum Frieden und zur Stille kommen.
So ist mein Leben jetzt; ein Leben in Frieden und ohne irgendwelche Wünsche, ohne Träume, ja ohne spirituelle Ambitionen. Sie sind alle verschwunden. Einfach das Hier sein: Das Rauschen des Windes in den Bäumen, das Tosen der Brandung.
Danach habe ich mich gesehnt, danach sehnt sich jeder von uns. Das ist die Erfüllung.
Einfach *hier*.

• • •

Fragende: Es geht um das Begehren. Die Mauern meines Gefängnisses beginnen zu wanken und verschwinden.
Samarpan: Was verschwindet?
F.: Mein Gefängnis der Begierden.
Gestern Abend, vor dem Einschlafen, fühlte ich Deine Liebe. Dann kamen die Worte: „Ich will mich nicht in dich verlieben, ich will frei sein." Dann waren Frieden und Liebe da.
S.: Das ist richtig.
F.: Es ist das erste Mal, dass ich den Frieden wählen kann und mich nicht ablenken lasse.
S.: Eine gute Wahl. Du hast ein schönes Bild benutzt: das Gefängnis der Begierden. So fühlt es sich wirklich an. Es ist schon eigenartig: Hier sind wir in diesem Paradies, diesem wunderbaren Garten Eden, es gibt keine Zwänge, alles ist erlaubt.
Da ist nur eine Sache: Wenn du bedingungslos annimmst, was das Leben dir gibt, dann bist du glücklich. Dann kannst du es in grenzenloser Freude genießen. Aber in dem Augenblick, in dem ich mich auf etwas stürze, was nicht hier ist, in dem Augenblick, wo ich mein Interesse darauf lenke, was auf der anderen Seite des Zaunes oder auf der anderen Seite der Welt oder im Bett von jemand anderem ist...
F.: Es ist die Verwirrung, zu denken, dass die Liebe im Außen passiert.
S.: Das ist richtig. Das ist die Wahrheit. Darin besteht die Verwirrung. Es ist so einfach. Es ist so einfach zu erkennen, wo die Liebe wirklich ist. Sie ist nie im Außen zu finden.
F.: Man denkt, dass man sich die Liebe erst verdienen muss; dass man ihrer erst würdig werden und sogar etwas Besonderes sein muss. Wenn die Liebe da ist, kommt der Verstand durch die Hintertür und sagt: „Oh, ich muss ja ganz toll sein." Und dann verschwindet die Liebe.
S.: Ja, das ist die Falle: Der Glaube, dass ich dessen würdig bin. In dem Augenblick, wo ich denke, „ich bin es wert", bin ich gefangen.
F.: Diesmal war Frieden da. Ich bin nicht in die Falle gegangen, habe nicht gedacht: „Ich habe es! Ich bin toll." Dennoch ist dieser Frieden, den ich beinahe berühren und hören konnte, nach einer Weile wieder ver-

schwunden. Ich frage mich, ob es natürlich ist, dass der Frieden kommt und geht?
S.: Jede Erfahrung kommt und geht.
F.: Sogar der Friede?
S.: Die Erfahrung von Frieden kommt und geht, aber der Frieden selbst kommt nicht und geht nicht. Nur unser Erleben verändert sich ständig.
F.: Das ist natürlich?
S.: So sind die Dinge, du kannst nur eine Sache auf einmal erfahren. Würdest du ständig Frieden erleben, dann wäre es dir nicht möglich, all die anderen Erfahrungen zu machen. Der Friede, von dem ich spreche, liegt allen anderen Erfahrungen zugrunde.
F.: Ja, das ist der Frieden, von dem man getragen wird, der alles ist.
S.: Er ist niemals nicht präsent. Es mag sein, dass wir ihn nicht wahrnehmen, das ist in Ordnung.
F.: Ist es so, dass wir den Frieden zeitweise wahrnehmen und zeitweise nicht? Ist das natürlich?
S.: Ja, das ist natürlich. Wir können unsere Aufmerksamkeit jeweils nur auf eine Sache richten. Jedes Mal, wenn du anhältst und schaust, dann siehst du, dass Frieden da ist.
F.: Man lenkt seine Aufmerksamkeit auf anderes.
S.: Ja, das ist natürlich. Wir sind hier in unserem Körper, und es gibt soviel, auf das wir unsere Aufmerksamkeit lenken können.
F.: Aber kann der Frieden auch ohne Unterbrechung gegenwärtig sein? Oder kann man nicht erwarten, dass er konstant ist?
S.: Nichts ist konstant, wenn wir von Erfahrungen sprechen. Manche Menschen leben für Jahre im Zustand des Samadhi, ohne Unterbrechung, aber auch das ist nicht konstant. Es hat einen Anfang und ein Ende, also ist es nicht konstant. Der Frieden ist immer da, aber unsere Erfahrung davon ändert sich. Die Erfahrung des Lebens ist einem permanenten Wechsel unterworfen. Dies ist der Punkt, an dem wir uns fangen lassen. Das ist es, was uns täuscht, denn wenn sich eine andere Erfahrung als Frieden einstellt, denken wir, dies würde bedeuten, dass der Frieden woanders hingegangen ist oder dass wir etwas falsch machen.

F.: *Ja, dass ich wieder in die Falle gehe, dass ich etwas falsch mache und in den Verstand gehe.*
S.: Das ist wahr. Das Leben ist so gewöhnlich, es sieht nicht aus wie das eines Gipsheiligen. Es ist so normal und doch so befriedigend. Man kann es sich nicht vorstellen, dass es so ist.
F.: *Ich dachte, dass die Glückseligkeit immer mit mir sein könnte.*
S.: Das dachte ich auch. Das hat mich viele Jahre beunruhigt. Ich dachte, ich machte etwas falsch, wenn ich nicht die Erfahrung von Glückseligkeit hatte.
Das ist das große Missverständnis. Die Glückseligkeit, die ich jetzt erfahre, ist sehr zart. Es ist keine großartige Erfahrung, sondern ganz normal. Ich glaube, Osho hat von der Glückseligkeit jenseits der Glückseligkeit gesprochen. Ja, so ist es – jenseits aller Phänomene. Und es ist nicht konstant. Das Beständige ist nicht zu definieren. Wir können es Frieden nennen. Aber auch das beschreibt es nicht wirklich.
F.: *Könnte es manchmal nur dieses Gefühl einer Beständigkeit sein?*
S.: Für mich ist es etwas, worauf ich mich immer verlassen und in dem ich immer ruhen kann. Ganz gleich, welches Phänomen sich gerade ereignet, welche Erfahrung im Augenblick geschieht. Es ist verlässlich, auch wenn es von einer stärkeren Erfahrung überlagert wird. Es ist das Wissen, dass da kein Problem existiert, wie auch immer die Erfahrung ist. Es gibt schmerzvolle Erfahrungen, die ich stärker und klarer fühle als je zuvor. Aber es ist, als wäre da ein Losgelöstsein von diesen schmerzvollen Erfahrungen, als schaute man sie sich an und sagt: „Gut, das tut wirklich weh. Will ich aus dieser Erfahrung herausgehen oder will ich dabei bleiben? Will ich meine Hand aus dem Feuer ziehen oder nicht?" Beide Möglichkeiten sind okay. Alles ist in Ordnung. Es ist diese Art von Losgelöstsein. Aber von dem, was ewig ist, kann ich nicht getrennt sein. Das ist der Frieden.
F.: *Auch wenn das nicht immer...*
S.: ...auch, wenn es so scheint, als wäre es nicht gegenwärtig.
F.: *...und nicht als Glückseligkeit gefühlt wird.*
S.: Ein anderes Phänomen ist: Wenn wir zum ersten Mal die Erfahrung von Glückseligkeit haben, ist es so außergewöhnlich, dass es ei-

nen überwältigt. Mit der Zeit aber wird es ganz normal. Wie oft warst du gestern in Glückseligkeit? Du kannst dich nicht einmal daran erinnern. Es ist Teil des alltäglichen Lebens geworden.
F.: Das erste Mal war es so großartig, dass ich jahrelang trauerte, weil ich es verloren glaubte. Aber es kam in kleinen Schritten wieder aus dem Untergrund, und ich habe es nicht bemerkt.
S.: Es kommt von überall her.
F.: Aber ich habe es nicht erkannt.
S.: Jemand sagte einmal, dass Glückseligkeit eine Nebenerscheinung sei. Das klingt richtig. Es ist keine einmalige Offenbarung. Es verändert sich ständig. Manchmal ist es sehr intensiv. Tiefe Glückseligkeit erfüllt dich, dass du es fast nicht ertragen kannst. Ein anderes Mal ist die Glückseligkeit sehr fein.
F.: Danke.

• • •

Fragende: *Vor zwei Tagen habe ich von der Osho-Meditation gelesen, bei der man in den blauen Himmel schaut. Es ist keine Meditation über die Farbe Blau oder über das Fühlen der Luft. Es ist eine Meditation über die Leere. Als mir das klar wurde, begann ich innerlich zu zittern, und ich zittere immer noch. Es fühlt sich nicht nach Glückseligkeit oder Frieden an, es ist einfach unendliche Leere.*
Samarpan: Wie fühlt sich diese Leere von innen an?
F.: Da gibt es keine Qualität von Fühlen.
S.: Bist du jetzt in der Leere?
F.: Ich bin in der Angst.
S.: Das ist der Punkt. Lass die Angst dich hierher bringen. (Schweigen) Was ist hier?
F.: Es ist nicht unangenehm, das zu fühlen. Es ist okay.
S.: Ist alles, was du darüber sagen kannst, dass es okay ist?
F.: Ich werde an meinen Tod erinnert. Beim Meditieren habe ich mich immer auf etwas wie den Atem oder auf Gefühle konzentriert. Doch jetzt, wenn ich mir vorstelle, dass ich sterben werde, dass mein Atem mich verlassen wird und ebenso die Gefühle...

S.: Das Atmen wird aufhören, ganz sicher. Ob die Gefühle verschwinden? Vielleicht, vielleicht auch nicht.
F.: *Vielleicht bleibt nur diese Leere.*
S.: Das hängt davon ab, ob du deine Gefühle angenommen hast oder nicht; ob du mit dem Tod Freundschaft geschlossen hast oder nicht. Und es hängt davon ab, ob du alle Vorstellungen, die du von dir hast, loslassen kannst und weißt, dass du nur *Das* bist. Ist das nicht der Fall, dann bleiben Vorstellungen und Gefühle übrig und bringen dich zurück in einen neuen Körper, und du erlebst alles noch einmal.
F.: *Bin ich nur diese Weite?*
S.: Schau hin und erkenne! Erforsche diese Weite! Das ist alles, was ist, da ist niemand.
F.: *Sie hat aber keine Qualität für mich. Ich habe in Meditation immer mehr den Segen, das Licht, den Frieden, die Ruhe gefühlt.*
S.: Du musst mehr Zeit damit verbringen. Du bist gewohnt, von außen, aus der Sicht des Verstandes zu schauen. All die Angst kommt nur daher. Du musst von innen schauen, von innen heraus die Weite sehen. Dann erkennst du.
Aber wirf nicht nur einen schnellen Blick darauf und laufe dann fort. Entspanne dich da hinein. Das ist dein Zuhause. Das ist, was du bist. Erforsche es! Das Erforschen hat kein Ende. Wir verbringen alle unsere Zeit damit, den Verstand und die gegenständliche Welt der Dinge zu untersuchen. Wir nehmen uns jedoch überhaupt keine Zeit für die Erforschung der Wirklichkeit.
F.: *Es ist in Ordnung, momentan die Angst zu spüren. Aber es ist nicht Das.*
S.: Bringt die Angst dich nach Hause, wenn du sie willkommen heißt, oder nicht? Bringt sie dich hierher?
F.: *Mir stellt sich die Frage, ob ich meine Aufmerksamkeit auf die Angst oder auf die Weite richten soll.*
S.: Beantworte erst meine Frage!
F.: *Ich fühle einfach die Angst. Das hat sich seit Tagen nicht verändert.*
S.: Dann heißt du die Angst nicht willkommen. Du benutzt sie nicht als ein Vehikel. Du hältst die Angst von dir fern. Solange du sie nicht

an dich heran lässt, kannst du nicht erkennen, was sie wirklich ist. Du hältst dich separat und schaust dir die Wirklichkeit nur durch ein kleines Fenster an, dessen Fensterscheibe nicht einmal klar ist. Du kannst nicht verstehen, worüber wir sprechen, bevor du nicht anhältst und dich hingibst. Du kannst es nicht mit dem Verstand ergründen. Du musst deine Ideen, Vorstellungen und auch deine Beurteilungen hinter dir lassen.

F.: Es ist in Ordnung die Angst zu fühlen. Aber ist es nicht so, als würde ich in den Himmel schauen und eine Wolke erblicken?

S.: Nichts, was ich sage, kann dir helfen. Du kannst es nicht wissen, bis du es nicht selbst tust. Begegne dieser Angst; entspanne dich, und lasse sie Besitz von dir ergreifen. (Schweigen)

F.: Ja, okay.

S.: Was ist okay?

F.: Ich glaube dir, weil ich die Stille in deinen Augen sehe.

S.: Halte jetzt an! Schließe deine Augen für einen Moment. Lade die Angst ein. Lasse sie dich erreichen. Sei bereit, jetzt hier zu sterben. (Schweigen) Was passiert?

F.: Widerstand. Ich will es nicht fühlen.

S.: Gut.

F.: Die Angst ist so klein, irgendwie so unwichtig. Ich genieße sie auch.

S.: Suche nicht nach Gründen, sie sind alle unsinnig. Bleibe einfach im Moment mit dem: „Ich will es nicht fühlen." Das ist die Wahrheit. Akzeptiere diesen Widerstand.

F.: Okay.

• • •

Fragende: *Als ich das letzte Mal bei dir war, sagtest du mir: „Du bist noch nicht mit deiner Beziehung durch."*

Samarpan: Okay. Hatte ich Recht? (Gelächter)

F.: Ja. Gestern ist etwas hochgekommen. Es ist nicht Ärger oder Hass. Ja doch, es ist mehr wie Hass. Es ist nicht wie ein Gefühl, es ist kalt. Ich hasse jemanden, und wenn ich dann in den Spiegel sehe, merke ich, in Wirklichkeit hasse ich mich selber. Ich weiß wirklich nicht, wie ich mit diesem Gefühl umgehen soll. Ich sehe, dass es ein Verhaltensmuster ist,

mit dem ich mich selber zerstöre und bin trotzdem ratlos. Ich habe genug davon. Es zerstört alles.
S.: Was zerstört es?
F.: Wenn etwas Schönes da ist, wird es zerstört. Wenn Liebe da ist, zerstöre ich sie.
S.: Bist du damit erfolgreich? Kannst du Liebe zerstören?
F.: Nein, das kann ich nicht. Aber es ist so, dass ich mir selber die Energie raube und meine Zeit verschwende.
S.: (lacht)
F.: Ich habe das Gefühl, dass ich nicht mehr so viel Zeit habe in dieser Art weiterzumachen. Es ist immer derselbe Mist.
S.: Du hast genug Zeit. Was ich sehe, ist ein kleines zweijähriges Kind. Dieses Kind sagt: „So will ich das nicht! Ich mag gar nichts, meinen Körper nicht und diese Welt nicht." So ähnlich klingt das. Diese Phase ist ein sehr wichtiger Schritt im Leben. Es macht keinen Unterschied, ob du diesen Schritt mit zwei Jahren getan hast oder ob du ihn jetzt machst. Aber du kannst nicht einfach darüber hinweggehen. Das ist ein wesentlicher Entwicklungsschritt.
F.: Ich fühle mich im Moment sehr klein, das ist wahr.
S.: Das kleine Kind sagt: „Nein, ich will diese Begrenzungen nicht!" Es ist im Leben eines jeden Menschen ein sehr raues Erwachen, dass alles in dieser Welt seine Grenzen hat. Diese ganze Welt ist eine Übung darin, wie man mit diesen Beschränkungen lebt. Daher kommt die Frustration.
F.: Ja.
S.: Das Kind will in dieser Welt Gott sein. Aber diese Welt vermittelt uns die Erfahrung, dass wir nicht Gott sind, sondern dass wir an den Körper mit seinen Grenzen und seinen Frustrationen gebunden sind. Außerhalb der irdischen Welt mag es so sein: Im gleichen Augenblick, in dem wir etwas denken, manifestiert es sich. Das ist Allmacht. Doch hier auf der Erde zu leben ist für uns, wie in einem Klassenzimmer zu sein, in dem wir lernen, mit der Frustration umzugehen.
F.: Also bleibe ich bei meiner Frustration?
S.: Sei dieses kleine Kind, das schreit und brüllt: „Ich will das nicht so!"

F.: Okay.
S.: Das ist das Akzeptieren, du akzeptierst dieses kleine Kind. Das bedeutet, dich mit dir selber anzufreunden. Irgendwie bist du darüber hinweggegangen, ich weiß nicht, wie. Darum hat es dich dein ganzes Leben lang verfolgt. Diese Begrenzungen nicht zu akzeptieren ist selbstzerstörerisch und infantil. Die Wände nicht zu respektieren und schreiend mit dem Kopf durch die Wand zu wollen, wenn man stattdessen durch die Tür gehen kann! Es ist ein sehr wichtiger Schritt, dich mit den Beschränkungen auszusöhnen. Hier hast du die Möglichkeit dazu.
F.: Ja, in Ordnung, vielen Dank.

...

Fragende: Du sprachst darüber, in Frieden zu leben. Meine Gedanken kreisen in der letzten Zeit darum, wie ich in Frieden leben kann, wenn ich bei meiner Arbeit von lauter Idioten umgeben bin.
Samarpan: Das ist kein Widerspruch. Wir sind in der Tat von Idioten umgeben. Die ganze Welt ist voll davon. Die Idioten regieren die Welt.
F.: Ja, dagegen verspüre ich Widerstand. Ich frage mich, ob es mein Schicksal ist so eine Arbeit zu machen?
S.: Die Arbeit ist das Klassenzimmer. Du bist dort nur, um zu lernen, wie du in Frieden sein kannst, auch wenn du deine Anordnungen von Idioten bekommst. Es ist doch okay, du wirst für die Arbeit auch bezahlt, oder nicht? Das hat dir die Möglichkeit gegeben, hierher zu reisen.
F.: Ja gut, diese Arbeit hat mich sogar dazu gebracht, zu entdecken, wer ich bin. Es gab keine andere Möglichkeit mehr. Aber da kommt immer wieder dieser Widerstand hoch, und ich denke, es muss doch auch noch etwas Besseres geben.
S.: Es gibt bessere und schlechtere Arbeit. Aber das Leben hat dir jetzt diese Arbeit zugewiesen. Lass uns über deine Arbeit sprechen. Welche Erfahrung machst du durch sie?
F.: Bevor ich in Urlaub fuhr, habe ich meiner Chefin gesagt, dass die Zusammenarbeit so nicht mehr möglich sei. Ich habe noch keine Konsequenzen gezogen, und es ist offen, was passiert, wenn ich wieder nach Hause komme.

S.: In Ordnung. Was macht die Zusammenarbeit unmöglich?
F.: Es gibt zwei Dinge, die schwierig sind. Das eine ist, ich muss mit einer Frau zusammenarbeiten, mit der ich mich gar nicht verstehe. Das andere Problem ist, dass während des letzten Jahres fünf Mitarbeiter gegangen sind. Das ist ungefähr die Hälfte des Teams, mit dem ich mich gut verstanden hatte. Sie sind gegangen, weil das Arbeitsklima so schlecht ist. Jetzt habe ich das Gefühl, ich müsste auch gehen. Ich habe zu lange versucht die Situation zu akzeptieren.
S.: Akzeptieren ist eine sonderbare Sache. Manchmal geht es darum, zu sehen, was akzeptiert werden muss. Ich habe zum Beispiel schon Paare gesehen, die viele Jahre lang in einer schrecklichen Beziehung ausgeharrt haben, dreißig unglückliche Jahre, nur weil sie dachten, sie müssten sich damit abfinden.
Warum akzeptierst du nicht einfach, dass es Zeit ist, zu gehen? Wäre es einfacher, das für dich anzunehmen? Manchmal schiebt uns das Leben einfach zur Tür hinaus. Es ist bemerkenswert, wie sehr wir uns dagegen sperren. Das Leben hilft und sorgt für uns.
Wir müssen die Dinge nicht auf die beschwerlichste Art tun. Das Leben hat ohne Einschränkungen die Fähigkeit, uns zu lehren, egal ob die Situation für uns angenehm oder schwierig ist. Ich weiß, dass wir in jeder Lebenslage lernen können.
Ich glaube, es ist ein Erbe des Christentums, dass wir meinen, die Situation müsse schwierig sein, um aus ihr eine Lehre ziehen zu können. Aber die Botschaft Jesu über das Akzeptieren ist verdreht worden. Jesus hat nicht nach der Kreuzigung Ausschau gehalten. Ich denke, er hätte lieber woanders „ausgehangen". Aber das hat das Leben für ihn bereitgestellt.
Ich verstehe, es gibt Situationen, in denen man nicht weiß, ob man sie verändern kann oder nicht.
Die Anonymen Alkoholiker haben ein Gebet, das sie vor jedem Treffen sprechen. Es lautet: „Gott, gib mir die Gelassenheit, das zu akzeptieren, was ich nicht ändern kann, gib mir den Mut, das zu ändern, was ich ändern kann, und gib mir die Weisheit, das eine vom anderen zu unterscheiden." Das fasst es gut zusammen.

F.: *Ja, aber dann kommen natürlich Existenzängste hoch.*
S.: Genau, das ist es. Die Existenzangst hält dich gefangen, in diesem Haus des Schreckens.
F.: *Und Bequemlichkeit.*
S.: Es ist die Angst etwas Bekanntes loszulassen. Die Arbeit ist vertraut und sicher für dich, auch wenn sie schrecklich ist.
F.: *Jetzt frage ich mich, warum ich hier sitze. Das habe ich alles schon gewusst.*
S.: Ich bin hier, um dich an das zu erinnern, was du schon weißt. Ich bin hier, um dir zu sagen, dass du es weißt. Du weißt es selber, es ist Zeit, von dort fortzugehen. Es besteht kein Zwang in dieser schrecklichen Atmosphäre zu bleiben, Tag für Tag.
F.: *Ich habe Angst, dass es noch schlimmer wäre keine Arbeit zu haben.*
S.: Was ist das Schlimmste, das passieren könnte, wenn du keine Arbeit mehr hast?
F.: *Das Schlimmste wäre, die Selbstachtung zu verlieren.*
S.: Das ist Unsinn. Wofür ist das denn gut!
F.: *Das Ärgste wäre das Leiden.*
S.: Leiden? Jetzt leidest du! Es wäre höchstens ein anderes Leiden. Wir haben dafür ein Sprichwort: „Besser einen Teufel, den man kennt!" Deine Arbeit ist die Hölle, aber wenigstens ist es eine vertraute Hölle. Wer weiß, es könnte alles noch schlimmer kommen. „Wenn ich meine Arbeitsstelle kündige, müsste ich vielleicht irgendwo unter einer Brücke leben." (lacht)
In so einer Situation kann man Vertrauen lernen. Man lernt zu vertrauen, wenn man etwas loslässt, ohne zu wissen, was danach kommt. Du gibst etwas auf und sagst: „Gott, du musst für mich sorgen, denn ich kann so nicht weitermachen. Gott, du musst mir eine Arbeit geben, die mir Spaß macht, denn so wie es jetzt ist, halte ich es nicht mehr aus. Oder du musst dich in einer anderen Weise um mich kümmern, oder ich sterbe einfach."
F.: *Das ist nicht so einfach.*
S.: Doch, das ist es. Was macht es schwierig?
F.: *Weil ich nicht so einfach sterben werde.*

S.: Nein, du würdest eine Unterstützung vom Staat bekommen. Es ist schwierig, in der Schweiz zu verhungern. (Lachen)
F.: Ich bin schon in einer Situation gewesen, in der ich mit dem Tod konfrontiert war. Damals fühlte ich keine Angst. Da war völlige Hingabe.
S.: Genau, das ist richtig.
F.: Meine jetzige Situation ist anders, es gibt eine lange Zeit des Leidens.
(lacht) Ich weiß schon alles.
S.: Das ist alles bla-bla. Du weißt nicht, was das Leben dir zu bieten hat. Nur eines muss dir klar sein: Ich will so nicht leben! Ich kann so nicht leben. Es muss etwas anderes kommen.
Das ist alles. Es ist so einfach.
F.: Alles ist klar.
S.: (lacht) Ja, oh ja.

8
Sünder und andere spirituelle Sucher

Samarpan: Einen schönen Nachmittag, willkommen zum Satsang. Was habt ihr zu sagen?
Fragende: Ich sehe mich selbst als einen Menschen, der oft traurig ist oder gerade so okay oder irgendwie neutral oder auch unglücklich. Alles, was ich nicht sein will.
S.: Alles von Null bis negativ?
F.: Ja, und ich möchte wirklich nicht so sein, und den anderen missfällt es auch.
S.: Du und die anderen denken, du solltest anders sein?
F.: Ja, so ist es. Vielleicht lautet meine Frage: Ist das zu ändern oder muss ich das einfach akzeptieren, weil das Göttliche mich so erschaffen hat? Muss ich es deshalb mögen?
S.: Das ist interessant. Wenn ich an mein Leben zurückdenke, sehe ich, dass ich auch diesen Eindruck erweckt habe. Tatsächlich haben mir die Leute oft gesagt: „Du siehst immer so traurig aus."
In der Traurigkeit ist eine Schönheit, in ihr liegt soviel Tiefe! Traurigkeit ist für andere Menschen nur dann schwierig, wenn sie diese selber nicht akzeptiert haben. Traurigkeit, die akzeptiert wird, ist wirklich etwas Wundervolles. Das ist wie ein Lehrstück. Es ist das gleiche Lehrstück für uns alle und dein besonderer Weg.

Es gibt keine Möglichkeit, Glücklichsein zu bewirken. Man kann es nicht durch Handeln erreichen.

F.: Ich habe das Gefühl, es ist etwas in mir, das mich gefangen hält und nicht will, dass ich glücklich bin.

S.: Lass uns das einmal von einer anderen Seite betrachten. Schau dir alle diese Gefühle einmal an, als wären sie deine Kinder. Die Traurigkeit sagt: „Hab mich einfach lieb, schenke mir deine Aufmerksamkeit, deine Anerkennung." Und du sagst: „Nein, nein ich will dich nicht!" Du hast dieses Kind wie ein Stiefkind behandelt und in den Keller gesperrt. Das ist nicht nett! Hole dieses Kind aus dem Keller und nimm es auf den Schoß. Gib ihm deine totale Liebe und Aufmerksamkeit. Sobald du das tust, wird ihm sehr schnell langweilig werden und es wird weglaufen, um zu spielen. Dann wird dir ein anderes Kind auf den Schoß hüpfen.

F.: Mit der Traurigkeit könnte ich das so machen. Aber wie ist es mit dem Gefühl, unzufrieden und nicht erfüllt zu sein?

S.: Das ist alles das Gleiche. Sie alle sind deine Kinder. Die Traurigkeit ist am einfachsten für dich, fange mit ihr an. Besser du beginnst mit dem, was gerade da ist, ohne etwas auszuschließen. Wir müssen lernen, alles willkommen zu heißen. Jeder Teil unserer Psyche muss willkommen sein, ohne ein Urteilen. Wenn da irgendein Aspekt ist, den wir ablehnen, dann bedeutet das Leiden. Wirkliches Glücklichsein entsteht durch die völlige Offenheit allen Gefühlen gegenüber.

F.: Ja, ich weiß. Vielleicht kann ich nicht, oder vielleicht will ich nicht.

S.: Ja, das ist besser: „Ich will nicht", okay.

F.: Aber warum will ich nicht?

S.: Weil es Urteile und vorgefasste Meinungen darüber gibt. Du hast einige festgefahrene Ansichten über dich selbst, über dieses vorgestellte Selbst und darüber, wie du sein solltest. Ich habe deine Beschreibung zu Anfang gehört, und es fällt mir wirklich schwer, das Gesagte für bare Münze zu nehmen. Wenn ich dich anschaue, ist da solch eine schöne Ausstrahlung. Du hast bereits trotz dieses Widerstandes vieles angenommen. Dieser Widerstand ist nur ein kleiner Zusatz, der das Spiel interessanter macht.

F.: Manchmal habe ich das Gefühl, ich bräuchte einfach nur einen Schlüssel oder den richtigen Schalter. Wie kann ich akzeptieren?
S.: Akzeptiere zuerst den Widerstand, gehe wirklich in ihn hinein, spiele mit ihm. Das scheint jetzt an der Reihe zu sein. Sobald du vollkommen in deinem Widerstand bist, blühst du auf und bist in deiner Kraft.
F.: Jetzt kommt mein Verstand in Schwierigkeiten. Zuerst hast du über die Traurigkeit gesagt, ich solle sie einladen und bei mir sein lassen. Aber jetzt fühle ich Widerstand gegen das Traurigsein.
S.: Ja, das ist in Ordnung.
Der Verstand hat so viele Mechanismen. Diese können wir nicht bekämpfen. Es ist wie ein Spiel. Hast du jemals von dem Computerspiel „Dungeons and Dragons" gehört? Die Kinder spielen das sehr gerne. Man muss seinen Weg durch ein Verlies finden, um zu dem Schatz zu gelangen. Es lauern alle möglichen Ungeheuer, denen man unterwegs begegnet.
Genauso ist es mit der menschlichen Psyche. Auch hier gibt es Hindernisse und Klippen, Monster und Fallen, um das Spiel interessant zu machen, sonst wäre es zu einfach.
Was ich über den Verstand entdeckt habe: Wenn du ihn direkt angehst und etwas ändern willst, vergrößert das nur noch seinen Widerstand, weil du die Quelle seiner Energie bist. Wenn du also gegen den Verstand angehst, stärkst du seine Kraft. Du musst ein bisschen raffiniert sein. Du musst lernen, wie du diese Hindernisse umgehst, ohne dem Verstand Macht zu geben, ohne ihn zu bekämpfen.
Sobald du den Widerstand akzeptierst, hat er keinen Gegenspieler mehr. Denn Widerstand kann nicht aus sich selbst heraus Widerstand leisten. Er braucht uns, die wir gegen ihn kämpfen, um daraus seine Kraft zu gewinnen.
F.: Ja, der Widerstand ist da, solange ich ihn nicht will, oder solange ich etwas ändern will.
S.: Das ist richtig. Wir lernen hier, wie das Spiel abläuft. Der Weg heraus aus diesem Labyrinth ist eigentlich einfach. Interessant wird es durch unsere Programmierung, die lautet: Fühle nicht die Gefühle,

akzeptiere nicht die Traurigkeit, akzeptiere nicht den Ärger und den Hass. So werden diese Stiefkinder unterdrückt.

F.: Ja, und dann sind die Leute lieber mit jemandem zusammen, der glücklich ist und gerne plaudert.

S.: Es macht mehr Spaß, mit Menschen zusammen zu sein, die mit sich selbst in Frieden sind. Wenn jemand sich selber bekämpft, fühlt sich das nicht gut an.

F.: Ja, für mich auch nicht.

S.: Es fühlt sich an wie ein Schwarzes Loch, das alle Energie absorbiert. Der einzige Ausweg ist, dem Widerstand und den negativen Gefühlen keine Energie zu überlassen, ihnen jedoch zu erlauben, anwesend zu sein. Sobald ich ihnen meine Liebe schenke, sind sie nicht mehr negativ. Dann sind sie nicht länger Stiefkinder oder Monster. Dann sind sie die Geliebten. Es ist wirklich so einfach. Das ist die Transformation. So funktioniert die Alchemie, so wird unedles Metall zu Gold. Liebe ist die Antwort, Akzeptieren ist die Antwort.

• • •

Fragende: Ich habe darüber nachgedacht, was du über das In-Frieden-sein gesagt hast und über das Vergnügen und die Freiheit, die dadurch entstehen. Ich habe gelegentlich kleine Einblicke, aber auch das Gefühl, dass ich diese Freiheit nicht ertragen kann. Der Grund ist, dass für mich Freiheit ein Synonym für Alleinsein ist. Das macht es sehr schwierig für mich. Manchmal denke ich, dass ich zu frei bin: ich kann alles tun, aber bin damit allein. Ich würde es gerne mit jemandem teilen.

Samarpan: Das ist eine Idee der Freiheit. Du bist allein! Wir sind alle allein. Es gibt keinen anderen. Da ist niemand.

F.: Es schmerzt, dieses Bewusstsein, dass jeder allein ist. Für mich bedeutet das einen sehr tiefen Schmerz.

S.: Das ist die Interpretation des Verstandes vom Alleinsein. Wenn du in diesem Alleinsein ruhst, in dieser Weite, in dieser Schönheit, fehlt da etwas?

F.: Nicht, wenn ich wirklich tief...

S.: Wenn du nicht im Verstand bist und es dir nicht vom Verstand aus betrachtest, wenn du einfach nur in diesem Alleinsein bist, fehlt da irgendetwas?
F.: Nein, nicht wirklich.
S.: (lacht)
F.: Ich will es festhalten. Ich kann nicht ertragen, dass es wieder verschwinden wird.
S.: Okay, *wer* kann es nicht ertragen?
F.: Ich.
S.: Wer ist dieses „Ich"?
F.: Das ist eine gute Frage. Ja, ich. Ich weiß es nicht. Was soll ich sagen, mein inneres Kind, meine Psyche, mein Verstand...
S.: Das ist der Punkt. Wir sagen „ich" und meinen diese Idee von „mir", „meiner" Geschichte, „meinen" Ansichten über diesen Lebenslauf, „meinen" Meinungen über diese Welt, „meinen" Gefühlen über Beziehungen und so fort. Das ist es, was wir „Ego" nennen, dieses „Ich", diese Idee von mir. Es hat absolut keine existenzielle Substanz. Es ist alles erfunden, eine Sammlung von Ideen.
F.: Ich denke, es ist eine der härtesten Aufgaben, das Ego aufzugeben.
S.: Solange du es als wirklich erachtest, ist es schwierig.
F.: Aber für mich ist es wirklich, ich lebe damit, ich leide darunter.
S.: Mach nicht so schnell ein Problem daraus. Wir haben gerade erst angefangen. Bisher haben wir das Ego als gegeben hingenommen ohne es zu hinterfragen. Als ich dich gefragt habe, wer dieses „ich" wirklich ist, hast du gesagt: „Ich weiß es nicht." Du hast dir diese Frage vorher nie gestellt. Das ist für uns alle das grundlegende Problem, weil wir alle annehmen, dass diese Sammlung von Ideen wirklich ist. „Das ist es, wer ich bin, und das muss ich verteidigen." Wenn jemand etwas Unfreundliches über mich sagt, muss ich dagegen kämpfen, ich muss dessen Meinung über mich ändern, weil ich möchte, dass die anderen gut von mir denken. Auch alles Negative, das wir über uns denken, ist Ego. Es ist nicht nur eine einzige Idee oder Vorstellung, es ist eine ganze Reihe von widersprüchlichen Vorstellungen. Aus diesen ganz unterschiedlichen Vorstellungen picken

wir uns die Lieblingsideen über uns selbst heraus. Wir haben sowohl positive als auch negative Lieblingsideen. Aber all das hat keine Wirklichkeit. Es sind nur Vorstellungen.

Ich lebte in Los Angeles, bevor ich auf die Ranch zog. Ich war ein alleinstehender Mann von ungefähr 35 Jahren. Ich war offen für Frauen, und von Zeit zu Zeit ergaben sich sexuelle Begegnungen, es war ganz natürlich. Als mir aber Gerüchte über mich zu Ohren kamen, war ich sehr erstaunt. Was da gesagt wurde, war viel interessanter als mein wirkliches Leben. Den Berichten zufolge muss ich Überstunden gemacht haben! Das ist die Natur der Vorstellungen. Sie haben keine Grundlage in der Wirklichkeit, weder meine Ideen noch die von irgendjemand anderem.

F.: Auf der einen Seite sprichst du immer über Akzeptanz und sagst: „Lasse alles einfach da sein." Andererseits ist es sehr hart, mein Ego nicht zu akzeptieren und zu sagen, es sei nur eine Vorstellung.

S.: Du musst in Bezug auf das Ego gar nichts unternehmen. Es existiert nicht. Es ist nichts. Da sind nur ein paar Ideen. Ideen sind sehr fragil. In Wirklichkeit müssen wir hart, mit vielen Überstunden, für diese Vorstellungen vom eigenen Ich arbeiten. „Oh, das ist, wie ich bin. Ich bin so und so. Aber so bin ich nicht." So reden wir uns das unentwegt und immer wieder ein.

Ich habe keine Idee davon, wie ich bin, denn es verändert sich ständig. Jeder Moment ist eine neue Erfahrung. Wenn ich versuche, an irgendeiner Idee von mir festzuhalten, ist das verrückt, weil eine Idee nicht wirklich ist. Bin ich freundlich? Manchmal. Gelegentlich bin ich ein richtiger Blödmann und schreie Leute an. Ein anderes Mal bin ich sehr geduldig, meistens, wenn ich hier im Satsang sitze. (lacht) Also, wie bin ich? Wer ist dieser Typ? Wie ist er? Ich habe keine Ahnung. Ich höre Kommentare über mich, manche mag ich, andere nicht, aber sie beruhen alle nicht auf der Wirklichkeit. Das sind lauter Meinungen von anderen über diese Erscheinung. Da gibt es nichts zu bewahren und auch nichts zu bekämpfen.

F.: Und mit der Freiheit ist es genauso? Sie ist auch nur eine Idee, ein Wort?

S.: Die Idee der Freiheit kann sehr beängstigend und auch sehr anziehend sein. Die Freiheit selbst, das bist du! Du bist Freiheit, du bist Frieden.

F.: *Du meinst mich, nicht mein Ego?*

S.: Genau. (lacht)

F.: *Das ist hart für meinen Verstand.*

S.: Mache dir keine Sorgen um deinen Verstand. Er muss das nicht verstehen; er kann es gar nicht.

Nur wenn wir in der Wahrheit ruhen, lernen wir überhaupt etwas. Durch das Ruhen in dir selbst, in der Stille, entsteht Klarheit. Da ist dir bewusst, dass niemand da ist; keiner, der gut und keiner, der schlecht ist, überhaupt niemand. Da ist nur dieses unendliche Sein. Das, was du bist. Das, worüber man noch nicht einmal sprechen kann. Die Idee von „mir" ist eine Konstruktion des Verstandes. „Er ist so ein guter, netter Mensch," oder „Er ist solch ein Idiot" – beides ist nur ein Gedanke. Überhaupt keine Vorstellung zu haben, ist Freiheit.

F.: *Harte Arbeit!*

S.: Nein, das ist das Einfachste! Es ist harte Arbeit, an diesen Ideen festzuhalten.

Es geht nicht darum, etwas zu bekämpfen, was gar nicht existiert. Wenn es nicht wirklich ist, können wir es einfach ignorieren. Wenn ich erkenne, wer ich wirklich bin, dann richte ich meine Aufmerksamkeit darauf. Ich brauche über all diese dummen Ideen über mich gar nicht nachzudenken. Sie können alle da sein, das ist in Ordnung und tut nicht weh. Sie berühren die Wahrheit nicht. Was wirklich ist, ist wirklich. Da spielt es keine Rolle, was ich glaube.

F.: *Aber wie finde ich heraus, wer ich bin? Wie werde ich all diese Ideen los?*

S.: Sage dich von diesen Ideen nicht los. Mache gar nichts mit ihnen. Du weißt bereits, wer du bist! Du hast es mir schon gesagt.

F.: *Was habe ich gesagt?*

S.: Welche Worte hast du benutzt? Du hast mir gesagt, dass du Einblicke in die Wahrheit hattest. Welche Worte hast du gebraucht?

F.: *Freiheit, Frieden.*

S.: Das ist es. Das ist es, was du bist. Alles andere ist Fiktion. So einfach! Wenn du in diesem Frieden, in dieser Schönheit ruhst, dann gibst du dem deine Aufmerksamkeit. Und gleichzeitig schenkst du dieser Idee von „mir" keine Energie.
F.: Das ist nicht genug.
S.: Das ist mehr als genug.
F.: Gestern saß eine Frau hier und sagte: „Was soll ich tun, wenn es keine Ziele mehr zu erreichen gibt?" Obwohl ich weiß, dass das wirklich schön ist, fürchte ich, dass es langweilig wird und ich das Alleinsein nicht aushalten kann.
S.: Das erzählt dir dein Verstand, weil er gewaltige Angst davor hat, dass du aufhören könntest, ihm deine Energie zu geben. Es ist die Idee von „mir", die sich davor fürchtet, deine Aufmerksamkeit zu verlieren und deshalb in Panik gerät. Du bist das Bewusstsein, du bist die Quelle der Existenz. Das, worauf du deine Energie richtest, wird zur Wirklichkeit. Wenn du dieser Idee von einem „Ich" deine Energie gibst, scheint sie Realität zu haben. Je mehr wir uns dem Frieden und der Stille zuwenden, desto bestimmender werden sie für unser Leben.
Das ist der freie Wille. Der einzige freie Wille, den wir haben. Wir sind diese Achtsamkeit, wir sind dieses Bewusstsein, wir sind die Quelle von allem.
Es ist von Bedeutung, worauf wir unsere Energie richten, und die einzige Wahlmöglichkeit, die wir haben. Das ist alles, was wir tun können. Jedes andere Tun wird irgendein Trick des Verstandes sein, um sich selbst mehr Macht zu verschaffen. Er wird dir sagen, dass du Gruppen mitmachen und Einzelsessions buchen sollst, tun, tun, tun, um besser zu werden. Ein besseres Selbst zu werden.
Sobald du anhältst und deine Aufmerksamkeit davon abwendest, wird alles auseinander fallen, ganz von alleine, und man erkennt, dass es gar nicht vorhanden war. Wenn es als das Nichts erkannt wird, braucht es auch nicht abgelehnt zu werden.
F.: Okay.
S.: Okay? Gut.

Samarpan: Komme etwas näher.

Fragender: In Augenblicken des Friedens passiert es mir, dass mein Verstand loslegt wie ein Kassettenrecorder im schnellen Vorlauf. Ich kann erkennen, dass ich an einem negativen Bild von mir festhalte.

S.: Meine Art, mit diesem Bild eines negativen „Ich", mit diesem auf den Kopf gestellten Ego umzugehen, ist, es einfach zu akzeptieren. „Okay, bin ich eben ein Nichtskönner und Narr!" Was macht das schon? Gott muss Narren lieben, denn hier gibt es viele von ihnen.

F.: Es sieht so aus, als könne ich diesen Blödsinn nicht akzeptieren, ich kämpfe dagegen.

S.: Das ist dein Programm. Jeder von uns hat ein Programm eingebaut, das uns daran hindert aufzuwachen. Gleichzeitig ist da aber auch ein Programm installiert, das uns dabei hilft, aufzuwachen. Das ist großartig so.

Ich finde diese Art von Programmierung besonders interessant, lass es uns „unser negatives Programm" nennen.

In einer meiner Lieblingsgeschichten, die Osho erzählte, geht es um den Mörder Angulimala. Er hatte eine Kette aus abgetrennten Fingern um den Hals, die von Menschen stammte, die er umgebracht hatte. Zudem hatte er den Schwur abgelegt, hundert Menschen zu töten. Nun hatte er bereits neunundneunzig Menschen umgebracht und stand kurz davor sein gesetztes Ziel zu erreichen. Er war gewiss nicht jemand, den man als spirituellen Sucher bezeichnen würde. Aber er war stark auf seinen Fokus gerichtet, er wusste genau, was er wollte. Er lebte in einem Wald, und keiner der Bewohner dieser Gegend traute sich in seine Nähe. Die Geschichte erzählt, dass eines Tages Buddha dort vorbei kam. Er musste genau diesen Wald durchqueren, um zu seinem Zielort zu gelangen. Die Leute warnten ihn: „Nimm nicht diesen Weg. Dort lebt ein Mörder, der dich umbringen wird. Er braucht nur noch den Finger eines Opfers, um seinen Schwur zu erfüllen." Buddha antwortete: „Entweder tötet er mich, oder ich töte ihn." Und so kam es, dass sich Buddha ganz alleine diesem Mann näherte, seine Schüler hatten sich alle aus dem Staub gemacht.

Als der Mörder Buddha kommen sah, war er überrascht, wie unschuldig und kindlich dieser Mann aussah. Er rief: „Hau ab, wenn dir dein Leben lieb ist, halte an, sofort. Stop!" Doch Buddha kam näher: „Ich habe schon vor langer Zeit angehalten. Ich bewege mich nicht, du aber kommst nicht zur Ruhe. Ich habe kein Ziel mehr. Mein Körper ist nutzlos, schneide mir den Kopf ruhig ab, dann kann dein Schwur erfüllt werden." Buddha war vollkommen in seiner Mitte zentriert, er war in Frieden mit allem. Das erkannte Angulimala und wurde durch diese Begegnung selber zum Buddha. So geschah es, dass nicht der Mörder Buddha tötete, sondern Buddha das Ego des Mörders.

Das ist eine großartige Geschichte, denn sie zeigt, dass wir bestimmte Ideen in Bezug auf Menschen haben. Auf der einen Seite gibt es spirituelle Sucher, die guten Menschen, und auf der anderen Sünder, die bösen Menschen.

Wir haben das Potential alles zu sein. Wir können jede Menge Gutes tun, jede Art liebevoller Handlungen vollbringen, Akte der Liebe und des Mitgefühls, und wir können auch totale Idioten sein. Beides. Wenn ich ausschließlich an das Schlechte in mir glaube, gebe ich dieser Idee meine göttliche Energie. Was nicht wahr ist, denn ich bin alles zugleich. Ich bin zu allem fähig. Fähig, wundervolle Dingen zu vollbringen und schreckliche Dinge jeder Art zu tun. Das ist die menschliche Situation.

Vor ungefähr 50 Jahren sind die Menschen in Deutschland aufgewacht und haben erkannt, dass sie in eine totale Schauergeschichte verwickelt waren. Und sie wussten nicht, wie das hatte passieren können. Wie hatten sie sich an der Massenvernichtung einer ganzen Rasse beteiligen können? Nicht nur am Töten, sondern auch an Folterungen und jeder Art unheimlicher Experimente!

Wir sind zu all dem fähig. Würden wir das verleugnen, dann würden wir zwangsläufig diese Erfahrung machen müssen. Auf irgendeine Weise müssen wir mit all dem Frieden schließen.

Am sechsten Tag, als Gott seine Schöpfung vollbracht hatte, blickte er auf die Welt und sagte: „Das ist gut, alles! Das Licht und das Dunkel, das Wasser und das Land, die Vögel und die Reptilien, die Insekten und Mikroben, und der Mensch mit seinem Potential, zu erschaffen und zu zerstören." Es ist ein ganz außergewöhnlicher Spielplatz, auf dem wir uns bewegen.

F.: Es fällt mir schwer zu akzeptieren, dass es nichts zu tun gibt. Im letzten halben Jahr gab es wirklich nichts, was ich mir wünschte, aber ich erfahre das nicht als Erleichterung und Frieden, sondern als Mangel an Wollen... als Mangel an allem.

S.: Gut, und damit kannst du keinen Frieden schließen? Das Leben bringt dir jeden Tag neue Dinge, die du akzeptieren kannst. Du denkst, du hättest gelernt, alles anzunehmen, und dann tritt irgendeine Wendung ein, und du lehnst diese neue Erfahrung ab. Du kannst den Schmerz und das Leiden annehmen, aber nicht diese Gewöhnlichkeit, diese Normalität, die sich anfühlt, als ob nichts passieren würde! Kannst du das akzeptieren?

Alles muss angenommen werden. Wenn der Verstand irgendetwas finden kann, was nicht akzeptabel ist, wird er uns damit fassen und wieder zum Gefangenen machen. Das Spiel wird immer subtiler. Der Verstand will ständig etwas tun, an etwas arbeiten, selbst wenn es schlecht oder falsch ist, solange er nur etwas tun kann. Aber wenn man still wird und einfach nur in sich ruht, fühlt sich der Verstand sofort unbehaglich und findet etwas, womit er dich quälen kann.

F.: Ja, ich kann aber nicht den ganzen Tag im Bett liegen oder nur...

S.: Es spielt keine Rolle, ob man den ganzen Tag im Bett liegt oder ob man arbeitet. Wenn ich sage „tue nichts", meine ich nicht, du solltest den ganzen Tag im Bett liegen.

Wenn dem eine bestimmte Idee zugrunde liegt, dann wäre es ein Tun. Genauso wie die Idee, dass man im Lotussitz tagelang „OM" singen sollte. Nicht-Tun bedeutet, mit dem Leben zu tanzen, wo immer das Leben tanzen will. Wenn Arbeit anfällt, gut, dann wird Arbeit verrichtet, aber du tust nichts. Natürlich zu leben, das Leben sich natürlich entfalten zu lassen ist genug, mehr als genug. Lass dich von der Energie dahin tragen, wo immer sie dich hinbewegen möchte. Lass dich das tun, wonach dir ist. Nicht jeder kann so faul sein wie ich. Aber eigentlich bin ich nicht faul. Das ändert sich von Augenblick zu Augenblick, von Tag zu Tag. Für eine gewisse Zeit mache ich den ganzen Tag nichts anderes als das Beantworten von E-Mails. Vor einigen Tagen streikte mein Computer. Ich fühlte diesen Stop. Zuerst war ich etwas frustriert, aber dann fühlte ich, dass es eigentlich richtig war: Ich sollte in dieser Woche keine E-Mails mehr beantworten. Der Umschwung kam, von totaler Arbeitswut – ich arbeite zehn bis zwölf Stunden am Tag am Computer – hin zu der Tatsache, dass ich den Computer nicht einmal mehr einschaltete. Aber nicht ich bin es, der irgendetwas tut. Ich treffe keine Entscheidung, das Leben trifft sie. Das Leben lebt mich, nicht ich lebe das Leben. Das ist die Freude, mit dem Fluss des Lebens in Harmonie zu sein. Was immer geschieht, ist gut. Das ist es, was ich mit Nicht-Tun meine.

Gibt es da noch etwas anderes? Heraus damit, wir haben Zeit.

F.: Es hat mit Entscheidungen zu tun. Mir fällt es schwer Entscheidungen zu treffen, ich zögere sie hinaus oder verschiebe sie auf später. Es scheint, als fließe meine Energie nicht in eine bestimmte Richtung.

S.: Das ist nur ein Lernprozess – das Lernen, im Moment zu sein. Das ist uns nicht beigebracht worden. Wir haben gelernt, den Verstand alles analysieren zu lassen. Der Verstand macht uns total unfähig. Wir können nichts tun und sind in diesem Zustand wie festgefroren. Ich weiß, wie sich das anfühlt. Wenn du, ehe du eine Bewegung ausführst, erst darüber nachdenken musst, wirst du dich niemals bewegen. Habe ich euch die Geschichte über meinen Freund, den Taxifahrer, erzählt?

In der Zeit, als ich in Santa Fe Taxi fuhr, hatte ich einen Freund, der im Fach Philosophie graduiert hatte. Er war ein guter Philosoph. Alle wunderten sich, warum er immer so lange brauchte, um einen Fahrgast abzuholen und an dessen Ziel abzusetzen. Eines Tages stand ich auf dem Parkplatz und mein Kollege hatte auf der gegenüberliegenden Straßenseite geparkt. Ich hörte einen Anruf über Funk kommen und beobachtete ihn. Er nahm den Anruf entgegen, dann öffnete er den Stadtplan und studierte ihn lange und ausdauernd. Zehn Minuten vergingen, und er war immer noch nicht losgefahren. In der Zeit, die er brauchte, um den Stadtplan zu studieren, hätte ich den Anrufer

abgeholt und an sein Ziel gebracht. Der Mann hatte solche Angst einen Fehler zu begehen. Er hatte solche Angst etwas falsch zu machen. Es ist besser, etwas falsch zu machen, besonders wenn du diese Art von Konditionierung hast. Daher mein Rat: Übe dich darin, es falsch zu machen!
F.: Es geht um eine Frau, in die ich verliebt war.
S.: Oh, eine Frau!
F.: Ich fühlte ein starkes Ja zu dieser Beziehung. Für sie verließ ich Gomera, aber es stellte sich heraus, dass ich nicht in Deutschland leben wollte und die Frau nicht hier. Es hat sich gezeigt, dass wir nicht gemeinsam etwas aufbauen können. Neulich hat sie beschlossen, nicht mehr meine Partnerin zu sein. Ihr fehle die Liebe und ein starkes Ja.
S.: Das macht es einfach.
F.: Ob ich es noch einmal versuchen soll?
S.: Nein, absolut nicht! In dem Augenblick, wo sie sagte, du seiest nicht der Richtige, war es höchste Zeit, dich schnellstens aus dem Staub zu machen. Es sei denn, du möchtest für den Rest deines Lebens nicht der richtige Partner sein. Denn die Alternative ist, dich solange zu verdrehen, bis du einer Brezel gleichst, um so zu sein, wie sie will. Aber das kann sich jeden Tag ändern, eigentlich jeden Augenblick. Unterwirf dich nicht einer Frau! (Lachen)
Unterwirf dich jedoch ebenso wenig einem Mann! Gib dich der Liebe hin, aber nicht dem Verstand von irgendjemandem. Es ist der eigene Verstand, der uns quält, oder der eines anderen Menschen. Sei der Wahrheit, sei der Liebe treu! Natürlich liebst du die Frau. Das ist natürlich, lasse dich dadurch nicht verwirren. Ich bin in alle verliebt, das heißt aber nicht, dass ich mich für jede Person auf eine bestimmte Weise verhalten muss. Ich bin, wie ich bin. Ich kann nicht anders sein. Ich habe alles andere versucht, und es ist fehlgeschlagen.
Liebe zuerst dich selbst; sei einfach dir selbst treu. Lass dich nicht vom Verstand eines anderen versklaven. Lasse dir von niemandem weismachen, dass du nicht in Ordnung bist.
Ich weiß, du bist bereit, das zu glauben, weil es mit deiner Konditionierung übereinstimmt. Aber es ist eine Lüge, du bist in Ordnung.

9

Das Salz in der Suppe

Samarpan: Guten Abend, willkommen zum Satsang.
Fragende: Ich glaube, ich bin erst heute Vormittag in diese Stille gekommen.
S.: Das ist schön. Es spielt keine Rolle, wie lange es dauert.
F.: Ich glaube, ich bin ein Kämpfer.
S.: Wenn dieser Kämpfer beginnt, für die Wahrheit anstatt für die Illusion zu kämpfen, dann ist das wirklich wunderbar. Du brauchst den Kämpfer nicht zu ändern, ändere vielmehr die Richtung.
F.: Vor vier Jahren hatte ich eine Operation an der Halswirbelsäule. Seitdem habe ich Schmerzen. Ich dachte, ich komme hierher um mich zu entspannen, aber je mehr ich das wollte, um so mehr habe ich mich verspannt.
S.: So ist das immer.
F.: Wenn die Schwingung sich erhöht und die Energie die Wirbelsäule hochsteigt, fühlt es sich an wie tausend kleine Nadelstiche. Als ich heute beim Tee saß, war da plötzlich ein weiter Raum. Mir ist klar geworden, dass ich mich gar nicht erst entspannen muss, um in diesen weiten Raum zu gelangen.
S.: Das ist richtig, das ist, was immer gegenwärtig ist. Es ist hier, wenn Schmerzen und Verspannungen zu spüren sind; es ist hier, wenn Entspannung und Freude da sind, es ist immer hier.

F.: *Früher habe ich bereits Schweige-Seminare besucht, z.B. ein elf Tage dauerndes Vipassana-Retreat, aber ich hatte immer das Gefühl, dass ich kämpfen musste, um in diesen Raum zu kommen. Es gab viel Programm und viele Meditationen. So wie es hier für mich geschieht, entspricht mehr dem weiblichen Prinzip. Diese Seminare waren solch eine Anstrengung für mich, solch eine Anstrengung!*

S.: Deswegen lehre ich euch den einfachen Weg. Es ist richtig, es ist der weibliche Weg – kein Kämpfen, einfach empfänglich sein. Gott macht die ganze Arbeit, du brauchst überhaupt nichts zu tun.

F.: *Das ist auch nicht so einfach.*

S.: Es ist etwas anderes als kämpfen. Wenn du gewohnt bist zu kämpfen, dann ist es nicht leicht, weil du etwas Neues lernen musst.

F.: *Es ist eine Gratwanderung, wie ein Balancieren auf des Messers Schneide.*

S.: So ist es tatsächlich. Du musst entspannt sein, damit du auf der Klinge des Schwertes das Gleichgewicht halten kannst. Das geringste Tun – egal wie – reicht aus, dass du fällst.

F.: *Hm.*

S.: Hm? (lacht)

F.: *Heute war ein wunderschönes Abendrot, die Bäume waren in goldenes Licht getaucht. Mich umgab soviel Reichtum und Fülle. Mir wurde bewusst, dass ich kein Vertrauen in das Leben habe. Aber als ich dort stand, in dem goldenen Licht und um mich herum die frische Waldluft, musste ich über mich lachen.*

S.: Es ist gut, wenn du über dich lachen kannst. All das Ringen, all das Kämpfen …

F.: *Im Augenblick fühle ich mich, als hätte ich schon Jahrmillionen gekämpft.*

S.: Das kommt wahrscheinlich so ungefähr hin. (lacht)
Ich bin neugierig: Wie ist es mit dem Schmerz in deinem Nacken?

F.: *Die Schmerzen sind zu spüren, aber mehr im Hintergrund.*

S.: Sie können eine Hilfe sein. Sie zeigen dir an, in was für einem mentalen Zustand du gerade bist.

F.: Ich erlebe das die ganze Zeit schon so, dass mein Nacken eine Art Indikator ist, der mir meinen Zustand verdeutlicht.
S.: Weißt du, alles ist eine Hilfe. Alles, was mit deinem Körper und in deinem Leben geschieht, hilft dir, dich *hierher* zu bringen und die Wahrheit zu sehen. Wenn du das erkennst, leidest du nicht mehr, denn dann sagst du dir: „Ja, Hilfe ist da."
Das Komische ist, dass wir einerseits um Hilfe bitten, aber andererseits diese Art Hilfe ablehnen, weil wir nur eine angenehme Hilfe wollen. Dabei ist die Unterstützung, die wir bekommen, immer genau die richtige.
F.: Das hat mich zu der Frage geführt, wer ich denn nun, verdammt noch mal, bin?
S.: Das ist *die* Frage, genau auf den Punkt gebracht.
Was siehst du hier?
F.: Nichts.
S.: Kannst du dieses Nichts beschreiben?
F.: Es vibriert.
S.: Nimmst du Grenzen in diesem Nichts wahr?
F.: Nein. Ich kann nur viele Gesichter hinter deinem Gesicht sehen.
S.: Und jenseits all der Gesichter? Jenseits der Vibration? Was ist hier?
(Schweigen)
F.: Nichts.
S.: Wie ist dieses Nichts? Wie erfährst du es?
F.: Alles ist eins. Und etwas Angst ist da.
S.: Heiße die Angst willkommen. Wenn du das tust, findest du wieder zur Entspannung zurück. Fehlt hier irgendetwas?
F.: Das ist nicht möglich.
S.: Ja, das ist wirklich nicht möglich. Das ist schön, großartig.

• • •

Fragender: *Ich habe eine Frage zu diesem Kontrollprogramm. Auch in meinem Verstand herrschen nur Kontrollieren und Kämpfen, Kämpfen und Kontrollieren.*
Samarpan: So ist es. Das ist die Natur des Verstandes.

F.: Es hat mich neugierig gemacht, als du gesagt hast: „Ändere den Fokus des Kampfes, ändere nicht den Kampf!"
S.: Der Punkt ist, dass sich deine Persönlichkeit nicht ändern muss. Sie wird mehr oder weniger so bleiben. Aber wenn diese Persönlichkeit sich in den Dienst der Wahrheit stellt, dann befindet sich diese Programmierung, die kämpfen und kontrollieren will, in Harmonie mit der Wahrheit. Dann wirst du zu einem Engel Gottes, dann bewegst du dich im Einklang mit der Natur der Dinge.
F.: Ich frage mich, wie das aussieht.
S.: Mache dir keine Gedanken darüber, wie es aussehen wird. Beginne damit, das Kämpfen nicht zu bekämpfen. Sei einfach in Freundschaft mit dieser Persönlichkeit und dieser Programmierung, so gut du kannst. Nach und nach wirst du sehen, wie nützlich dir diese Programmierung ist.
Ein Schwert kann man zu seiner Verteidigung benutzen, und man kann es auch gegen sich selbst richten. Das Schwert an sich ändert nichts, es ist ein Schwert und hat immer dieselbe Beschaffenheit. So können deine Persönlichkeit und deine Programmierung entweder dazu benutzt werden, die Idee des „Ich" zu verteidigen, oder sie können auch in den Dienst der Wahrheit gestellt werden.
Viele Metaphern beschreiben diesen Vorgang. Da gibt es die Metapher von Gott und dem Teufel. Wenn jemand im Dienste des Teufels steht, heißt das nichts anderes, als im Dienste des Verstandes zu stehen, im Dienste dieser Idee vom „Ich".
Die Persönlichkeit ändert sich nicht, nur ihre Ausrichtung. Ich habe dieselbe Programmierung und dieselbe Persönlichkeit, die ich immer hatte. Nur jetzt ist Harmonie da. Früher war diese Persönlichkeit selbstzerstörerisch, jetzt ruht sie in Liebe und dient der Wahrheit.
F.: Ich kann es sehen; die meiste Zeit kämpfe ich gegen das Kämpfen und will mein Verhalten ändern.
S.: Wenn wir versuchen, unsere Programmierung zu ändern, verpassen wir das Wesentliche. All dies Kämpfen mit ihr ist verschwendete Energie. Es ist nichts verkehrt an ihr, Gott hat dich so geschaffen wie du bist.

Das Spiel besteht darin, zu lernen, wie man diese seltsame Programmierung benutzt, damit dieser komische Kerl in Harmonie mit dem Universum sein kann, das ist alles. Das Seltsame braucht nicht anders zu werden, denn es ist das, was es interessant werden lässt. Wir seltsamen Leute mit den merkwürdigen Programmierungen, wir sind das Salz in der Suppe! Dadurch wird uns selbst und all den anderen Abwechslung geboten. Ich will von keinem von euch, dass er sich ändert, ihr seid schön, so wie ihr seid. Du musst nur lernen mit all dem in Frieden zu sein.

Ich weiß nicht, wie der Verstand eine Vorstellung davon geschaffen hat, wie du sein solltest, aber so wirst du niemals sein.

Wisst ihr, welches Bild ich von mir hatte? Ich sollte einen Körper wie ein Bodybuilder haben. Aber ich werde nie einen solchen Körper haben, dazu bin ich viel zu faul. Diese Leute stemmen stundenlang schwere Gewichte. So etwas interessiert mich einfach nicht.

Ich kann auch nicht eine Persönlichkeit wie mein Bruder haben. Er ist Priester geworden und sehr klug. Er war schon immer sehr schnell in allem. Er begreift schnell, kann sich schnell bewegen, denkt schnell. Ich wollte immer so sein wie er, aber ich bin nicht so wie er; ich bin, wie ich bin, nicht so schnell. Ich habe zwar viele Gangarten, aber die sind alle langsam.

F.: Manchmal habe ich das Gefühl, dass ich drei Rückwärtsgänge, aber nur einen Vorwärtsgang habe.

S.: Als ich in Indien war, konnte ich in den Taxis nur rückwärts gewandt sitzen. Dort wird so verrückt gefahren, dass ich nicht nach vorne schauen wollte. Es beginnt schon damit, dass sie auf der falschen Straßenseite fahren. Dann habe ich herausgefunden, dass ich mich einfach nur umzudrehen brauchte – so konnte ich sehen, wo wir gewesen waren und dass noch keine Leichen unseren Weg pflasterten. (Lachen)

Habe einfach Spaß an deiner seltsamen Persönlichkeit, sie ist schön, und alle anderen erfreuen sich daran.

F.: Okay, danke.

• • •

Samarpan: Wird das jetzt ernst werden?
Fragende: Ja. (lacht) Ich brauche es nicht so ernst zu machen, aber ich habe ein Problem. Mich schmerzt es, identifiziert zu sein. Vieles davon hat mit dir zu tun, weil ich feststelle, dass ich in der Schüler-Meister-Beziehung so sehr „jemand" bin. Da bin ich jemand, der es richtig machen möchte; jemand, der glaubt, er müsste es sich verdienen. Mir wird langsam klar, dass das mein Verstand ist und dass ich dieses Spiel nicht gewinnen kann.
S.: Was geschieht, wenn du den Schmerz einfach spürst?
F.: Es ist in Ordnung, es tut wirklich weh. Gestern bin ich nach dem Satsang hier geblieben und habe viel geweint. Ich konnte mich nicht bewegen, ich fühlte mich krank. Als der Schmerz richtig schrecklich wurde, sah ich ein Bild: Du trugst mich auf deinen Armen, und ich konnte aufhören zu weinen.
S.: Dieses Bild brachte dich also aus der Hölle heraus, das ist interessant. Ist dieser Schmerz jetzt da?
F.: Nein. (Schweigen)
S.: Ist das der Schmerz, ob du es richtig machst oder falsch, ob du ein guter Schüler oder ein schlechter Schüler bist? Der Meister liebt mich, der Meister liebt mich nicht, bin ich in Ordnung? Mache ich es richtig? Kannst du überhaupt jemanden finden, der es richtig oder nicht richtig machen kann?
F.: Ja, wenn ich identifiziert bin.
S.: Okay, da erscheint jemand, aber schau nach, ob du wirklich jemanden finden kannst. Alle anderen können das gleiche tun. Schaut, ob ihr irgendjemanden finden könnt! (Schweigen)
Was also findest du?
F.: Ich finde nichts. Aber ich finde auch das Nichts nicht.
S.: Die Aufgabe bestand nicht darin, nach dem Nichts zu suchen. Die Aufgabe war, zu sehen, ob du jemanden finden kannst. Darin warst du erfolgreich, du hast niemanden gefunden, der es falsch machen könnte. Ich weiß, der Verstand hat immer noch diese Vorstellung von jemandem. Nur wenn du ihm deine Aufmerksamkeit zuwendest, passiert all dieser Unsinn.

Der Schmerz hilft dir, dich um dieses Missverständnis zu kümmern. Das ist der Reinigungsprozess. Der Schmerz verbrennt all diese Verunreinigungen.

Ich bin sehr froh über diese Neuigkeiten. Ich weiß, du würdest lieber die ganze Zeit in Glückseligkeit getaucht sein. Aber so ist es besser, dadurch hast du die Gelegenheit, dich tiefer in der Wahrheit zu verwurzeln. Jedes Mal, wenn der Verstand dich mit irgendeinem Problem einfängt, ist das eine Gelegenheit, klarer zu werden.

Wir versuchen hier nicht, im Wolkenkuckucksheim zu bleiben oder irgendwo auf einer Wolke zu schweben. Es geht darum, Gott auf die Erde zu bringen. Damit Gott in diesen Körper kommen kann, müssen wir den Dachboden leer räumen und den Keller sauber machen. Dann werden alle diese Monster herauskommen.

F.: Ja, der Keller wird immer klarer.
S.: Dann fangen wir jetzt mit dem Dachboden an.
F.: Danke.
S.: Du bist willkommen.

• • •

Fragende: *Ich wollte dich fragen, ob du einen Trick in deiner Kiste hast, so etwas wie eine Abkürzung.*
Samarpan: Ich habe nur die besten Abkürzungen in meiner Kiste. (lacht)
F.: Vor ein paar Tagen hast du mich angeschaut und ich war glücklich. Ich hatte das Gefühl, dass wir uns begegnet sind. Sofort kam der Schreck, und ich habe zugemacht, bevor etwas hätte geschehen können.
S.: Nichts hätte geschehen können. Es ist genau richtig. Diese Dinge geschehen und zeigen dir einfach, was in deiner Psyche vor sich geht. Die Verteidigungsmechanismen treten in Aktion, du verschließt dich, und der Verstand sagt: „Ach, du Idiot, warum hast du denn das gemacht? Du hast eine Chance verpasst."
F.: Jetzt sitze ich in der ersten Reihe und hoffe, dass du mich wieder anschaust. Aber ich bin total verschlossen, obwohl ich versuche irgendwie offen auszusehen.

S.: Du kannst das nicht tun. Entweder hast du diese Offenheit oder du hast sie nicht. Wenn ich keine Resonanz spüre, wende ich mich dahin, wo Offenheit ist.

Ich erinnere mich an genau die gleiche Reaktion von mir, als ich vor Osho saß. Deswegen weiß ich, wie der Verstand all dem Mist hinterher rennt.

Du hattest den Eindruck, dass da eine Bedrohung ist: „Samarpan ist ein sehr gefährlicher Kerl." Das ist wahr, denn deine Vorstellung von „dir" hat hier überhaupt keine Chance. So treten Verteidigungsmechanismen in Aktion und man versteckt sich. Das Einzige, was du tun kannst, ist, so gut du es kannst, dich mit diesen Verteidigungsmechanismen zu entspannen. Kämpfe nicht mit ihnen und versuche nicht, offen zu sein. Nimm einfach wahr, wie es sich anfühlt, verschlossen zu sein. Das ist es, was gerade geschieht.

Ich kann deine Schönheit hinter den Verteidigungsmechanismen sehen. Wenn du gerade nicht zu mir hinsiehst, dann schleiche ich um sie herum.

Es ist wie mit manchen Menschen, die sich zurückziehen und scheu werden, sobald eine Kamera zum Vorschein kommt. Sie verschließen sich. Das bewirken die Verteidigungsmechanismen nun einmal, wenn auch nur die geringste Vorstellung von einer Gefahr aufkommt. Das ist kein Problem.

Nichts muss sich verändern, das ist die Abkürzung.

Ich sitze im Satsang und bemerke alle Gefühle, die in diesem Körper/Verstand vor sich gehen: die Scheu, das Zurückziehen, und ich entspanne damit. Nach und nach wird es angenehmer, nicht, indem ich etwas tue, dagegen ankämpfe oder etwas überwinde, nein – es geschieht ganz natürlich, indem ich fühle, wie immer es sich auch anfühlt. Das ist alles, was wir jemals zu tun haben.

F.: Das fühlt sich gut an. Ich möchte noch etwas erzählen. Heute morgen machte ich einen Spaziergang und habe einen Baum umarmt. Ich dachte: Das probiere ich jetzt einmal aus. Da der Baum überhaupt keine Geschichte hat, konnte auch ich meine Geschichte loslassen.

S.: Es stimmt, die Bäume nehmen deine ganze Geschichte auf. Sie haben eine ungeheure Fähigkeit all euren Mist zu absorbieren. Ich weiß nicht, wie sie damit fertig werden, aber es scheint ihnen nicht zu schaden, sie sterben nicht daran. Eine Frau hat mir erzählt: „Ich hatte die Gewohnheit, in die Natur zu gehen und dort alles abzuladen, doch jetzt habe ich Schuldgefühle deswegen. Es ist so, als würde ich die Natur vergiften." Ich sagte ihr, sie solle sich keine Sorgen darüber machen: die Natur macht einfach Dünger daraus.

• • •

Fragender: Jedes Mal, wenn ich dich zum Satsangbeginn mit Namaste grüße, frage ich mich, warum ich das mache.
Samarpan: Das ist eine gute Frage, aber keine, die wir mit dem Verstand angehen können. Fühle es einfach! Schließe deine Augen und spüre, wie es sich für dich anfühlt. (Schweigen)
F.: Wie Hingabe. (lacht)
S.: Ja, ja. Du lernst sehr schnell, sehr schön. (Lachen)
Ich weiß nicht, wie es zu dem Namaste-Gruß gekommen ist. Schon als Junge, als Katholik, habe ich die Hände vor der Brust gefaltet. In Indien ist es Sitte, sich so zu grüßen. Es bedeutet: Ich grüße den Gott in dir. Es ist etwas ganz Besonderes um diese Geste. Alles verbindet sich mit dem Herzen, und der Verstand gibt sich dem Herzen hin. Es ist eine so schöne Art, Menschen zu grüßen. Der Gott in mir grüßt den Gott in dir, das ist genau richtig.
F.: Das kann ich spüren. Ich möchte noch etwas von gestern erzählen. Du sprachst von der Beziehung zwischen Männern und Frauen. Es war ein richtig verwirrender Tag für mich. Ich konnte erkennen, wie sehr ich von der Meinung anderer über mich abhängig bin, besonders davon, wie Frauen über mich denken. Ich saß in meinem Zimmer und habe um Hilfe gebeten, um aus diesem Spiel heraus zu kommen. Du sagtest dann am Abend, dass es gut sei, in Stille mit sich selbst zu sein.
S.: Das ist die Hilfe Gottes. Ich kenne es auch von mir: All meine Umarmungen mit möglichst vielen Frauen geschahen, um mich gut zu fühlen. „Wenn ich genug Frauen finde, die es genießen, mich zu

umarmen, dann bin ich in Ordnung." Das ist also die Gelegenheit, dieses Thema genau anzuschauen.

F.: *Ja. Dann habe ich einen Nachtspaziergang unternommen und Ängste kamen hoch. Ich sagte mir: „Das ist in Ordnung, geh da hinein." Dann öffnete sich dieser Raum, ja, ich war in diesem Raum, ich war da! Sofort mischte sich mein Verstand ein und sagte: „Jetzt hast du es gefunden!"*

S.: „Jetzt bist du erleuchtet, jetzt hast du es erreicht!"

F.: *„Ja. Genau wie Samarpan!"* (Lachen)

„Alle Frauen werden sich vor mir verneigen."

S.: (lacht) Das ist wirklich großartig.

10

Das Anhalten des Pendels

Samarpan: Guten Morgen, wie geht es euch?
Fragende: In meiner Kindheit wurde mir eingeredet, dass mein Charakter schlecht sei. Ich habe nie verstanden, warum ausgerechnet ich schlecht sein sollte, und meine Geschwister und andere Menschen nicht.
Später habe ich versucht, etwas darüber herauszufinden. Zunächst habe ich mit Sterbenden gearbeitet, später in der Psychiatrie und dann mit älteren jüdischen Menschen, die viele ihrer Verwandten durch den Holocaust verloren hatten. Mir ist klar geworden, dass ich das alles tat, um mir zu beweisen, dass ich nicht schlecht bin.
S.: Ja, so machen wir das.
F.: Mir ist klar geworden, dass ich gelernt habe, all das, was ich sehe, einfach nur auszuhalten. Aber ich bin weit davon entfernt, es zu akzeptieren.
S.: Was siehst du? Sprich es aus, lasse es alle hören! Was sind das für schreckliche Dinge?
F.: Dass ich zusehe, wie mein ehemaliger Freund sich mit Hilfe von Alkohol umbringt. Wie könnte ich das je akzeptieren?
S.: Was hat das mit dir zu tun? Zu allen Zeiten gibt es Leute, die sich mit Alkohol umbringen.
F.: Ich habe das Gefühl, ich müsste dies verdrängen. Ich könnte sonst nicht leben – wenn Leben bedeutet, dass solche Sachen passieren.

S.: Wenn man solche Sachen verdrängt, bedeutet das dann, dass sie nicht passieren? Wir können unsere Augen schließen und sagen: „Ich sehe nichts." Diese Dinge passieren nun mal, aber es kommt darauf an, wie wir sie betrachten. Wir teilen die Welt in zwei Hälften; von der einen Hälfte sagen wir, dass sie gut und akzeptabel ist und die andere Hälfte verurteilen wir als schlecht, böse, inakzeptabel. So haben wir uns selbst gespalten.

F.: Genau das tue ich.

S.: So kämpfen wir gegen uns selbst. Wir wollen nur die gute Hälfte, nicht die schlechte. Das ist auch die christliche Einstellung. Aber was von diesem Körper-Verstand, von dieser Psyche, ist die gute Hälfte? Kann ich durch einen chirurgischen Eingriff die schlechte Hälfte entfernen? Darüber sind interessante Geschichten geschrieben worden. Die berühmteste ist die von Dr. Jekyll und Mr. Hyde.
Eine der Star-Trek Folgen behandelt dieses Thema auch auf sehr interessante Weise. Captain Kirk beamt sich zurück in sein Raumschiff, aber irgendetwas geht dabei schief. Er beamt sich zurück, aber es sind jetzt plötzlich zwei Personen, die beide aussehen wie er.

F.: Ich habe das gesehen.

S.: Ja, erinnerst du dich? Die eine Person verkörpert die gute – und die andere die schlechte Hälfte! Interessant dabei ist, dass die gute Hälfte völlig kraftlos ist. Sie ist sehr sentimental und süß, aber auch total schwach. Die schlechte Hälfte jedoch ist die kraftvolle und sexuelle, voller Leben und voller Lust.
Das sind die beiden Hälften, genauso verhält es sich: Was wir als schlecht beurteilt haben, ist die Primärenergie, die sexuelle Energie, die Lebenslust. Sie hat das Potential, alles zu tun. Was wir in der Welt an Grausamkeiten sehen, sind Perversionen dieses Potenzials.
Wir müssen mit all diesen Aspekten Frieden schließen, sie in uns vereinen, um zu gesunden, um wieder eins zu werden, denn diese Trennung entspricht nicht der Wahrheit.
Es stimmt, wir sind zu allem fähig. Das ist die Kraft. Wir sind fähig, Gutes und Böses zu tun. Aber es besteht ein Gleichgewicht, wenn wir in der Wahrheit verwurzelt sind.

F.: Ich verstehe, was du sagst. Mir fehlt diese Balance. Ich wünschte, beide Seiten könnten hier sein.
S.: Aber es ist alles hier!
F.: Wenn die schlechte Seite dominiert, fühlt es sich so überwältigend an.
S.: Weil die schlechte Seite nicht von der guten Seite akzeptiert wird. Das ist die Dualität des Verstandes. Eine Seite dominiert, und die andere Seite kämpft um die Dominanz. Das ist der Kampf. Wir müssen Frieden in diesen Kampf bringen. Wir müssen diese Geschwister miteinander Frieden schließen lassen, weil alle Teil des Ganzen sind. Gehe nicht in die Dualität. Diese Extreme sind nicht die Wahrheit. Das ist die Pendelbewegung der Dualität: Wenn du dich zur einen Seite begibst, wird sie zur anderen Seite zurückschwingen. Wenn du zur Mitte kommst, dann ist die Mitte weder der eine noch der andere Pol, sie umfasst beide. Sie umfasst alles. Da ist Frieden, da ist Vollständigkeit, da ist kein Teil von mir, der nicht akzeptabel wäre.
F.: Ist das wirklich so? Kann ich nie in meiner leichten Seite bleiben? Geht es immer wieder zurück?
S.: Noch keiner hat geschafft, für immer auf der leichten Seite zu bleiben. Das verursacht Spannung und erschafft so diese Dualität immer wieder neu.
Ich habe viele Jahre darunter gelitten, dass ich so sehr versuchte, wirklich gut zu sein. Je mehr ich mich bemüht habe, gut zu sein, desto mehr Energie gab ich dem „Schlechten" in mir.
So ist das mit der christlichen Ideologie. Ich ging zur Beichte, denn ich war ein gut erzogener katholischer Junge. „Ich gelobe, ich werde es nie wieder tun und will ein guter Mensch sein." Doch bevor ich aus dem Beichtstuhl heraus war, dachte ich bereits wieder an das, was ich doch versuchen wollte zu unterlassen. Natürlich ging es dabei immer um Sexualität.
Der einzige Weg, da heraus zu kommen, ist, den Schmerz darüber zu fühlen. Das heißt, der Sünder zu sein und diesen Schmerz vollkommen anzunehmen. Dieser Schmerz bringt uns in unsere Mitte. Wenn wir sagen: „Okay, so bin ich, ob ich nun dagegen ankämpfe oder nicht, ich bin immer noch so".

Wir versuchen Gott willkommen zu heißen, während wir im Krieg sind. Aber Gott und Krieg passen nicht zusammen, denn Gott kann nur im Frieden kommen. Sobald wir in Frieden sind, sind wir eins mit dem Göttlichen, weil das Göttliche alles akzeptiert und nichts ablehnt. Harmonie entsteht, wenn all diese Aspekte zusammenarbeiten und akzeptiert werden, und sie machen einen Menschen wirklich schön. Dann sieht man sein Erblühen, das nur aus dieser Integration heraus kommen kann. Solange ein Mensch geteilt ist, ist da etwas Pervertiertes, etwas Unschönes.
Für diese Transformation sind ein paar Hausaufgaben zu erledigen. Eine Hausaufgabe besteht darin, alle aufkommenden Gefühle zu fühlen, weil jeder Glaube ein Gefühl an sich gebunden hat. Sei mit diesem Gefühl, mache Frieden mit ihm!
In Wirklichkeit bist du nichts von all diesen Dingen; weder der Krieg, der sich da abspielt, noch die Dualität. Du bist die Ganzheit, die Einheit, der Frieden. Jedes Mal, wenn du das Gefühl, nicht okay zu sein, willkommen heißt, bringt dich das zu dieser Einheit. Es bringt uns zu unserem Selbst. Das ist das Geheimnis.
Uns geht es besser als unseren Brüdern und Schwestern, die nur für gut gehalten werden. Sie leben nur die eine Seite und wissen es nicht einmal. Nur durch die Integration von allem ist das Potential zur Ganzheit vorhanden.
Du weißt jetzt, was deine Hausaufgaben sind. Wenn noch etwas anderes hochkommt, das dich verwirrt, dann komme hier nach vorne. Ich bin wirklich dein Bruder, ich liebe dich total.

• • •

Fragende: Ich würde gerne erzählen, was mich in den letzten Tagen beschäftigt hat. Vor ein paar Jahren habe ich eine Erfahrung gemacht: Mein Verstand war nicht so wachsam, und einen Augenblick lang war ich ohne jeden Gedanken. In diesem Moment war es, als ob ein Schalter umgestellt wurde. Alles war einfach in Ordnung. Aber es war nicht so, dass ich es dachte, da gab es einfach kein Problem, obwohl ich eigentlich eine Menge Probleme hatte. Als mir das klar wurde, bin ich in Pa-

nik geraten, weil ich merkte, ich war nicht mehr da. Das erschreckte mich so sehr, dass ich den nächstbesten Gedanken genommen und mich daran festgehalten habe. Ich war froh, sagen zu können: „Ach, ich habe ein Problem."

Samarpan: (lacht) Schön.

F.: Seitdem war ich nie wieder ohne Gedanken. Es beschäftigt mich, ob es die Wahrheit ist, dass ich niemand bin.

S.: Das, was passiert ist, hat sich nicht in einer Dimension der Zeit abgespielt. Es passierte *jetzt*. Schließe deine Augen, entspanne dich, sei hier. Sage mir, was du siehst.

F.: Im Moment höre ich das Rauschen des Meeres sehr laut.

S.: Das ist schön, lasse dich da hinein sinken. Nichts außer dem Rauschen des Meeres ist zu hören, lasse dich davon ganz mitnehmen. (Schweigen) Was ist hier?

F.: Weite.

S.: Hat diese Weite einen Anfang oder ein Ende? Ist da jemand hier in dieser Weite? Gibt es irgendwo eine Trennung zwischen dir und diesem Raum?

F.: Nein.

S.: Das ist offensichtlich, oder? Das ist die Wahrheit. Der Verstand kann alles Mögliche darüber denken, und er wird immer Angst davor haben, die Kontrolle zu verlieren. Also kommt er mit einer Geschichte, wie gefährlich all das ist. Aber du weißt, dass es dein Zuhause ist.

F.: Es fällt mir leichter, das mit dir zusammen zu erfahren.

S.: Ja, das ist meine Aufgabe.

F.: Ein guter Job.

S.: Ein wunderschöner Job.

F.: Es ist so schön, das zu fühlen.

S.: Ja. Darauf kannst du vertrauen. Das ist der Urgrund deines Seins. Vom Verstand her können wir verwirrt sein, denn er kann es niemals begreifen. Aber von *hier* aus ist es immer offensichtlich.

F.: Oder er sagt: „Es muss so sein wie bei der Erfahrung vor ein paar Jahren."

S.: Ja, diese Erfahrung vor ein paar Jahren war wie eine Explosion. Das erste Mal ist es immer wie eine Explosion. Und jetzt ist es so wie: „Oh ja, es ist da,... sehr ruhig".
Du kannst es immer wieder nachprüfen. Das ist die einzige Art, auf die wir es wissen können: durch direkte Erfahrung.

•••

Fragende: Ich fühle mich total zerrissen. Es ist sehr schwer zu erklären – irgendwie fühle ich mich wie ein Todeskandidat.
Samarpan: Gut, das ist gut.
F.: Meine Zeit läuft am nächsten Dienstag ab!
S.: Die Vollstreckung ist schon am kommenden Dienstag?
F.: Ja, so kommt mir das vor, und ich weiß nicht, wie ich damit umgehen soll.
S.: Welche Geschichte gehört dazu?
F.: Letztes Jahr stand ich in einem Zwei-Mann-Stück auf der Bühne. Es hieß: „Der Kuss der Spinnenfrau."
S.: Ein sehr kraftvolles Stück.
F.: Bei der Premiere hatte ich auf der Bühne einen totalen Zusammenbruch, bei der Eröffnungsveranstaltung! Es war schrecklich.
S.: Das klingt nach dem schlimmsten Albtraum! Wie hat sich das abgespielt?
F.: Man musste die Vorstellung abbrechen.
S.: Der schlimmste Albtraum für einen Schauspieler!
F.: Ich steuere wohl wieder auf etwas Ähnliches zu.
S.: Ein anderes Bühnenstück?
F.: Ja, diesmal eine Komödie. (Gelächter)
Mir steht das Wasser bis zum Hals! Es kommen so viele Probleme auf mich zu, auch jetzt im Moment. Denn ich sollte, ich sollte... ich sollte Text lernen. Aber ich mache gar nichts. Stattdessen sitze ich hier im Stille-Retreat und genieße diese Oase.
S.: Das ist interessant. Es sieht so aus, als ob das Leben in dieser Sache in der einen oder anderen Weise für dich Sorge tragen wird. Wenn du wieder nicht fähig bist, zu spielen, dann wird es das Ende

deiner Schauspielkarriere sein. Es sieht so aus, als wenn du darauf hinarbeitest.
F.: Systematisch!
S.: Ja, das ist es, was du wirklich willst. Du willst kein Schauspieler mehr sein.
F.: Ja, aber... Dieses Ja-aber gibt es nicht nur in Bezug auf die Schauspielerei. Ich habe schon so viele verschiedene Jobs ausprobiert. Es bleibt mir nichts anderes übrig als die Schauspielerei. Vielleicht muss ich nicht unbedingt auf der Bühne stehen. Es gibt ja noch andere Möglichkeiten, z. B. vor der Kamera, wo man eine Szene wiederholen kann.
S.: Das sieht für mich wie das langweiligste Leben aus, das ich mir vorstellen kann. Ich habe einmal einen Vormittag bei einer Fernsehproduktion verbracht. Das hat mich zu Tode gelangweilt. Den ganzen Tag damit zu verbringen, eine Fünf-Minuten-Sequenz zu filmen! Das scheint mir eine schreckliche Verschwendung des Lebens zu sein, außer man genießt es wirklich.
F.: Ich finde es interessant, und könnte es auch genießen. Aber durch dieses Erlebnis fühle ich mich so niedergeschmettert und voller Angst, dass ich mich nicht fähig fühle, mit dem weiterzumachen, was ich angefangen habe.
S.: Ich verstehe nicht.
F.: Ich habe meine Schauspielkarriere sehr spät begonnen. Sie ging wie eine Börsenkurve steil nach oben, und plötzlich ist sie wie eine Aktie eingebrochen.
S.: Ja, du hast einen Absturz erlebt, der sehr dramatisch war. Für mich dreht sich hier alles darum, wie du das Verlieren lernen kannst. Wenn du lernen kannst, wie man verliert, dann gewinnst du alles. Wenn du Angst vor dem Verlieren hast, dann macht das dein Leben zur Hölle.
F.: Ich fühle mich nach dem Zusammenbruch wie ein Verlierer.
S.: Fühle dich wie ein Verlierer. Akzeptiere es, ein Verlierer zu sein. Erfolg vergeht so schnell. Heute bist du der große Held, am nächsten Tag musst du den Erfolg wiederholen, sonst vergessen alle, was für ein Held du bist. Niemand schafft es, immer ein Held zu sein.

Die wahre Kunst ist normal zu sein, und jeder kann ohne Anstrengung ganz gewöhnlich sein. Das ist die Lektion hier.

Jeder, den ich kenne, der in irgendeiner Weise Erfolg gehabt hat, ist an einem bestimmten Punkt wieder abgestürzt und wie ein Stern verglüht, denn der Erfolg ist nichts Reales.

Wir müssen unser wahres Fundament finden. Wenn du das entdeckt hast, kannst du dort stehen und bist furchtlos. Niemand kann sich sicher fühlen, wenn er auf der obersten Sprosse einer Leiter steht. Dort gibt es nur eine Richtung: Abwärts!

F.: Es geht mir nicht um Erfolg, im Moment sowieso nicht.

S.: Worum geht es dir dann?

F.: Es geht mir ums Durchkommen. Um es mit einem Bild zu erklären: Wenn ein Rennfahrer einen schweren Unfall mit Verbrennungen hatte, und dann ein Comeback startet, dann will er das Rennen nicht gewinnen, sondern dann will er nur durchkommen. Man muss es noch einmal machen, um die Angst zu überwinden, oder?

S.: Ich weiß, das ist eine weit verbreitete Ansicht. Daran muss auch etwas Wahres sein, nur beeindruckt mich das nicht so sehr.

Ich weiß, wie man Sachen durchsteht und kann dir eine kleine Geschichte davon erzählen, wie stur ich bin.

Ich war mit meiner damaligen Frau auf der Heimfahrt. Es hatte geschneit, und wir mussten zu unserem Haus einen ca. ein Kilometer langen steilen Berg hinauf. Jeder, der nur etwas gesunden Menschenverstand besitzt, hätte natürlich das Auto unten stehen lassen. Aber ich habe das Auto geschoben, den ganzen Hügel hinauf, rutschend und schlitternd! (Gelächter)

Was möchtest du also dir selbst beweisen?

F.: Dass ich auf der Bühne stehen und ein Stück durchspielen kann.

S.: Und was dann? Du wirst niemals glauben, dass du erfolgreich bist. Es ist niemals genug. Du wirst es immer wieder tun müssen. Einmal hast Du es geschafft, aber du bist eben auch einmal gescheitert. Darum wird es immer dasselbe sein: Bei jeder Premiere wirst du zittern.

F.: Lampenfieber und diese Art Ängste sind nicht dasselbe.

S.: Wirklich? Angst ist Angst. Wenn du mit der Angst Freundschaft schließt, dann ist es okay.
F.: *Ich probiere es immer wieder. Ich lade die Angst immer wieder ein. Ich habe keine Angst vor der Angst, sie soll aber nicht immer da sein.*
S.: Warum nicht, die Angst hilft dir. Angst macht die Darstellung lebendig. Du willst doch nicht, dass die Angst vollkommen verschwindet! Du könntest vielleicht deinen Text gut sprechen, aber es wäre total langweilig.
Was ist der Unterschied zwischen Angst und Aufregung, kannst du einen finden?
F.: *Ich verstehe, ich komme langsam dahinter.*
S.: Es ist einfach ein Abenteuer und unbedeutend, was dabei herauskommt. Wenn du wieder versagst, deinen Text vergisst, geht das Leben trotzdem weiter.
Man macht Dinge richtig oder falsch, in Wirklichkeit kümmert sich keiner einen Deut darum. Ein paar Leute aus dem Publikum erinnern sich vielleicht eine Weile daran.
F.: *Ein paar Zeitungen...*
S.: Ob du es gut gemacht hast oder nicht gut warst – es ist dasselbe. Der größte Teil der Leute wird nichts davon merken, und es ist ihnen auch egal.
F.: *Ich bin total erleichtert.*
S.: Ich mache diese „Vorstellung" hier schon seit über fünf Jahren aus dem Stegreif. Ich könnte nicht mit einer Vorlage arbeiten, denn ich müsste mich an viel zu viel erinnern. Natürlich habe ich mich am Anfang gefürchtet, weil ich nicht wusste, was geschehen würde. Ich weiß noch immer nicht, was geschehen wird, aber ich habe damit Frieden geschlossen.
Das Universum wird dich unterstützen, egal was geschieht. Das Göttliche liebt dich, egal was passiert. Ob du Erfolg hast oder einen Fehlschlag erleidest, es spielt keine Rolle.
Du *bist*. Das ist dein Urgrund.
Du *bist*, darauf kannst du vertrauen. Darauf kannst du dich verlassen. Wie du bist, wer weiß es? Wie es ausgehen wird, wer weiß?
Niemand weiß es, du wirst sehen.

...

Fragender: Es ist gut, hier zu sein, danke.
Manchmal erfahre ich Augenblicke der Stille, aber da mein Verstand für Jahrzehnte der Chef war...
Samarpan: ... wird er darüber Kommentare abgeben.
F.: Nach diesen Augenblicken der Stille höre ich ihn sagen: „Das sind nur Tricks, die du mit dir selber machst." Und du sagtest: „Der Weg in den Himmel führt durch die Hölle." Also entstand bei mir gleich die Idee, dass ich zuerst in die Hölle gehen müsse, um eine Erfahrung der Stille zu machen.
S.: Aber du hast schon die Erfahrung der Stille! Ich habe dich beobachtet, du brauchst nichts zu tun. Du bist schön. Ruhe einfach in dir selbst. Das wird dich tiefer und tiefer in dein Sein bringen.
Höre nicht auf den Verstand, wenn er dir sagt, du müsstest etwas tun oder werden. Der Verstand weiß nichts darüber.
F.: (lacht) Danke.

...

Fragende: Seit Tagen sitze ich auf einer Frage.
Du hast gesagt: Es gibt nichts zu tun, man kann nichts tun. Das hört sich nicht schlecht an. Aber du hast deine Erleuchtung auch nicht auf einem goldenen Tablett serviert bekommen. Du warst Jahrelang auf der Ranch mit Osho und dann bei Papaji und Gangaji. Du hast gesagt, dass du zehn Jahre ein ernsthafter Sucher warst, also hast du dich nicht einfach zurückgelehnt.
Samarpan: Doch, das habe ich. Ich habe nichts getan. Ich habe einfach das Leben gelebt wie alle anderen auch, Tag für Tag. Das Leben hat mir die Wahrheit von Moment zu Moment offenbart. Genau so, wie das Leben dir die Wahrheit in jedem Augenblick zeigt. Es ist dasselbe.
Das Leben ist, wie es ist. Du lernst, indem du das Leben Tag für Tag lebst.
F.: Okay, dann lehne ich mich zurück und sage: „Gott, ich kann es nicht, bitte führe du mich zur Wahrheit."

S.: Das ist es.
F.: Aber vielleicht sagt Gott: „Wenn du zu faul bist, deinen Hintern in Bewegung zu setzen, warum sollte ich dir dann helfen?"
S.: Faulheit ist nicht dein Problem.
F.: Es fühlt sich so an, als ob ich etwas tun sollte.
S.: Da liegt das Problem.
F.: Ja, ich weiß, ich bin der Typ, der in der U-Bahn-Station die Rolltreppe hinauf rennt.
S.: Du bist wie Sisyphus, der sich mit den Felsbrocken den Hügel hinauf kämpft.
F.: Das tue ich nicht!
S.: Nein?
F.: Nein, ich tue nicht viel. Ich habe nur Angst, dass ich nicht genug tue.
S.: Weniger und weniger zu tun, das ist die richtige Richtung.
F.: Ich habe den starken Wunsch in Frieden zu sein.
S.: Das ist gut. Das ist der Wunsch, der dich nach Hause bringt. Aber auch das kann man nicht tun, es ist ein Geschenk. Gebe diesem Verlangen all deine Aufmerksamkeit und lasse dich von diesem Feuer verzehren! Das ist kein Tun. Das ist Sein. Nimm dieses Geschenk mit Dankbarkeit und deiner ganzen Energie an.
F.: Ich sehe, dass ich eigentlich mehr Dankbarkeit für die kleinen Dinge empfinde. Auf der Terrasse, wo ich wohne, ist eine Mauer, in der kleine schwarze Eidechsen leben. Wir beobachten uns neugierig, und das ist wunderschön.
Ist es denn genug, einfach nur zu sitzen und die Eidechsen zu beobachten?
S.: Ja, in totaler Dankbarkeit zu sein, ist genug. Das ist perfekt. Genau das heißt, mit dir und dem Universum in Frieden zu sein. In völliger Dankbarkeit für das Leben.
F.: Ich kann es nicht glauben: hier sitze ich mit dir, in diesem Augenblick! In zwei Stunden renne ich wahrscheinlich schon wieder die Treppe hinauf.
S.: Das ist alles, was du lernen musst, anzuhalten.
Einfach da zu sein und die Eidechsen zu beobachten, das ist Anhalten. Zu atmen, zu sein – das ist alles, worum es im Leben geht.
Begrüße die Dankbarkeit für all diese einfachen kleinen Dinge.

· · ·

Fragende: Ich möchte hier anknüpfen, denn vor ein paar Jahren begann es, dass ich mich auch mehr an den kleinen Dingen erfreuen konnte, wie über einen Sonnenaufgang oder einen Baum. Dies geschieht jetzt immer häufiger in meinem Leben.
Seit einem Jahr lebe ich auf der Finca, und ich erlebe oft so viel Freude. Wenn ich zum Beispiel eine Meditation geleitet habe und danach wieder nach draußen gehe, kann der Anblick einer Palme eine so starke Freude auslösen, dass es sich anfühlt, als würde ich in Ohnmacht fallen. Ich muss dann weggehen, denn ich kann diese Freude nicht bewältigen.
Samarpan: Das ist gut, ich bin froh, dass du das vorbringst. Wir haben darüber gesprochen, im Zentrum von Traurigkeit oder Angst zu sein. Was wir darin finden, ist Frieden, ist Weite. Diese Weite hat weder Höhen noch Tiefen, sie *ist* einfach.
Genauso ist es, wenn du in die Mitte dieser freudigen Erregung gehst. Da gibt es kein Hoch oder Tief, da ist weder dies noch das. Du brauchst nicht vor der Intensität davonzulaufen, sondern einfach genau ins Zentrum zu gehen.
F.: Wenn ich aber fortrenne, weil ich fast in Ohnmacht falle, dann kann ich nicht in die Mitte kommen.
S.: Du musst nirgendwo hingehen. Halte einfach an, lasse die Intensität dich umgeben. Wenn du in Ohnmacht fällst, dann fällst du eben in Ohnmacht. Aber das wird nicht geschehen.
Ohnmächtig werden ist ein Widerstand. An der Außenseite dieser Erfahrungen ist es sehr intensiv. Genau in ihrer Mitte ist es still, wie im Auge des Zyklons. Alles was du tun musst, ist anzuhalten. Sofort fühlst du diese Ruhe. Lasse den Wirbelsturm um dich herum toben. Im Zentrum ist es von Natur aus still.
Das ist das Geheimnis des manisch-depressiven Zustands. Der manische Zustand ist sehr intensiv, die Energie fliegt sehr hoch, und dann fällt man in den depressiven Zustand zurück. Man bewegt sich innerhalb dieser Polarität. Aber inmitten des manischen und des depressiven Zustands liegt die gleiche Mitte, die beides akzeptiert, die Höhen

und die Tiefen. Aber es ist weder das eine noch das andere. Das ist das Paradox.

Wir mögen die Intensität. Wir werden von ihr angezogen, fühlen uns aber auch von ihr abgestoßen, weil sie so stark ist. Sowohl Anziehung als auch Abstoßung halten uns an der Außenseite.

Halte an und entspanne dich. Es ist einfach ein Trick. Es ist wie beim Fahrradfahren. Wenn du erst einmal gelernt hast, wie es geht, ist es sehr einfach und ganz natürlich.

Du hältst an, wirst still und bist unmittelbar in deinem Zentrum!

F.: Ich werde es versuchen.

S.: Ja, lass es mich wissen.

11

Monster

Samarpan: Guten Abend! Brodelt es bei allen? Das ist perfekt!
Fragende: *Hallo Samarpan! (weint)*
Es bewegt mich wieder so, hier zu sein. Ich bin aber gar nicht richtig traurig.
S.: Ich bin auch berührt und finde es schön, dass du hier bist.
F.: Das ist der einzige Platz, wo ich wirklich sein will.
Gestern hat mich zweimal jemand angesprochen, weil ich vor der Videokamera hin und her gelaufen bin. Obwohl ich verstehen kann, dass das stört, brachte mich das bereits an den Punkt der Irritation. Es erregte mich mehr, als es der Sache angemessen gewesen wäre. Ich würde gerne in Zukunft mehr akzeptieren können, was mir gesagt wird, aber immer habe ich die Erwartung, dass jemand mich erniedrigt, dass mir jemand auf den Schädel haut, weil die Leute denken, mit mir könnten sie so umspringen.
S.: Das kommt daher, weil das dein ganzes Leben so mit dir gemacht wurde. Alle haben probiert, dich ins Unrecht zu setzen und dich zu erniedrigen.
F.: Aber offensichtlich nicht alle.
S.: Nein, nicht alle.
F.: Ich kann auch nicht erwarten, dass alle freundlich zu mir sind.

S.: Bestimmt nicht, und die Menschen, die versuchen, dich klein zu machen, sind vielleicht deine besten Freunde! Denn sie erinnern dich daran, dass du dich in solchen Situationen nicht beugen sollst. Sie zeigen dir deine Stärke viel mehr als die Menschen, die dich respektieren. Das ist bemerkenswert, oder?

F.: Das erinnert mich an einen Computerkurs, an dem ich einen Tag teilnahm. Neben mir saß eine Frau, bei der ich mich nicht wohl fühlte. Sie schaute mich missbilligend an, weil ich nicht so eine Expertin war wie sie. Ich habe keinen technischen Verstand und bin in diesem Bereich nicht so versiert. Sie war immer aufgeregt, sobald sie irgendwelche Entdeckungen machte, aber sie half mir nie. Sie warf mir nur komische Blicke zu.

S.: Die meisten Menschen sehen alles aus dem Blickwinkel ihrer eigenen Konditionierung, also können sie dich nicht wirklich wahrnehmen. Sie können deine Schönheit nicht sehen.

F.: Am nächsten Tag gab es Augenblicke, da fühlte ich mich richtig erheitert, wenn ich daran dachte, dass sie mich nicht mag. (lacht)
Ich möchte einfach diesen Weg mit dir weitergehen, denn ich fühle mich so gut dabei.

S.: Ja, das ist ganz natürlich. Du wirst von diesem Weg ganz natürlich angezogen.

F.: Es zieht mich auch immer wieder in die andere Richtung, aber es lohnt sich, mich nicht mehr darauf einzulassen.
Ich hatte übrigens wieder Kontakt zu meiner Mutter. Sie sagte mir, dass ich ihr zum ersten Mal nicht widersprochen hätte. Sie wollte mir etwas geben und sagte: „Unter einer Bedingung." Sie wiederholte das dreimal und schrieb es in einem Brief an mich. Mir war danach, die Tür zuzuschlagen und ihr zu sagen, dass sie es behalten könne. Aber zum ersten Mal konnte ich sehen, was sie wirklich will. Sie wollte mir ein Schmuckstück von sich geben. Vielleicht befürchtete sie, dass ich es nicht in Ehren hielte. Sie sagte: „Du darfst es nicht verkaufen oder weggeben. Wenn du es nicht trägst, dann gib es mir zurück, und ich gebe es jemand anderem."

S.: Deine Mutter spricht es sehr klar aus, das ist doch großartig.

F.: (lacht) Schrecklich klar! Es ist herzerwärmend, aber ich kenne sie.

Das letzte Mal hast du mir gesagt, dass ich nicht zu lange bei ihr bleiben solle, das war sehr schön. So bin ich nur kurz geblieben, und das war genug.
S.: Mütter und Väter sollte man in homöopathischen Dosen zu sich nehmen.

• • •

Fragender: *Vor ein paar Tagen hast du über Beziehungen gesprochen und gesagt, dass wahre Liebe immer gebend ist. Das habe ich den Leuten schon immer gesagt. Jetzt würde ich es auch gerne verstehen. (Lachen)*
Mir wurde gesagt: „Was du zu geben vermagst, kannst du intellektuell nicht herausfinden. Du musst erst dein Herz entwickeln, um fühlen zu können, was du geben kannst." Zuerst dachte ich, geben hieße, stets nett, lieb und friedlich zu sein.
Ich erinnere mich daran, wie ich im Sommer in einem Altenheim Zivildienst leistete. Als ich dort aufhörte, sagte mir der Heimleiter, er wäre noch nie mit einem Zivildienstleistenden so gut ausgekommen. Eine Mitarbeiterin meinte: „Es war schön, mit dir zu arbeiten, aber auch schwierig, weil es unmöglich ist, mit dir zu streiten."
Als es kürzlich ein kleines Problem mit unserer Tochter gab und ich meine Frau deswegen anschrie, sagte sie: „Es war so gut, dass du mich angeschrien hast."
Die Lektion scheint mir hier zu sein, dass geben nicht immer heißt, liebevoll, nett und friedlich zu sein, sondern... ich weiß es wirklich nicht.
S.: Es ist das Herz, das gibt. Wenn der Verstand aus dem Weg geht, dann ist es leicht. Du sagtest, dass das Herz entwickelt werden müsse, aber das stimmt nicht. Das Herz ist bereits entwickelt. Nur der Verstand muss lernen aus dem Weg zu gehen. Das ist die Entwicklung. Geben geschieht spontan, du kannst es nicht tun, es geschieht ganz natürlich. Es bedeutet, wirklich du selbst zu sein, dem Göttlichen zu erlauben, durch dich zu fließen. Du hast Recht, manchmal drückt es sich sehr direkt aus, manchmal sehr sanft, du kannst es nicht wissen.

F.: *Alles was ich wissen musste, war, dass es auch hart aussehen kann, von außen zumindest.*
S.: Manchmal äußert es sich sehr kraftvoll.
F.: *Da ist noch eine Sache. Es geht um das Bild, welches ich von Erleuchtung habe. Vor Jahren dachte ich, es gehe darum, zu levitieren und magische Tricks zu vollführen. Später war ich der Ansicht, es gehe darum, alles zu wissen und zu verstehen. Diese Vorstellung hast du mir jetzt genommen. Dann meinte ich, es gehe darum, immer wach und klar zu sein, aber nicht vom Verstand her, sondern die ganze Zeit bewusst zu sein.*
S.: Habe ich auch das schon zerstört?
F.: *Ja, das hast du. (Lachen) Vor ein paar Tagen versuchte ich mein Ego zu finden. Das hat mir starke Kopfschmerzen bereitet.*
S.: Das ist harte Arbeit!
F.: *Wirklich harte Arbeit. Als du dann im Satsang darüber sprachst, das Leben zu leben ohne Spuren zu hinterlassen, bin ich plötzlich tief in mich hineingefallen.*
S.: Wunderbar!
F.: *Aber es war kein Fallen ins Licht, sondern in die Dunkelheit.*
S.: Es war ein Fallen in das Nicht-Wissen.
F.: *Ja, ich war nicht mehr da. Es ist schwer zu beschreiben, es war ein bisschen neblig, aber eine große Erleichterung. Es war so einfach.*
S.: Ja, hier ist keine Anstrengung nötig.
F.: *Heute Morgen, als ich aufwachte, erkannte ich, dass es eine enorme Anstrengung für den Körper ist, jemand zu sein und das Ego aufrechtzuerhalten. Vielleicht fallen wir deswegen in Schlaf.*
S.: Das ist richtig, es macht zu viel Mühe.
F.: *Daher ist auch der Versuch, klar zu sein, solch eine große Anstrengung.*
S.: Ja, das kannst du nicht. Du kannst nicht den ganzen Tag lang achtsam sein, das erschöpft dich. Aber du kannst vierundzwanzig Stunden am Tag in einer entspannten Bewusstheit sein, das ist kein Problem.
F.: *Aber das ist nicht das Gleiche wie Klarheit.*
S.: Klarheit kommt, wenn sie gebraucht wird. Wenn sie nicht benötigt wird, ist es gleichgültig, ob sie da ist oder nicht. Vierundzwanzig

Stunden am Tag klar zu sein ist eine zu große Anstrengung. Worüber braucht man denn Klarheit? Die meiste Zeit brauche ich keine Klarheit über irgendetwas, weil es nichts zu tun gibt. Ich kann einfach entspannen, und mehr und mehr geschieht nichts anderes als ruhen. Das ist leicht, dazu ist keine Anstrengung notwendig. Das ist das gleiche Ruhen, wie es in tiefem Schlaf geschieht, nur dass man mit offenen Augen ruht.
F.: Danke.

• • •

Fragende: Das letzte Mal hast du mir gesagt, ich solle meiner Sehnsucht folgen, sie werde mich nach Hause bringen. Diese Sehnsucht hat mich jetzt hierher gebracht. Eigentlich wollte ich woandershin in Urlaub fahren. Doch der Wunsch, hier zu sein, kam vom Herzen.
Eine Woche bevor dieses Retreat beginnen sollte, hätte ich mich fast wieder abgemeldet, weil da soviel Angst hochkam.
S.: Das ist ein sehr gutes Zeichen. Das bedeutet, dass du wirklich bereit bist, also spielt der Verstand verrückt.
F.: Immer wenn ich etwas Neues und Fremdes unternehme, packt mich die Angst.
S.: Ja, natürlich. Die Angst kommt, weil dir der Verstand bewusst oder unbewusst sagt: „Pass auf, das ist gefährlich! Halte dein Leben in engen Grenzen, damit es sicher bleibt. Öffne dich nicht, das ist zu gefährlich."
Wenn du hierher kommst, verschwinden alle Mauern vollständig. Da ist nur diese unermessliche Weite, und das ist beängstigend und wundervoll zugleich.
F.: Ich habe mir dann gesagt, es war gut, darauf zu vertrauen, was du mir gesagt hast. Vertrauen war immer ein leeres Wort für mich. Ich kannte es nicht.
S.: Wenn es nur ein Wort ist, dann ist es bedeutungslos. Wir lernen Vertrauen erst, wenn wir der Gefahr ins Gesicht sehen. Dann weißt du, was Vertrauen ist, vorher kannst du es nicht wissen.
F.: Seitdem ich hier bin, geht es mir überraschend gut. Ich mache hier sehr schöne Erfahrungen, die mir den Mut geben, mehr zu vertrauen.

Etwas geht mir jedoch nicht aus dem Kopf, nämlich was du über die Hölle gesagt hast. Ich mache in der letzten Zeit alle möglichen Krisen durch. Ich habe immer gedacht, ich müsse da ganz schnell wieder heraus kommen, aber du sagtest, dass es so nicht gehe, sondern dass ich die Monster transformieren müsse.

S.: In Europa hat es noch keine lange Tradition, aber in Amerika ist Halloween sehr populär. An diesem Tag dürfen sich alle Kinder als Monster verkleiden. Das ist ein zutreffendes Bild: Diese Monster sind kleine Kinder, die sich entsprechend maskieren und versuchen, dir Angst einzujagen. Wenn du vor ihnen davonläufst, dann haben sie erst recht ihren Spaß und rufen: „Ich hab's geschafft! Ich hab's geschafft!" (Lachen)

Wenn du dir das Monster genau anschaust, kannst du ihm die Maske herunterziehen, und sehen, dass dahinter ein kleines Kind steckt. Es ist dein eigenes Selbst, das hier Monster spielt. Das ist das ganze Geheimnis. Dadurch, dass du wegläufst, hältst du das Spiel in Gang. Hältst du aber an und sagst: „Okay Monster, lass sehen, wer du wirklich bist, lass uns die Wahrheit herausfinden", in dem Moment verschwindet das Monster schnell wie ein Vampir im Sonnenlicht. Wir können diese Bilder als Hilfe benutzen: Sobald du den Lichtstrahl der Wahrheit auf die Monster richtest, lösen sie sich in Luft auf, in das, was sie wirklich sind: in Nichts. (Schweigen)

Ist das auch deine Erfahrung?

Bis es deine eigene Erfahrung ist, sind meine Worte nur eine Herausforderung an dich. Ich fordere dich heraus, es für dich selber herauszufinden. Das Leben ist voller wunderbarer, schrecklicher, angenehmer, schmerzhafter Erfahrungen, doch sie alle bedeuten nichts. Das kannst du immer wieder entdecken. Halte an und fühle diese Erfahrung, entspanne dich.

Das ist wichtig: Wir neigen dazu, den schönen und angenehmen Erfahrungen eine Bedeutung beizumessen. Du bereitest dadurch alles dafür vor, dass sich die andere Seite der Münze zeigt. Denn bedeuten dir die angenehmen Erfahrungen etwas, müssen die schmerzhaften auch ihre Bedeutung haben; der Himmel erzeugt die Hölle.

F.: Es wird mir hier sehr viel klar. Es gibt zwar keine Lösungen, aber alles wird klarer für mich. Ich merke, dass es der Verstand ist, der bewirkt, dass die Dinge so schrecklich aussehen.
S.: Genau so ist es. Wie immer deine Lebenssituation auch aussieht, sie ist, wie sie ist. All diese unterschiedlichen Situationen machen das Leben interessant. Sie sind wie Szenen in einem Film oder einem Buch. Das ist der Kontext, in dem sich das Leben präsentiert. Dieser Kontext muss sich nicht ändern, nur unsere Haltung muss sich verändern. Sehen wir unser Leben als ein Abenteuer, dann nehmen wir es nicht so ernst und erleben mehr Spaß.
F.: Bis jetzt bin ich immer allem krampfhaft hinterher gelaufen, das ist so anstrengend, und nichts funktioniert.
S.: Es erfordert wirklich soviel Anstrengung – für nichts. Es gibt dir nicht das, was du willst. Es ist immer irgendwo da draußen. Je schneller du läufst, um so weiter weg ist es – eine erschöpfende Arbeit.
F.: (weint)
S.: Es bringt dich nach Hause, wenn du den Schmerz dieser Anstrengung fühlst.
Das ist wunderbar.
F.: Danke.

• • •

Fragende: *Du hast gesagt, dass man sich entscheiden muss, ob man eine Beziehung will oder die Wahrheit.*
Samarpan: Missverstehe das nicht. Wenn das, was das Leben dir gibt, eine Beziehung ist, dann besteht da kein Problem. Dann wird die Beziehung ein Vehikel zum Erwachen. Das kann sehr stark sein und deine ganze Aufmerksamkeit erfordern. Wenn jemand keine Beziehung hat, aber eine will, dann sprechen wir von einer Beziehung, die nur in der Vorstellung existiert.
F.: Geht es also darum, wohin ich meine Energie lenke? Sitze ich einfach hier in Frieden und schaue aufs Meer, oder mache ich mir Gedanken, in welche Richtung ich gehen will oder wo die nächste Beziehung auf mich wartet?

S.: In Wirklichkeit existiert nirgendwo irgendeine Beziehung. Das ist alles Phantasie. Menschen in einer Beziehung bemerken einfach, dass sie dasselbe Bett mit jemandem teilen, das ist alles. (Lachen)
Ich bin in einer Beziehung und bin in keiner Beziehung. Ich bin. Meine Frau ist vollständig in sich selbst, ich bin vollständig in mir. Mein Glück und Wohlergehen hängt nicht von ihr ab. Und für sie ist es genauso.
F.: Ich merke, je mehr ich die Wahrheit lebe, desto mehr muss ich mich auch von vielen Vorstellungen über Beziehungen verabschieden.
S.: Wenn du schon einmal dabei bist, dann verabschiede dich von allen Vorstellungen über Beziehungen oder, noch besser, verabschiede dich gleich von allen Vorstellungen überhaupt. Das ist dann alles ein Aufwasch, und du brauchst den Mülleimer nur einmal zu leeren. (Lachen)
F.: Das ist aber praktisch, alles auf einmal!
S.: Das ist der einfachste Weg. Du kannst es auch schrittweise tun, das ist auch in Ordnung: „Also, soll ich diese dumme Vorstellung fallen lassen, oder soll sie vielleicht doch lieber zurück ins Regal?"
Alle Vorstellungen und Ideen sind falsch, sogar die wahren! Und damit schauen wir sehr tief hinein: alle deine Vorstellungen über die Wahrheit sind bloße Ideen, und daher falsch. Wir reden darüber, wer du wirklich bist. Das kann nicht gewusst werden. Der Verstand kann damit nichts anfangen.
F.: Von Zeit zu Zeit habe ich einen Traum: Dann gehe ich in die Berge und stürze beinahe ab. Letzte Woche dachte ich, dass ich vielleicht einmal herunterfallen sollte.
S.: Wenn du dies noch einmal träumst, dann falle einfach.
F.: Es ist so anstrengend, sich festzuhalten.
S.: Ja, es ist eine Anstrengung, nicht zu fallen. Falle einfach, finde heraus, wie das ist. Jemand erzählte mir von einem Traum, in dem er von einem Tiger gejagt wurde. Das ist das Gleiche, nur ein anderes Bild.
F.: Das ist viel einfacher! Man muss sich ja nur umdrehen und dem Tiger in die Augen schauen. (Lachen)

S.: Ja, für dich ist es das Bild von Fallen und Loslassen. Mach es doch so: Bevor du einschläfst, fasst du den Entschluss, dich im Traum daran zu erinnern, dass es nur ein Traum ist und dass du dich fallen lassen kannst, um herauszufinden, wie das ist. Du kannst dir vornehmen, das zu tun, es macht Spaß.
F.: Es wird keine gebrochenen Knochen geben?
S.: Nur geträumte Knochenbrüche.
Es geht nicht wirklich um Wahrheit und Beziehung, sondern um Wahrheit und Illusion. Wenn du glaubst, dass eine Beziehung dir geben wird, was du brauchst – egal, ob du in einer Beziehung bist oder nicht – ist das eine Täuschung. Wenn du in einer Beziehung bist, daran festhältst und an ihr arbeitest, um sie nicht zu verlieren oder weil du nicht allein sein willst, dann ist das die Illusion. Du bist bereits allein. Alles andere ist eine Illusion. Wenn du das erkennst, bist du frei. Wenn dann jemand mit dir das Bett teilt, ist das schön. Vielleicht! Das Bett wird dadurch ein wenig schmal, das ist in Ordnung. (lacht)
Aber in Wirklichkeit ist es nichts, das ist der Punkt. Es gibt dir nichts. Es existieren keine äußeren Umstände, die dir wirklich etwas geben. Die allermeisten Menschen glauben, dass Beziehungen etwas Wirkliches sind und dass dein Leben ruiniert ist, wenn du nicht in einer Beziehung lebst.
Das ist doch die gängige Ansicht. Wir müssen diese Glaubensmuster, diese Lügen in Frage stellen. Wenn du hundert Paare interviewst, ganz privat und die Partner getrennt voneinander, und fragst: „Bist du zufrieden in deiner Beziehung, gibt sie dir etwas?" Dann wird jeder antworten: „Nein, aber ich hoffe, wenn wir hart genug daran arbeiten, schaffen wir es." Oder du bekommst die Antwort: „Vielleicht habe ich den falschen Partner, mit einem anderen würde es vielleicht besser funktionieren."
Dies alles sind Mittel, wie wir die Illusion am Leben erhalten und diese dumme Lüge weiterhin glauben.
F.: Es gibt so viele Lügen.
S.: Ja, so viele.

F.: Gedichte, Filme, Märchen. Schon im Alter von zwei Jahren werden wir mit diesen Lügen gefüttert.
S.: Wir nehmen all diese Lügen mit der Muttermilch auf. Wir wachsen mit ihnen auf. Die ganze Menschheit glaubt diesen Blödsinn. Es ist erstaunlich. Dabei ist es so leicht durchschaubar. Man kann es nur glauben, solange man es oberflächlich betrachtet. Wenn man nur ein wenig tiefer schaut, glaubt es keiner mehr.

...

Fragende: *Ich bin heute morgen so aufgeregt, und ich weiß nicht warum. Es fühlt sich an, als ob der Verstand keine Geschichte dazu findet.*
Samarpan: Das verstehe ich. Wir sind aufgeregt, glücklich oder froh, und sofort schaltet sich der Verstand ein und sagt: „Dafür muss es doch einen Grund geben!" Doch er kann keine Ursache finden, denn in Wirklichkeit hat sich nichts verändert. Die Lebensumstände sind die gleichen geblieben, wie sie immer waren. Du bist einfach grundlos glücklich.
Das ist unsere Natur! Es ist ganz natürlich, glücklich zu sein, wir brauchen keinen Anlass dafür. Glücklich sein, das von einem Grund abhängt, ist vergängliches Glück. Wahres Glück ist immer hier, es ist wie eine allem zugrunde liegende Strömung in deinem Leben, die manchmal an die Oberfläche kommt und überfließt, ohne einen ersichtlichen Grund.
F.: Ich bin so froh, dass ich hier bin.
S.: Ich bin auch froh, dass du hier bist. Du nimmst wirklich alles an, was sich dir hier zeigt. Darüber bin ich sehr glücklich für dich.
F.: Danke.

...

Fragende: *Hallo Samarpan, ich möchte dir etwas erzählen. Ganz oben auf der Liste meiner Wünsche und Sehnsüchte stand der Wunsch nach einem Baby. Doch hier erlebe ich, indem ich stiller werde, dass diese Sehnsucht sich auflöst. Ich habe entdeckt, dass diese Sehnsucht mich zu mir selbst bringt.*

Samarpan: Das ist die wahre Sehnsucht, das ist die Sehnsucht, die jeder hat: Einfach zu sich selbst nach Hause zu kommen. Fälschlicherweise glauben wir, dass sich diese Sehnsucht erfüllen wird, wenn wir ein Kind bekommen oder einen passenden Partner finden, Macht oder Geld erlangen...

F.: Ich dachte, mit einem Baby wäre da mehr Intimität mit einem anderen Menschen, aber das ist nicht wahr. Jetzt erlebe ich diese Intimität mit mir selbst.

S.: Es ist diese Nähe, die wir zu finden hoffen, wenn wir ein Baby wollen oder die wir in einer Beziehung suchen. Aber dort finden wir sie nicht. Du findest sie in dir selbst. Sie ist immer verfügbar.

F.: Ich dachte, ich müsste diese Sehnsucht loslassen, aber das stimmt nicht. Ich hielt einfach in dieser Sehnsucht an. Es brennt im Inneren, und es fühlt sich so an, als würde ich in die Tiefe fallen. (Schweigen)

S.: Das ist schön.

F.: Ich liebe dich so sehr. Danke.

• • •

Fragende: *In den letzten Monaten und auch jetzt habe ich das Gefühl, dass ich mir die Augen ausweine. Nicht, dass ich jetzt damit aufhören möchte, aber ich hoffe, dass es reicht, einfach nur zu fühlen.*

Samarpan: Das ist mehr als genug.

F.: Im Augenblick ist es verhältnismäßig einfach mit dem Trennungsschmerz zu bleiben. Ich bin ja nicht in meiner vertrauten Umgebung und ich begegne keinen Leuten, die mich kennen. Und doch bin ich etwas verwirrt mit all diesen Gefühlen, vor allem wenn meine Wut oder Rachegefühle hochkommen. Ich lese gerade ein Buch von einer buddhistischen Nonne. Sie sagt so ziemlich das Gleiche, worüber wir hier sprechen, nämlich dass man für sich selber und andere Mitgefühl entwickeln muss. Ich frage mich, ob ich jetzt Mitgefühl für meinen Ex-Freund üben, oder ob ich einfach den Schmerz fühlen soll?

S.: Wenn man bereit ist, mit dem Schmerz Freundschaft zu schließen, wenn der Schmerz wirklich willkommen ist, dann gibt es keinen Wunsch nach Rache. Wozu denn? Nur weil mir jemand Schmerz bereitet hat, der mir willkommen ist? Das ändert die ganze Geschichte, sie wird auf den Kopf gestellt. Das ist wirklich ein Geschenk und funktioniert nicht nur in dieser Geschichte, sondern in allen Lebenssituationen.

Womit müssen wir zurecht kommen? Vielleicht mit einem halben Dutzend Gefühlen. Wenn ich bereit bin, mit dieser Handvoll Gefühle Freundschaft zu schließen, dann brauche ich für den Rest meines Lebens vor nichts mehr Angst zu haben. Dann gibt es keine Situation mehr, die ich vermeiden müsste.

F.: Ich denke, es gibt einen Grund, warum ich so stark an dem Hassgefühl festhalte: Solange mein früherer Partner spürt, dass ich ihn so brennend hasse, wird er sich nicht trauen, an mich heranzutreten, denn davor habe ich Angst.

S.: Das ist ein Verteidigungsmechanismus. Es fragt sich, was verteidigt werden soll, und was ich durch diese Verteidigungshaltung von mir fern halte? Nur die Gefühle. Kann ich mit den Gefühlen umgehen, dann gibt es keinen Grund zur Verteidigung, dann wird dieses ganze Muster nicht mehr benötigt. Wir kommen immer wieder zum Gleichen zurück, denn das ist die wirkliche Arbeit: Überlege nicht, ob du ihn akzeptieren oder ihm verzeihen kannst. Fühle einfach die Gefühle, die da sind, dann ist nichts anderes mehr nötig. Das führt direkt an den Kern der Sache und nimmt dem Drama die Energie.

F.: Ich frage mich, ob ich ihn treffen sollte, quasi als Realitätscheck, um zu sehen, ob sich das alles nur in meinem Verstand abspielt oder ob meine Befürchtungen berechtigt sind.

S.: Du brauchst nichts zu kontrollieren, du musst nichts arrangieren, das Leben wird sich für dich darum kümmern. Wenn das Leben es für richtig hält, dass du mit ihm zusammentriffst, dann wird es geschehen und du wirst nicht in der Lage sein, es zu verhindern. Wenn es nicht erforderlich ist, wird auch kein Treffen stattfinden. Du brauchst überhaupt nichts zu tun. Du brauchst ihn nicht fern zu halten, du brauchst aber auch kein Treffen zu arrangieren. Überlasse alles dem Göttlichen. Das ist der intelligenteste Weg damit umzugehen. Der

Verstand will immer irgendetwas tun, etwas fern halten oder etwas näher heran bringen, dafür besteht aber keine Notwendigkeit. Du hast genug damit zu tun, das zu akzeptieren, was jetzt Hier ist. Das ist der einzige Punkt.

F.: Es sieht so aus, als packte ich eine Illusion in eine weitere ein.

S.: Es ist ein ganzer Stapel von Illusionen. Deine gesamte Egostruktur ist hier involviert. Das ist wirklich ein Tod. Wenn du bereit bist, dich dem zu stellen, dann ist das der Tod des Ego, deswegen ist es so stark für dich. Es geht nicht um eine Beziehung mit irgendeinem Mann, sondern um deine gesamten Vorstellungen von dir selbst. Sei mit dir selbst geduldig. Es spielt keine Rolle, wie lange es dauert, da hindurch zu gehen, wirklich nicht.

F.: Es kommt gerade soviel zusammen. Das Ende dieser dreizehn Jahre langen Beziehung, die ich mit dem Mann verbracht habe, der auch mein bester Freund war – und dieses Haus! Ich könnte jemanden suchen, der mit mir dort wohnen würde, aber ich verspüre keinen Impuls.

S.: Das Leben arbeitet in jeder erdenklichen Weise an dir, in jeder Hinsicht wird dir der Boden unter den Füßen weggezogen. Das ist gut so, denn so findest du deinen wirklichen Boden.

F.: Das Leben war wirklich gut zu mir: Es hat mir dich geschickt!

S.: Das alles ist ein Paket. Der Müll kommt, gleichzeitig aber auch die Müllabfuhr. (Lachen)

F.: Danke.

• • •

Fragende: *Heute Nacht hatte ich einen Albtraum. Ein riesiges Monster bedrohte mich und ich hatte soviel Angst wie noch nie in meinem Leben. Dieses Monster hatte eine menschliche Gestalt. Es sah so aus wie du, aber es war hässlich. (Lachen)*

Ich hatte totale Angst. Sonst bin ich nicht so ängstlich.

Was ich noch nicht erwähnt habe, ist, dass ich dich, bevor ich einschlief, gebeten habe, im Traum zu mir zu kommen und mich auf den Gästestuhl einzuladen. Jetzt ist meine Frage: Warum bist du mir als Monster erschienen und hast mir soviel Angst eingejagt?

Samarpan: Dieses Monster ist das größte Geschenk für dich. Es repräsentiert alles, wovor du im Leben Angst hast. Diesem Monster entgegenzutreten, das ist das Geschenk. Schließe jetzt deine Augen und lade das Monster ein. Halte einfach inne, ohne Vorstellung, ohne Geschichte. Lasse das Monster kommen und dich umarmen. Halte inne und entspanne hier.
F. Ich will nicht von einem Monster umarmt werden!
S.: Okay, das ist der Punkt: Deine unfreundliche Einstellung gegenüber dem Monster hat den ganzen Konflikt erzeugt. Die Vorstellung, dass dieses Monster nicht in Ordnung ist, dass es eine Art von Feind ist. Tatsächlich ist das Monster dein eigenes Selbst.
F.: Normalerweise habe ich nicht solche Angst, ich bin kein Feigling.
S.: Darüber mache ich mir keine Gedanken. Wir reden hier von einer tieferen Schicht in deiner Psyche als üblich. Das hier ist wirklich etwas Besonderes. Solange du diese ablehnende Haltung dem Monster gegenüber hast, kannst du die Wahrheit nicht entdecken.
F.: Da ist noch etwas anderes. Du sagtest: „Es gibt Menschen, die können über das Göttliche stolpern und erkennen es nicht." Das hat mich wirklich berührt, und es beschäftigt mich.
S.: In diesem Fall besuchte das Göttliche dich in der Form eines Monsters, einfach um dich zu prüfen. Denn nur diese subtile Einstellung, diese Idee, dass du geschützt sein müsstest, hält dich von der totalen Freude und dem Frieden ab. In Wahrheit gibt es nichts in diesem ganzen Universum, das nicht dein eigenes Selbst ist. Da ist nur Gott, überall nur dein eigenes Selbst. Wir haben Trennung erzeugt, und im Glauben, dass wir etwas von dem Monster Getrenntes sind, lehnen wir das Monster ab und sagen: „Ich bin gut, das Monster ist schlecht."
Diese Trennung ist eine ganz wichtige Sache. Die gesamte Menschheit ist so vorgegangen: Die Schöpfung wird zweigeteilt, der eine Teil wird als gut angesehen, der andere als schlecht. Das entspricht aber nicht der Wahrheit. Du bist alles. Es gibt nichts, das du nicht bist. Du bist der Engel, und du bist das Monster, du bist Gott und der Teufel. Du bist alles; da gibt es nichts, was nicht akzeptabel wäre.

Es steht in der Bibel: „Gott schaute sich die Schöpfung an und sagte: Das ist gut." Er sagte nicht: „Das ist gut, das ist nicht so gut, und das da drüben ist wirklich hässlich." Das hat der Verstand getan. Es entspricht nicht der Wahrheit. Es gibt kein Monster außerhalb von dir. Es ist nur das Monster im Innern, mit dem du noch keine Freundschaft geschlossen hast, also projizierst du es nach außen. Es ist schön, dass dies geschieht. Ich bin sehr froh darüber. Bleibe einfach eine Weile dabei, hab keine Eile damit.
F.: Danke.
S.: Du bist willkommen.

...

Fragende: *Zur Zeit lösen sich viele meiner Vorstellungen und Ideen auf. Ich komme immer wieder in einen Raum, wo es um Hingabe geht. Es entsteht ein ganz neues Bild der Hingabe: Es ist für mich nicht mehr ein Zurücktreten, nicht mehr ein passives Verhalten, sondern ich bekomme viel Kraft.*
Samarpan: Das ist das Paradoxe. Die Kraft liegt in der Hingabe.
F.: Mir ist nicht klar, wann es wirklich Hingabe und wann es Bequemlichkeit ist.
S.: Es geht nicht um Bequemlichkeit. Ich kann so faul sein, wie ich will. Wenn das Göttliche möchte, dass ich etwas tue, dann wird auch die Motivation dafür vorhanden sein, und es wird Spaß machen und die Energie wird mir dafür zur Verfügung stehen. Ich kann es nicht selber verursachen. Ich kann mich nicht selber etwas tun lassen. Es muss kommen. Woher? Wir wissen es nicht. Das ist kein Konflikt.
F.: Für mich ist Hingabe ein Sich-Fallen-lassen, in dem es dann immer wieder Momente gibt, wo ich festhalte.
S.: Da ist also das Bild vom Fallen und das Bild vom Festhalten. Ich mag dieses Bild vom Sich-Fallen-lassen nicht allzu sehr, denn es bringt den Verstand zum Ausflippen. Es produziert als Reaktion das Festhalten. Wohin musst du denn fallen? Du stehst bereits auf dem Fundament deines Wesens.

Die Meister haben dieses Bild vom Fallen, vom Springen und vom Loslassen verwendet, damit du entdeckst, dass du bereits auf dem Boden stehst.

Jedes Bild, jede Technik funktioniert nur für gewisse Menschen, für andere ist sie ungeeignet. Du musst nirgendwo hinspringen, du bist bereits hier auf dem Boden deines Seins. Du bist bereits alles. Es gibt nichts außer deinem eigenen Selbst. Deswegen fordern die Meister auf: „Spring einfach!"

Wenn du springst, dann findest du heraus: Es gibt keinen Ort, wohin man fallen könnte. Für mich war das Bild vom Springen immer Angst einflößend, unnötigerweise. Es gibt keinen Ort, wo man hinspringen könnte. Da ist kein Platz, wo man ankommen könnte. Du bist bereits das Göttliche. Du musst nirgendwo ankommen, du musst nichts erreichen und auch nichts loslassen.

Ich versuche nicht, dem Verstand die Tendenz des Festhaltens mit Gewalt auszutreiben. Wenn du festhalten willst, dann halte fest, solange es dir beliebt. Das ist kein Problem. Wenn du die Muskeln, die du zum Festhalten brauchst, trainieren willst, dann ist das fein. Aber es ist nichts da, an dem man sich festhalten könnte. Darin liegt das Entspannen, es ist ein Witz.

F.: Das macht es einfacher.

S.: Ja, ich versuche, den einfachsten und leichtesten Weg zu zeigen.

12
Das Guru-Dilemma

Samarpan: Einen schönen Nachmittag! Wie geht es euch mit dem Schweigen? Findet ihr es einfach, in Stille zu sein?
Reden ist so, als würde man von einem Dampfkochtopf den Deckel abnehmen. Dann entweicht all der Dampf und der Druck. Wenn ihr in Stille seid, erlaubt ihr dem Druck sich aufzubauen. So entsteht der nötige Dampf, der euch kochen lässt und alle Unreinheiten beseitigt. Vorhin schrieb ich einen Brief an eine Frau, die mir früher über ihr „Guru-Dilemma" berichtet hat. Sie verehrte diese indische Frau und war eigentlich gar nicht auf der Suche nach einem neuen Guru. Ich bin unerwartet in ihr Leben getreten, und sie fühlt sich von mir und dem, was ich sage, angezogen, denn es ist ganz anders als das, was sie kennt. Es gibt keine Rituale, keine Rollen, keine Übungen, keine Glaubenssätze. Das hier ist der schnelle Weg.
Jetzt fühlt sie sich schuldig, so als würde sie ihren Guru verraten. Ich habe ihr gesagt, sie solle sich keine Sorgen machen, und dass sie ihren Guru auch weiter ehren kann. Sie kann diese Frau lieben, sie in ihrem Herzen behalten und den Schmerz fühlen, wenn das Leben sich in eine andere Richtung bewegt.
Wir lassen eine Sache hinter uns, und eine neue erscheint. Der Guru wechselt sein Gesicht. Da ist kein Konflikt. Es gibt nur *einen* Guru, und der bist du. Meine Aufgabe ist es, dich deinem eigenen Selbst

vorzustellen, deinem wahren Selbst, dem Satguru. Das ist es, was du bist. Im Außen gibt es einfach verschiedene Gesichter und verschiedene Formen.

Manchmal bringt das Leben eine Wende. Du reist in einem Boot und bist sehr glücklich, weil du weißt, dass dich das Boot zu deinem Ziel bringen wird. Du kommst sicher am Ufer an. Aber nun warst du so lange mit dem Boot unterwegs gewesen, dass du es ungern verlassen möchtest. Du willst das Boot behalten, es auf deinen Händen tragen, am liebsten möchtest du im Boot bleiben und in ihm leben. Die intelligenteste Lösung wäre, sich von dem Boot mit einem Namasté zu verabschieden und ins nächste Taxi zu steigen.

Verwirre dich nicht, indem du versuchst zwei verschiedenen Lehren zu folgen. Alle Wege führen an den gleichen Ort. Sie führen alle nirgendwo hin. Sie führen alle *hierher*.

Aber du kannst nicht zwei Wege gleichzeitig beschreiten. Du kannst nicht zwei verschiedenen Disziplinen folgen, nicht in zwei verschiedene Richtungen gleichzeitig gehen, ohne zerrissen zu werden.

Mache dir keine Sorgen. Alle Wege kommen wieder zusammen.

• • •

Samarpan: Tränen sind willkommen!

Fragende: (in Tränen) Was du gerade angesprochen hast, ist genau mein Thema. Ich war für eine Zeitlang bei einem Guru – er sagt von sich, dass er kein Guru sei – aber er fordert seine Leute auf, in die eigene Vergangenheit zu gehen. Er versucht die Vergangenheit aufzuarbeiten und sagt, das sei transformierend. Alle sollen in die Liebe hineingehen. Ich habe die ganze Zeit gemerkt, da stimmt etwas nicht. Jetzt bin ich so wütend darüber.

S.: Warum?

F.: Weil ich erkannt habe, dass es nicht richtig ist, wie er es macht.

S.: So ist das manchmal. Ich nehme an, dass dieser Mensch aufrichtig ist, weil er auf eine Art die Wahrheit sagt. Er sagt, dass er kein Guru sei. Aber er verhält sich wie ein Guru, also ist das verwirrend. Viele Therapeuten tun das. Ich bezweifle nicht ihre guten Absichten, sie wissen es einfach nicht besser.

F.: Das denke ich auch, er handelt mit gutem Gewissen. Er denkt, es so richtig zu machen.

S.: Wenn du von ihm lernen konntest, dass es für dich so nicht stimmt, dann bist du einen Schritt voraus. Das passiert oft. Ein Therapeut wird dich bis zu einem bestimmten Punkt begleiten, und dann kann er nicht weitergehen, weil er selbst stagniert. Aber der Klient geht weiter und lässt den Therapeuten hinter sich. Das ist großartig.

F.: Ja, es war in Ordnung und hat auch Spaß gemacht, nur, wie geht es jetzt weiter? Mit diesem Wissen, dass es so für mich nicht mehr stimmt, kann ich dort nicht weiter machen wie bisher. Ich würde mich ja selbst belügen.

S.: Das ist richtig, also musst du gehen. Natürlich ist da Traurigkeit, denn du hast dich in den Menschen verliebt, wie könnte es anders sein? Und du hast dich in diesen Weg verliebt.

F.: Ja, das stimmt.

S.: Du dachtest, es sei dein Weg, daran ist nichts falsch.

F.: Ja gut, mit einem Schlag ist er weg, weg. (in Tränen)

S.: So ist das Leben. (beide lachen)
Das liegt in der Natur des Lebens. Wir denken, etwas sei für immer, aber so ist es nicht. Nichts ist für immer. Alles stirbt, alles verändert sich, das ist die Natur des Universums. Natürlich ist da Traurigkeit, das ist gut so, also betrauerst du den Tod davon. Du musst den Mann nicht ins Unrecht setzen, du brauchst nicht aufzuhören ihn zu lieben.

F.: Ich liebe ihn nicht! Er hat immer versucht, mir einzureden, dass ich ihn lieben soll, so in der Art: „Wenn du mich nicht liebst, können wir nicht tiefer gehen. Ohne Sex können wir es nicht vertiefen." Er sagte, er hätte eine bestimmte Energie und dass ich durch den Sex ins Samadhi kommen könnte... oder so etwas ähnlich Dummes. Aber trotzdem, es zeigt mir, dass ich mir selbst vertrauen und auf meine Impulse hören muss und nicht weiter zu diesem dummen Typ gehen darf, der mir irgendetwas von einer schlechten Energie erzählt!

S.: Das ist schön, das ist die Lektion: Dir selbst zu vertrauen! Du weißt jetzt Bescheid, wenn irgendein Schleimer darüber spricht, wie man durch Sex zu höherem Bewusstsein gelangt.

F.: Das macht mich richtig wütend!
S.: Jeder Opportunist wird versuchen, das für seine eigenen Interessen zu nutzen, alle Männer sind so. (Gelächter)
F.: Ja.
S.: Das ist der Punkt, dir selbst zu vertrauen. Du spürst es sofort, auch wenn du es nicht wahr haben willst, du weißt es trotzdem. Du möchtest glauben, dass er ein aufrichtiger Mensch ist und kein unsittlicher Typ. Aber du weißt, was er will.
F.: Aber das ist nicht das, was ich will.
S.: Das ist richtig, du willst die Wahrheit. Er möchte einfach nur in deine Hose, das ist alles.
F.: Ja, genau so.
S.: Wenn du die Wahrheit willst, gibt es kein Problem. Zuerst wirst du überall Verlogenheit sehen, weil da mehr Verlogenheit ist als irgendetwas sonst. Dies ist eine Welt voller Lügner. Man kann das Fernsehen nicht anstellen, ohne Lügen über Lügen zu hören. Alle Politiker lügen, sie belügen sich gegenseitig. Du siehst, wie sie sich anlächeln und Hände schütteln, der eine dem anderen die Wangen küsst. Wen halten sie eigentlich zum Narren?
F.: Sie halten sich selbst zum Narren.
S.: Vielleicht, ich weiß es nicht. Sie halten jeden zum Narren, der sich dafür hergibt. Gefolgsleute, die zum Narren gehalten werden möchten, werden dem Anführer glauben. Das sind alles Heuchler. Das ist die traurige Wahrheit des Lebens; die meisten Leute lügen die ganze Zeit.
F.: Ich glaube, der Mann wusste es nicht einmal. Ich denke, er meint wirklich, dass die Vergangenheit aufgearbeitet werden muss. Nur muss ich ja nicht immer wieder in der alten Scheiße herumgraben.
S.: Da ist etwas Interessantes an Scheiße: Sie schwimmt immer! Sie kommt immer an die Oberfläche. (Gelächter)
F.: Das ist richtig.
S.: Es ist also gar kein Problem, wir müssen gar nicht graben. Wir befassen uns einfach damit, was an der Oberfläche ist. Immer wieder wird im Leben etwas vorfallen, was alles aufwühlt. Das passiert ganz

automatisch. Alle Therapien, die in der Vergangenheit graben, in der Kindheit wühlen oder in Past Lives spielen, sind unnötig. Es kommt alles von allein hierher. Es wird jeden Tag hier abgeliefert, Sonderauslieferung, UPS. Wir müssen nach nichts graben, es kommt genau zur rechten Zeit hoch, genau auf die richtige Art, gerade so viel, dass wir damit umgehen können.

Mit wie vielen Themen müssen wir uns tatsächlich auseinandersetzen? Fünf? Nicht mehr als zehn! Da gibt es Variationen zum Thema, aber die grundlegenden Dinge sind wirklich einfache Sachen. Wir müssen es nicht mysteriös und kompliziert machen. All die Dinge aus deinen vergangenen Leben, aus deiner Kindheit, was sind sie denn? Es geht um Leben, Tod, Sex, Macht, Geld, Beziehungen, was noch? – Lauter Variationen zu diesen Themen. Sie kommen jeden Tag an die Oberfläche, du musst gar nicht Tausende von Jahren zurückgehen, es ist schon alles da.

Therapien kommen und gehen wie Modetrends. Während meines Psychologiestudiums habe ich verschiedene Strömungen und Trends miterlebt. Da gab es die Richtung von Carl Rogers, die klientenbezogene Therapie oder die Primärtherapie von Janov. Wir haben alle geschrien, den Urschrei geübt und auf Kissen eingeschlagen.

F.: So ähnlich geht es energetisch auch dort zu. Er macht Bewegungen und alle beginnen zu zittern. Ich habe nie gezittert, und er sagte, ich sei verschlossen, ich müsste mich öffnen, etwas stimme nicht mit mir. Ich glaubte das nicht.

S.: Das ist das Lieblingsspiel der Therapeuten. Wenn sie sich nicht kompetent fühlen, nicht fähig sind, dich zu erreichen, dann behaupten sie: „Da ist etwas falsch mit dir!" Nicht dass etwas mit dem Therapeuten falsch wäre. Nein, der Therapeut weiß alles! Es ist ein billiger Trick, hässlich.

Das Problem mit dem Therapeuten besteht darin, dass er Geschäfte machen will, er will Geld verdienen. Statt einem Klienten, der nicht von seiner Arbeit profitiert, zu sagen: Ich bin nicht der richtige Therapeut für dich, ich kann dir nicht helfen, möchte er den Klienten behalten, weil dadurch mehr Geld für ihn hereinkommt. Wenn ich

dich davon überzeugen kann, dass mit dir etwas nicht stimmt und dass du mich nur lang genug bezahlen musst, um gesund zu werden, dann ist das ein gutes Geschäft. Ich beschuldige diesen Mann nicht, denn ein Therapeut muss außerordentliche Klarheit haben, um das zu erkennen. Offensichtlich ist er nicht erleuchtet, er hat nur ein paar Tricks, ein paar Methoden gelernt.
F.: Genau, das ist es.
S.: Du hast nach der Wahrheit gesucht, bist aber an den falschen Ort gekommen. Das ist in Ordnung. Du erkennst es, wenn du schließlich die Wahrheit findest.
F.: Dann kann man ja nirgendwo mehr hingehen, dann kann ich nur noch bei mir sein.
S.: Du möchtest doch nicht zu diesem Narren gehen? Was ist falsch daran, alleine mit dir selbst zu bleiben?
F.: Da ist nichts falsch dabei. Mein Verstand greift nach irgendetwas in der Zukunft, irgendwas, woran er sich festhalten könnte. Vielleicht könnte ich da noch einmal hin...
S.: Ist das bei dir zu Hause um die Ecke?
F.: (lacht) Nein. Ich bin total auf mich selbst zurückgeworfen worden.
S.: Gut, das ist der Punkt. Denn das ist es, worauf du dich verlassen kannst. Nur auf dich selbst. Du kannst dich nicht auf irgend jemand anderen verlassen, und ganz sicher nicht auf eine Gruppe von Leuten.
F.: Warum macht mich das denn so unzufrieden?
S.: Was macht dich unzufrieden?
F.: Dieser Typ hat immer gesagt: „Frieden, Liebe! Liebt euch alle! Haltet euch an den Händen! Nähe! Partnerschaft! So viel wie möglich davon!" Hier erlebe ich genau das Gegenteil. Hier sind viele Menschen, aber ich bin total alleine, keine Nähe in dem Sinne...
S.: Das ist richtig. Das ist wirkliche Intimität, die einzig wirkliche – mit deinem eigenen Selbst. Das ist die einzige Art, wie wir uns begegnen können. Wenn du dich in dein eigenes Selbst verliebst, dann verliebst du dich in alle. Dort sind wir alle eins. Du musst nicht durch den Sex gehen, du kannst den direkten Weg wählen.
Lass diesen Mann los und fühle, welche Gefühle dann kommen. Hei-

ße diese Gefühle willkommen. Gehe nicht im Kreis herum, indem du über ihn nachdenkst, denn dann bleibst du in diesem Karussell hängen. Bleibe einfach bei den Gefühlen! Sie bringen dich nach Hause, sie bringen dich zum Frieden, zur Liebe, zur Einheit. Ruhe hier und lass die Gefühle die Arbeit tun.

F.: Da sind jetzt keine intensiven Gefühle. Ich bin verwirrt!

S.: Was ist verwirrt?

F.: In meinem Kopf ist es verwirrt.

S.: Immer. Das ist die Natur des Kopfes, da oben ist es immer verwirrt, denn da passiert so viel. Da gibt es so viele Kurzschlüsse, und du versuchst, einen Sinn darin zu erkennen und alles zu sortieren, aber das ist nicht möglich. Du kannst dich entspannen.

F.: Ja, das werde ich tun. Obwohl mein Verstand da oben sagt, da fehlt noch etwas.

S.: Der Verstand wird immer sagen, dass da noch etwas fehlt. Es fehlt nichts, alles ist hier. Ruhe einfach hier.

F.: Ja, es ist nichts zu tun.

S.: Das ist es. (lacht)

Plötzlich ist dein Verstand arbeitslos; dafür arbeiten wir hier, damit der Verstand arbeitslos wird. Schicke den Verstand auf einen langen Urlaub!

F.: Soll ich zu Hause so weiter machen und gar nicht mehr reden? Ich weiß es wirklich nicht.

S.: Sei einfach, genieße! Das ist ein ganz neues Leben, wie du es nie zuvor erfahren hast. Natürlich weißt du nicht, wie du leben kannst, niemand weiß das. Es ist immer neu, jeder Moment ist neu. Wie du das machst? Ich weiß es nicht.

F.: Ich auch nicht.

S.: Großartig, nicht?

F.: Ich finde das nicht so großartig.

S.: Der Verstand möchte Regeln haben. Deshalb haben wir die Zehn Gebote und all die Gesetze gemacht.

Es erstaunt mich immer wieder. In jedem Land der Welt, vielleicht nicht in allen, aber in den meisten Ländern gibt es Tausende von

Menschen, deren einzige Aufgabe es ist, mehr Gesetze zu machen. Denkst du nicht auch, wir haben genug Regeln? Diese Leute werden gut bezahlt, nur damit sie noch mehr Gesetze erlassen oder bestehende ändern. Das ist wirklich ein Witz. Je mehr Gesetze es gibt, um so mehr Wege muss man suchen, um diese Gesetze zu umgehen. Aus diesem Grund haben Anwälte einen solch guten Job!

Wenn dein Herz versteht, wenn du die Wahrheit kennst, dann hast du ein ganz natürliches Wissen. Dann brauchst du keine Regeln.

Du brauchst nicht irgendetwas zu wissen. Das Leben zeigt es dir in jedem Moment und lenkt dich. Vielleicht sagt es dir, jetzt sei der richtige Augenblick spazieren zu gehen, also tust du es und gehst in den Park. Das bedeutet mit dem Leben zu tanzen. Du weißt nichts, das ist großartig.

F.: Es wäre großartig, wenn mein Verstand nicht dauernd dazwischenfunken würde.

S.: Es braucht nur ein wenig Disziplin, bis der Verstand ruhig wird. Zuerst wird er dir Ärger machen, weil er denkt, es sei seine Aufgabe dauernd im Weg zu sein. Du musst die Führung übernehmen und den Verstand ganz freundlich darauf hinweisen, dass es nicht seine Angelegenheit ist. Du behandelst ihn wie ein kleines Kind: „Alles ist gut so, entspanne dich!"

F.: Ich finde das alles doch auch ziemlich langweilig, aber wenn es langweilig ist, dann ist es eben langweilig.

S.: Wenn es langweilig ist, dann fühle dich einfach gelangweilt. Das wird dich in den Moment zurückbringen, und Hier ist es niemals langweilig. Der Verstand wird dir sagen: „Ich bin gelangweilt, wir müssen etwas tun, wir müssen irgendwo hingehen, wir müssen den Fernseher einschalten, wir müssen Musik hören", was auch immer.

Fühle dich einfach gelangweilt, dann kommst du hierher. Hier ist es schön, hier ist immer Fülle.

F.: Ich habe schon verstanden, worum es geht. Nur mein Verstand ist damit nicht einverstanden

S.: Das ist okay.

• • •

Fragender: Ich bedaure es, dass ich nicht den Mund aufgemacht habe, als du gefragt hast, wie es mit dem Schweigen gehe. Es ist etwas beängstigend. Am Nachmittag bin ich am Meer entlang gelaufen, und mir ist klar geworden, dass ich das Schweigen nicht mag, und dass mir das Nichtstun nicht gefällt. Ich habe dieses Retreat vor vier Wochen gebucht, weil ich mich in dich verliebt habe, aber jetzt erkenne ich, dass ich nicht nach innen gehen kann. Ich möchte etwas tun. Vielleicht bin ich einfach nicht zur richtigen Zeit am richtigen Ort, obwohl ich es liebe, hier zu sein. Dann bin ich an einem Geschäft vorbeigekommen, einem Motorroller-Verleih, und mir kam der Gedanke, ich könnte mir morgen einen Roller leihen und damit einen Ausflug machen. Das hat mir einen solchen Frieden gegeben, es hat sich sehr klar angefühlt. Aber dann habe ich mir selbst vorgeworfen, ich sollte besser in Glückseligkeit und Stille sein, wie alle anderen auch.

Samarpan: Nein, du solltest glücklich auf dem Motorroller sein! So spricht das Leben zu uns, sehr direkt. Auf diese Weise erkennen wir, was zu tun ist, die Regeln sagen uns das nicht. Wenn wir auf die Gedanken hören, um die Regeln zu befolgen, sagen die: „Okay, du musst dich so verhalten! Du musst schweigen und in Stille sitzen!" Die Wahrheit ist, du wirst auf dem Motorroller stiller sein als an jedem anderen Platz. Das ist die wahre Stille; so sagt dir das Leben, wie du es machen sollst, wie du in Stille sein kannst.

F.: Ich liebe dich so sehr.

S.: Du nimmst mich in deinem Herzen auf dem Motorroller mit.

• • •

Fragender: Ich kämpfe sehr oft gegen meine Arroganz. Ich habe das Gefühl, sie nicht akzeptieren zu können.

Samarpan: Lass uns die Arroganz identifizieren. Wie sieht sie aus?

F.: Da ist eine Person, die sich irgendwie überlegen fühlt. Und da sind die Stille und das Sein, die die Arroganz sehen können, und dabei entsteht ein sehr unangenehmes Gefühl.

S.: Welches ist der andere Aspekt der Person, die das hat, was du Arroganz nennst? Was verbirgt sich darunter?

F.: Es ist Schmerz. Da ist ein Nicht-den-Schmerz-fühlen-wollen.
S.: Das Nicht-den-Schmerz-fühlen-wollen ist Unsicherheit. Wir müssen es nicht einmal benennen, der Schmerz ist genug.
F.: Ja, Unsicherheit ist auch ein Teil davon.
S.: Heiße den Schmerz willkommen, lasse ihn dein Lehrmeister sein.
F.: Irgendwo ist da ein Teil, der sich total unzulänglich fühlt.
S.: Ja, nach dem suchen wir. Fühle dich total unzulänglich.
F.: Ich kann spüren, dass der Verstand versucht, da heraus zu kommen.
S.: Ja, sicherlich. Das ist diese Vorstellung einer Kompetenz, die die Unzulänglichkeit verdeckt. Was du Arroganz nennst, ist einfach der Verstand, der versucht, dich vor diesen Gefühlen zu schützen. Jetzt, wo du dies aufgedeckt hast, kannst du dich damit entspannen. Du brauchst die Arroganz nicht zu bekämpfen, sie ist nur eine sehr dünne Schicht, die niemanden zum Narren halten kann, nicht einmal dich selbst. Das ist das wahre Thema: Mit diesen Gefühlen Freundschaft zu schließen. Das wird dich frei machen.

• • •

Fragende: *Es war sehr schön, in Stille zu sitzen, bis sich bei mir sexuelle Gefühle bemerkbar machten. Den ganzen Nachmittag über war der Verstand aktiv um mich abzulenken. Dann hat die Idee von mir Besitz ergriffen, dass ich keine Kontakte haben sollte: Ich sollte nicht umarmen, nicht lächeln und mit niemandem sprechen.*
Samarpan: Warum möchtest du mit jemandem sprechen, um Sex zu haben?
F.: Zu guter Letzt bin ich ins Meer gesprungen. Ich habe damit nicht Freundschaft geschlossen. Es wäre heuchlerisch, weiterhin mit geschlossenen Augen hier zu sitzen.
S.: Okay.
F.: Ich kann damit nicht Freundschaft schließen, weil ich mich nicht autark fühle, es macht mich unsicher. Ich würde mich gerne als autark betrachten, als jemand, der niemanden braucht.
S.: Das Selbst ist sich selbst genug, aber diese Idee von „dir", die ist alles andere als sich selbst genügend.

F.: Ich habe es so offen gesagt, um mich damit anzufreunden, weil es etwas ist, das ich nicht annehmen kann.
S.: Womit möchtest du Freundschaft schließen?
F.: Damit, dass ich jemanden brauche, dass ich voller Lust bin...
S.: Soll das eine Kontaktanzeige sein? (Lachen)
F.: Ich weiß nicht, vielleicht. Nicht wirklich. Es ist jedenfalls sicherer, es hier zu sagen.
S.: Sicherer? Oder effektiver?
F.: Wie auch immer, es ist mir gleichgültig.
S.: Es geht darum, mit allem Freundschaft zu schließen. Wenn du dich erregt fühlst, dann fühle dich einfach so. Die Idee ist nicht neu, dass es dir etwas gibt, was du brauchst, wenn du einen Mann hast, mit dem du sexuelle Erfahrungen machst. Ist es nicht so?
F.: Ist das die Illusion, die immer wieder hochkommt?
S.: Natürlich ist es eine Illusion, was sonst sollte hochkommen? Das alles sind nur Illusionen.
F.: Ich fühle mich hilflos damit.
S.: Bist du hilflos damit?
F.: Ja, ich habe keine Kontrolle darüber.
S.: Worüber solltest du Kontrolle haben?
F.: Wenn ich hungrig bin, esse ich. Wenn ich Sex will, habe ich keinen Sex, das ist doch irgendwie verlogen.
S.: Du kannst Spaß mit deinem eigenen Körper haben, dafür brauchst du keinen Mann.
F.: Aber ich fühle trotzdem diese Heuchelei.
S.: Worin besteht die Heuchelei?
F.: Ich habe einfach Angst, dass ich es unterdrücke.
S.: Du brauchst es nicht zu unterdrücken, und du musst es nicht zur Schau stellen, weder – noch. Es ist in Ordnung, du kannst herumlaufen und voller Lust sein, das ist großartig, das fühlt sich sehr lebendig an.
F.: Da ist dieses Muster, das sagt, es ist dumm und nicht erlaubt. Ich habe keine Kontrolle darüber, darum will ich es nicht haben.
S.: Da ist die Idee, so sollte es nicht sein. Eine Dame geht nicht herum und fühlt sich geil. Die Kontrolle darüber haben zu wollen heißt

zu unterdrücken, und wir wissen, dass das nichts bringt. Also haben wir jetzt ein Problem. Was tun wir mit dieser Energie? Springen wir auf irgendeinen Typen, oder? (Lachen)
F.: *Ich glaube nicht.*
S.: Oder wir laufen einfach herum und fühlen uns scharf.
Es geht darum, in Frieden mit dem zu sein, wie du bist, wie immer das auch ist. Es ist gewiss nicht leicht, hier zu sein und sich nicht erregt zu fühlen. Das Meer ist sehr lebendig, das ist großartig. Es liegt hier in der Luft.
F.: *Ich bin sehr glücklich, das teilen zu können. Irgendwie fühle ich, dass diese Sache jetzt ihre Heimlichkeit verloren hat. Ich fühle mich okay damit.*
S.: Wie kommt es, dass du das jetzt sagst?
F.: *Weil es für mich sehr einfach ist, mich aus Dingen herauszuschleichen.*
S.: Aber gerade jetzt schleichst du dich heraus. Kannst du es sehen? Sobald du damit beginnst, dich zu erklären und zu verkünden, dass alles in Ordnung ist, schleichst du dich heraus. Es ist ein raffinierteres Herausschleichen. Was ist jetzt?
F.: *Kann ich dich umarmen?*
S.: Nein, jetzt nicht. Das ist auch ein sich Herausschleichen.
F.: *Das war nur provozierend gemeint.*
S.: Es geht darum, hierher zu kommen, hier zu sein, was auch immer *hier* mit sich bringt. Wenn hier Verlegenheit ist, dann fühle dich verlegen und schleiche dich nicht davon.
Das ist besser. (Schweigen)
Das ist Anhalten, fühlst du den Unterschied?
Sehr gut.

• • •

Fragender: *Es funktioniert nicht so, wie ich dachte.*
Samarpan: Wie sollte es funktionieren?
F.: *Leicht. Meine Stimmung wechselt in diesen Tagen oft. Meistens, wenn ich Zeit habe draußen zu sein, entspanne ich mich nicht einfach und schaue aufs Meer, sondern ich denke über Fragen nach. Irgendwie grabe ich.*

S.: Gräbst du im Mist? (lacht)
F.: Richtig. Ich suche nach dieser Frage, die mich so befriedigt, dass ein Umschwung stattfindet. Meist hat die Frage die Form eines Geständnisses, dass ich schlecht bin.
S.: Bittest du um Absolution? Ich liebe es, Absolution zu erteilen. (lacht)
F.: Es muss so geschehen, dass ich es auch glauben kann. Wenn ich in meinen Gedankenspielen weitergehe, sehe ich, dass ich die Absolution nicht als möglich erachte.
S.: Die eigentliche Wahrheit ist, dass Vergebung immer hier ist. Das Göttliche akzeptiert alles. Du musst nicht die richtige Frage stellen, du musst nicht einmal an deine Sünden denken. Als Kind habe ich eine Liste gemacht; ich habe Stunden damit verbracht, darüber nachzudenken, was ich alles falsch gemacht hatte seit meiner letzten Beichte eine Woche zuvor.
F.: Ich kenne das, ich habe auch so eine Liste gemacht. Nicht über die normalen Dinge. Osho hat gesagt, und ich denke, ich habe ihn richtig verstanden, dass es Dinge gibt, die notwendig und erforderlich sind, wenn man auf dem Weg ist, zum Beispiel: direkt sein, einfach sein, nicht falsch sein...
S.: Das sind nicht die Voraussetzungen, sondern die Resultate davon, wenn man schon eine Zeit lang auf dem Weg ist. Nichts wird vorausgesetzt. Das Göttliche akzeptiert dich ohne jede Bedingung, genau jetzt, wenn du soviel Verlangen nach der Wahrheit hast – und das hast du, sonst wärst du nicht hier.
Osho sagt, wenn du einen Schritt auf Gott zugehst, dann geht Gott neunundneunzig Schritte auf dich zu. Nur ein klein wenig Offenheit, nur ein klein wenig Verlangen nach Wahrheit, nur eine Bitte, und das Göttliche wird sich um alles Weitere kümmern.
Mein Gebet geht so: „Ich weiß nicht, wie ich es tun soll, ich weiß nicht einmal, wie ich mich bereit machen soll. Ich bin wirklich ein Trottel. Ich glaube nicht, dass ich es überhaupt wert bin, aber ich wäre es gerne. Doch ich weiß nicht, was ich dazu beitragen kann, also musst du es tun. Amen." (lacht) So ungefähr.

F.: Wenn ich hier vorne sitze oder wenn gesungen wird, kann ich verstehen, was du sagst. Es gibt aber auch Momente, wo ich nicht verstehen kann, und dann habe ich die Tendenz, tiefer zu graben...
S.: Vergiss das Graben, es ist nicht nötig. Das Göttliche hat dich geschaffen, es muss also in Ordnung sein.
F.: Ich bin mir nicht sicher.
S.: Ich weiß, der Verstand ist sich niemals sicher. Der Verstand denkt immer: Ich bin nicht okay, ich muss mich irgendwie verändern. Nein, verändere nichts! Das Göttliche hat große Anstrengungen unternommen, um dich genau so zu machen, wie du bist. Deine Aufgabe ist nur, dich mit all deinen Fehlern, mit all deinen Eigenarten, mit all deinen Besonderheiten, mit all deinen Zweifeln zu akzeptieren, genau so. Das ist die Absolution.
F.: Auch wenn ich manchmal die Tendenz habe, mich aus Angst zu isolieren? Ich denke, das geht total in die falsche Richtung.
S.: Was, wenn es die richtige Richtung wäre?
F.: Es wäre gut.
S.: Du kannst dich zurückziehen, das ist gut. Urteile nicht darüber, warum du dich zurückziehst oder ob du mutiger sein solltest. Wenn du dich danach fühlst, alleine zu sein, dann ziehst du dich zurück, das ist schön. Leicht ist richtig! „Easy is right!" Hast du gehört, wie Osho das gesagt hat?
F.: Ja, sicher.
S.: (lacht) Das ist die Wahrheit. Wenn es einfach ist, dich zurückzuziehen, dann tue das. Wenn du Lust hast, mit Leuten zu sein, dann sei mit Leuten. Immer das, was einfach ist.
F.: Wenn ich zum Beispiel gerne mit Leuten sein würde, aber aus irgendeinem Grund Angst spüre?
S.: Angst kommt vor. Dann wirst du mit ihnen zusammen sein und dabei zittern und die Angst fühlen. Aber denke nicht, dass du es tun musst. Denke nicht, dass es besser wäre, unter Leuten zu sein als alleine – es ist dasselbe. Da ist nicht eines besser als das andere. Beobachte es einfach, damit der Verstand nicht irgendeinen Blödsinn denkt.

Der Verstand wird dir sagen, dass du dich von Leuten angezogen fühlst, aber in Wirklichkeit sind sie vielleicht gerade nicht attraktiv für dich. Nur der Gedanke zieht dich an und sagt, du solltest mit Leuten sein. Wenn du das wirklich willst, wird dich die Angst nicht davon abhalten. Genauso wie dich die Angst nicht davon abgehalten hat, hier nach vorne zu kommen.

Das ist wirklich das Lernen, denn niemand weiß, wie man das macht. Wir sind unser ganzes Leben lang dem Verstand gefolgt. Einige von uns sind Sannyasins geworden, und dort gab es wieder andere Bräuche. Wir dachten, dass wir in Kommunen leben, dass wir sexuell sein oder dass wir dies oder jenes tun sollten.

Sei einfach im Moment, was immer der Moment dir sagt. Vielleicht gibt es für einen Moment auch keine Klarheit. Vielleicht ist da eine Party im Gange, und du denkst: Sollte ich hingehen oder nicht? Ich fühle mich ängstlich und schüchtern, aber ich denke, ich sollte dabei sein. Du kannst dort hingehen und auch wieder weggehen. Du kannst damit spielen. Du brauchst keine Entscheidung für den Rest deines Lebens zu treffen, du bleibst einfach im Moment. Wenn du nicht weißt, was dieser Augenblick dir sagt, dann finde es heraus. Du setzt dich für eine Weile alleine hin und schaust, wie es sich anfühlt. Sag dir selbst die Wahrheit. „Oh, es fühlt sich großartig an, ich liebe es." Oder: „Ich fühle mich jetzt wirklich nicht danach, die Party mitzufeiern." Wenn Angst aufkommt, ist das in Ordnung. Wirklich in diesem Moment sein – wirklich jeden Moment!

Stelle keine Regeln auf, es gibt keine Regeln fürs Leben. Es gibt keine Möglichkeit zu wissen, wie man es richtig macht. In einem Augenblick ist dies richtig, in einem anderen Augenblick etwas anderes. Du weißt es nicht.

Das ist Lernen, dich so zu akzeptieren, wie du bist, und jede Reise beginnt dort, wo du gerade stehst. Du musst von *hier* losgehen, du musst *hier* beginnen, so geht das Spiel. Du kannst nicht drüben auf der anderen Straßenseite losgehen, du kannst nicht in irgendeine Idee hineinspringen, wie du sein solltest, das ist nicht erlaubt. Die Regeln des Spiels lassen das nicht zu, die Regeln besagen, du musst dort beginnen, wo du bist und so sein, wie du bist.

F.: Ich habe mich oft angetrieben etwas zu tun, aber das verliert jetzt seine Macht. Ich verliere die Kraft, dieses Spiel so zu spielen.

S.: Du verlierst die Fähigkeit, dich anders zu verhalten als es dir entspricht. Mit anderen Worten: Du wirst mehr und mehr du selbst. Vielleicht magst du es nicht. Es ist für jeden von uns so, jeden Moment kann man nur so sein wie man ist, man hat keine andere Wahl.

F.: Manchmal stelle ich mir vor, dass ich auf eine Party gehen will, aber ich bleibe im Bett und schlafe ein. Das tue ich nicht bewusst, es ist nicht so, dass ich wirklich wähle.

S.: Ich habe das oft durchgespielt, ich kann wirklich etwas zu diesem Thema sagen. Ich habe erlebt, dass ich zu Hause geblieben bin anstatt zu einer Party zu gehen, und dachte dann, da sei etwas falsch mit mir. Zu anderen Zeiten habe ich mich selbst dazu gezwungen, auf Partys zu gehen. Dort habe ich mir sofort einen Drink und etwas zu essen geholt, damit ich mich nicht wie ein Idiot fühlte, und habe mich dabei beobachtet, wie ich aß und trank: Erstens war ich gar nicht hungrig, und außerdem fühlte ich mich total unbehaglich, und in Wirklichkeit wollte ich gar nicht dort sein. Nach und nach, im Laufe der Jahre, hatte ich keine Schuldgefühle mehr, wenn ich lieber zu Hause blieb. Das ist Fortschritt! (Lachen)
Ich kann im Bett bleiben und es genießen, denn das ist es, was ich wirklich will.

F.: Das ist es, was auch ich will.

S.: Okay?

F.: Danke.

• • •

Fragende: *Ich mache die Erfahrung, dass ich umso weniger weiß, je mehr ich dir zuhöre.*

Samarpan: Das ist gut.

F.: Nächste Woche werde ich ein Training leiten. Ich habe das Gefühl, dass ich dort nichts werde sagen können; ich weiß überhaupt nichts. Es ist ein Therapiekurs, und mir ist gar nicht mehr bewusst, worum es bei Therapie überhaupt geht.

S.: Das macht es interessant.

F.: Ja, das macht es interessant. Meinem Gefühl nach ist Therapie in Ordnung und wird benötigt. Wenn ich sie aber von deinem Standpunkt aus betrachte, dann ist sie unnütz.

S.: Es ist eine Einführung für Menschen, die nicht zum Satsang kommen, weil sie dazu noch nicht bereit sind. Es ist eine Brücke. In der heutigen Zeit wird anerkannt, wenn jemand zu einer Therapiesitzung geht. Das war vor einigen Jahren noch nicht der Fall.

Diese Art Therapiearbeit ist ein Hinführen zum eigenen Selbst. Die Teilnehmer glauben, dass sie etwas über sich selbst lernen und noch einen Wachstumsprozess durchmachen müssen. Das ist nicht wahr, aber es ist in Ordnung, es ist gut so. Es geht darum, die Wahrheit in die Sprache der Psychologie zu übersetzen.

Ich könnte in einer Kirche voller Christen Satsang geben. Ich würde eine andere Sprache benutzen. Ich würde die Terminologie der Christen verwenden. Aber es wäre dieselbe Wahrheit, die durch mich ausgesprochen würde.

Die Herausforderung ist, die Wahrheit in die Therapie hineinzubringen. Erlaube der Therapie, ein Vehikel zu sein, damit die Menschen erkennen, dass sie in Ordnung sind. So war schon das Motto, als ich mich mit Therapie beschäftigte: „Ich bin okay, du bist okay" – großartig.

Ich verstehe das Problem, das sich stellt, wenn man versucht, so ein Training vorzubereiten. Ich schlage vor, du planst soviel wie möglich und lässt dann alle Pläne fallen, um den Kursteilnehmern ungeschützt und offen zu begegnen. Du weißt nicht, was geschehen wird.

Ich komme hier zum Satsang, und ich weiß niemals, was geschehen wird.

Es ist nicht so, dass ich meine Hausaufgaben nicht gemacht hätte. Ich verbringe meine gesamte Zeit in der Wahrheit. Immer fühle ich die Gefühle, die mich besuchen wollen. Das wird zum Material für Satsang. Dadurch ist es immer frisch und neu. Ich habe meine Studien nicht vor zehn Jahren abgeschlossen. Ich lerne jeden Tag, jeden Augenblick. Ich kann mir keinen Film anschauen ohne die Wahrheit, und auch die Lügen in ihm zu erkennen. Ich kann nicht auf den Marktplatz gehen, ohne dass Satsang geschieht.

Eine Therapiegruppe zu leiten ist eine wundervolle Gelegenheit, eine Atmosphäre zu schaffen, in der sich die Teilnehmer sicher fühlen, so dass sie sich öffnen können. So kann richtig gute Therapie geschehen. Aber es passiert aus dem Nichtwissen heraus. Wenn du mit der Einstellung hineingehst, dass du etwas weißt, dann wird es langweilig sein, denn dann wirst du aus dem Verstand heraus agieren. Wenn du in die Gruppe gehst ohne etwas zu wissen, dann wird es sehr lebendig, es wird dich überraschen. Das Göttliche liebt es, durch jemanden zu wirken, der offen ist. Du wirst auf perfekte Weise benutzt werden, aber du kannst es dir nicht vorstellen, du kannst es nicht planen.

F.: Ich muss aber trotzdem meine Hausaufgaben machen?

S.: Ja, das musst du immer tun, damit du in der Lage bist, mit deinen Worten die Wahrheit zu sagen. Du möchtest doch nicht Samarpans Worte gebrauchen!

Du kannst die Worte von Jung, Freud oder von wem auch immer benutzen. Sie alle haben irgendwie die Wahrheit berührt. Sie haben etwas Wahres gefunden, deswegen waren sie erfolgreich.

F.: Es ist schon komisch, der Verstand hat versucht, daraus ein Problem zu machen.

S.: So, als ob du es wissen solltest. Der Verstand will das Sagen haben, er will wissen, wie es sein wird. Du weißt aber nicht, wie es sein wird, darum macht es Spaß.

F.: Okay.

S.: Lass mich wissen, wie es gewesen ist.

13
Wahre Liebe

Samarpan: Guten Morgen, willkommen zum Satsang. Wie geht es euch?

Fragende: Ich möchte gerne mitteilen, wie ich in diesen Tagen deine Worte in meinem Leben erfahre. Zuerst geht es um die Frage, was es heißt, in Liebe zu sein. Für mich ist es zur Zeit ganz normal, in Liebe zu sein, ganz einfach. Meistens verspüre ich für alle Liebe, in diesen Tagen jedoch besonders für einen Mann. Der Verstand produziert zwar allerhand merkwürdige Ideen, wie zum Beispiel, dass ich in Amsterdam leben und ihn heiraten werde, aber das hat keine Bedeutung. Der Verstand zeigt sich so, wie er ist. Ich kann ihn beobachten, so wie ich manchmal das Meer sehen kann, einfach als Meer oder einen Baum nur als Baum. Wenn ich den Verstand so agieren sehe, dann ist es einfach nur witzig, es bedeutet nichts.

S.: Nicht nur, dass es nichts bedeutet, es ist nicht einmal dein Verstand, es hat überhaupt nichts mit dir zu tun. Dieser Computer ist mit allen Programmen der Menschheit programmiert, mit all den Missverständnissen, mit all den Ideen. Manche davon sind exquisit, manche richtig dumm, und keine hat mit dir zu tun.

F.: Kann sich das Sehen der Wahrheit dadurch vertiefen, dass wir in unterschiedlichen Situationen wieder und wieder das Gleiche beobachten? Werden wir dadurch tiefer in der Wahrheit verwurzelt?

S.: Ja, wir beobachten, wie Gedanken auftauchen, wir sehen die Möglichkeit, sie zu einer Geschichte zu verweben, und wenn wir uns nicht bewegen, beobachten wir, wie sie wieder verschwinden. Wir nehmen wahr, wie weitere Gedanken auftauchen, und das passiert fortwährend. Sie alle haben nichts mit dir zu tun, du bist einfach da und beobachtest sie.

Wenn du dich nicht von der Wahrheit fortbewegst und nicht auf den Zug der Gedanken aufspringst und irgendwo hintragen lässt, wenn du keine Luftschlösser baust, dann sind die Gedanken einfach nur interessant. Je mehr du im Hier verankert bist, desto weniger Macht haben sie. Das ist das Vertiefen.

Du weißt nicht, was das Leben mit dir vorhat. Du weißt nicht, wie deine Lebensgeschichte weitergeht. Der Verstand versucht immer sich das vorzustellen. Wie wäre es in Amsterdam zu leben? Wie könnte alles zusammenpassen? Wir versuchen sehr schnell, alles zu einer Geschichte zusammenzusetzen; aber du weißt nicht, wie deine Geschichte verläuft. Du musst abwarten und sehen. Wenn du dich in Amsterdam wiederfindest, schön, wenn nicht, auch gut. (lacht)

F.: Vorhin auf dem Spaziergang mit dir fiel mir die Geschichte über den Meister ein, der mit seinem Schüler und dessen Freund den Morgenspaziergang gemacht hatte. Der Meister fühlte sich durch einen einzigen Satz des Freundes in der Stille gestört. Ich verstehe die Bedeutung dieser Geschichte. Aber Worte stören nicht wirklich, sie sind da, aber sie stören nicht.

S.: Ich weiß nicht, warum es so ist, aber immer wieder erfahre ich, dass ich in einem sehr schönen Zustand bin und dass ich das einfach genieße. Ich gehe in Frieden auf einen Spaziergang und ein einziges Wort kann wie ein Schwert sein. Es ist immer der Verstand, der etwas sagen möchte. Die Stille braucht keine Worte, und es ist nicht so, dass wir die Schönheit um uns herum besprechen müssten.

Wir können hier zusammen sitzen, uns unterhalten, und da ist keine Störung, da ist nur die Stille, die spricht. Es kommt darauf an, wo die Worte herkommen. Wenn der Schüler sagt: „Schau, wie schön das ist!", dann kommt das aus dem Verstand. Warum sollte er sonst die

Schönheit, die Stille der anderen stören, indem er darauf hinweist, was diese Augen sehen?

F.: Bevor wir mit dem Schweigen begonnen haben, erlebte ich die Stille so mühelos. Wenn wir zum Beispiel ein Treffen mit der Crew hatten, wenn die Leute schon im Raum waren, miteinander geredet haben, ihre Papiere durchschauten und sich vorbereiteten, fielen da eine Menge Worte. Ich saß nur da, und es war sehr leicht in Stille zu sein. Keiner hat sich um mich gekümmert oder danach gesehen, was ich machte. Die Worte und das Getue der Leute haben mich nicht gestört.

S.: Ja, das ist wahr.

F.: Ich habe einmal gelesen, wieviel Zeit jeder in seinem Leben einfach nur mit dem Vorgang des Wartens verbringt: Es sind Jahre! Gestern hat mich diese Einsicht, nie mehr warten zu müssen, sehr erregt. Anstatt auf etwas zu warten, kann ich ins Sein hinein entspannen und eine gute Zeit haben. Es ist einfach schön.

S.: Es ist richtig, nicht mehr zu warten, es ist alles bereits hier.

F.: Ich bin so glücklich über das, was in meinem Leben passiert.

• • •

Fragende: *Seit dem gestrigen Satsang fühle ich mich schrecklich. Du hast erwähnt, dass man nur einen Weg verfolgen sollte. Das ist klar, ich folge einem Weg. Aber seit zehn Jahren gehe ich auch zu Amma, wenn sie in die Schweiz kommt, und zu ShantiMayi. Dann habe ich dich gestern am Strand getroffen und hatte das Gefühl, dass ich dich verrate.*

Samarpan: Du kannst mich nicht verraten.

F.: Ich weiß das, aber mein Verstand hat mich damit verrückt gemacht. Ich konnte deswegen nicht schlafen.

S.: Es geht nicht um Verrat. Es hat damit zu tun, dass dein eigener Verstand dich verwirrt. Jeder Weg führt zur Wahrheit. Es ist nicht einmal so, dass man entscheidet, welcher Pfad der richtige ist. Wo immer es dich hinzieht, verläuft der richtige Weg. Offensichtlich gehen Amma und ShantiMayi und Samarpan nicht in dieselbe Richtung. Das Ziel ist das Gleiche, da gibt es kein Problem, nur die Wege, die wir dorthin nehmen, sind unterschiedlich.

F.: Ich habe Amma oder ShantiMayi nicht nach einem Mantra gefragt, aber ich fühle mich von ihrer Anwesenheit angezogen. Aber von dir habe ich am meisten gelernt um das Leben zu meistern.
S.: Ich zeige dir ganz praktisch den Weg nach Hause, den direktesten Weg.
F.: Ja, das fühle ich sehr stark.
S.: Mein einziges Anliegen ist, dass du nicht in Verwirrung gerätst. Ich habe nichts dagegen, wenn du mit Amma oder ShantiMayi sitzt, darum geht es nicht. Ich habe nichts dagegen, wenn du in Liebe mit ihnen bist, das ist auch nicht der Punkt. Ich möchte nur nicht, dass du von den unterschiedlichen Wegen verwirrt wirst. Wenn keine Verwirrung entsteht, dann ist es überhaupt kein Problem. Wenn Verwirrung herrscht, dann musst du es dir anschauen, das ist alles.
F.: Ich musste dir das einfach sagen. Vielen Dank.

• • •

Fragender: Als ich ungefähr acht Jahre alt war, hat meine Mutter mir Meditationstechniken beigebracht. Es ist mir leicht gefallen, meinen ganzen Körper loszulassen. Ich habe ihn nicht mehr gefühlt und hatte auch keine Gedanken mehr. Das war ein wunderschönes Gefühl. Als ich in die Pubertät kam, habe ich mir in diesem schönen leeren Raum Frauen vorgestellt. Da ich keinen Kontakt zu Frauen hatte, ehe ich fünfzehn Jahre alt war, ist es immer nur in meinen Vorstellungen passiert. Ab einem bestimmten Punkt verschwand dieser Raum. Seit 30 Jahren versuche ich immer wieder dort hinzukommen, und ich habe es auch ein paar Mal unter Drogen geschafft, aber das war für mich wie ein Gefängnis. Manchmal geschieht es, wenn ich meditiere, aber ich kann es nicht bewusst herbeiführen, wie ich es als Kind konnte. Ich kann es nicht vergessen, und ich versuche seit 30 Jahren mich zu entspannen.
Samarpan: Was ist hier?
F.: Etwas Aufregung.
S.: Und tiefer als die Aufregung?
F.: Da ist Freude, etwas sehr Lebendiges, Lustiges.
S.: Freude ohne jeden Grund. Gibt es hier irgendein Problem?

F.: *Hier ist kein Problem, nur wenn ich versuche zu meditieren. (Lachen)*
S.: Schau, da ist diese Idee über Meditation, dass es so sein sollte, wie es in deiner Kindheit oder deiner Pubertät war. Es wird nie wieder so sein. Glücklicherweise wird es nie wieder so sein. Du hast von Meditation eine Vorstellung, aber diese Freude, diese grundlose Freude, die ist hier. Fehlt hier irgendetwas?
F.: *Jetzt gerade nicht.*
S.: Fehlt überhaupt irgendetwas, wenn du einfach hier bist?
F.: *Nein.*
S.: Vergiss all die Ideen, lasse all die Erinnerungen an eine eingebildete Zeit, eine illusorische Vergangenheit los. Sei einfach ohne jede Idee hier. Das ist die Freude, die grundlose Freude. Es ist nicht immer freudvoll wie jetzt, es gibt unterschiedliche Erfahrungen, die darin auftauchen. Aber immer liegt allem dasselbe zugrunde: dieses ganz ruhige, ganz subtile Sein. Du kannst es niemals vergleichen, weil es der Verstand ist, der die Vergleiche anstellt. Wenn der Verstand beteiligt ist, dann ist da keine Freude, dann ist da der Gedanke, dass etwas vermisst wird oder dass etwas anders sein sollte oder... oder... oder... Die Freude ist deine Natur. Sie ist einfach gegenwärtig, sie entsteht ganz natürlich. Das Problem mit Meditationstechniken ist, dass wir glauben, etwas tun zu müssen, und dann erwarten, dass sich ein bestimmtes Ergebnis einstellt. Lasse all diese Ideen los, sie haben hier nichts zu suchen. Sei einfach!
Entspanne mit dem, was auch immer gegeben ist. Meditieren hat nichts mit Phantasie zu tun. Deine Phantasien von Frauen, als du jung warst, kamen aus dem Verstand. Der Verstand hat die Fähigkeit, sich Himmel, Götter, Frauen, schlichtweg alles vorzustellen. Die Erfahrung dieser Vorstellung kann noch so schön sein, doch sie ist nicht wirklich. Es ist eine Illusion des Verstandes, der seine Phantasien spinnt.
Als Papaji jung war, pflegte Krishna ihn zu besuchen, und es versetzte ihn in Ekstase. Krishna kam jede Nacht und spielte mit ihm. Es war ein physische Manifestation, er konnte ihn berühren, sie haben

zusammen gespielt. Als Papaji seinen Meister Ramana traf, war Papaji gerade in den Bergen gewesen und hatte mit Krishna gespielt. Ramana fragte: „Wo warst du?" – „Ich war in den Bergen, ich war zusammen mit meinem Freund Krishna." Er war sehr stolz darauf. Ramana wollte wissen: „Wo ist Krishna jetzt?" Papaji sagte: „Er ist nicht hier." Und Ramana hat darauf nur gefragt: „Wofür ist ein Gott gut, der kommt und geht?"

Alle diese Erfahrungen kommen und gehen, und alles was kommt und geht, ist es nicht wert, beachtet zu werden. Es geht darum, still genug zu werden, um *das* zu erfahren, was immer ist, *das* was nicht kommt und geht, deine wahre Natur. Das ist die Freude. Es ist eine solche Freude, *das* zu erkennen. Wir können noch nicht einmal sagen, es sei eine Erfahrung, es ist tiefer als das, weil da niemand ist, der es erfährt.

Oft höre ich Geschichten von Leuten, die irgendeine sehr intensive spirituelle Erfahrung hatten. Ich hatte selbst solch eine Erfahrung, und leicht ist man versucht, eine Wiederholung herbeiführen zu wollen. Das ist der falsche Weg, du kannst nicht selber bewirken, dass es wieder passiert. Und wenn du damit erfolgreich sein solltest, wird es nicht wirklich sein, es wird lediglich eine Vorstellung sein. Du erkennst den Unterschied sofort. Sieh einfach, was hier ist, ruhe in deinem Sein. Du brauchst dazu keine Technik, und du brauchst kein Hilfe. Wenn du nichts tust, dann passiert es ganz natürlich.

• • •

Fragende: Was du über die Erfahrung der Liebe gesagt hast, Liebe zu sein und was die Frau meinte, dass da Liebe für jemanden sei, aber die Person keine Rolle spiele, darüber möchte ich sprechen. Ich lehne das ab, oder mein Ego lehnt das ab, und ich habe es bis jetzt noch nicht geschafft, mein Ego loszuwerden. Ich will nicht akzeptieren, dass es keine Rolle spielt, wen ich liebe, und es will mir nicht einleuchten, dass ich in dieser Liebe zur ganzen Welt bleiben kann. Dann würde es ja keine Rolle spielen, mit wem ich zusammen bin und was ich mache. Wozu haben die Leute dann Beziehungen? Warum bist du verheiratet?

Samarpan: Es scheint ein Widerspruch zu sein. Wenn du mit jemandem zusammen bist, denkst du, es habe einen bestimmten Grund oder es sei eine besondere Liebe. Das ist der Verstand, der versucht, etwas zu verstehen, was er nicht verstehen kann. Das Ganze ist sehr mysteriös. Warum bist du mit diesem Mann zusammen und nicht mit einem anderen? Wie kannst du das herausfinden? Du kannst es nicht herausfinden.

Du hast Recht, es ist etwas Besonderes. Und doch kannst du ganz klar sehen, dass keine Trennung zwischen irgend jemandem von uns besteht. Wir sind alle eins. Der Verstand antwortet darauf: „Wir sind alle eins, es spielt also keine Rolle. Ich könnte mit diesem oder mit jenem zusammen sein." Und doch spielt es eine Rolle. Ich kann nicht mit irgendeiner Frau zusammen sein, ich muss mit meiner Frau zusammen sein. Warum das so ist? Ich weiß es nicht. Es ist einfach so. Es ist eben etwas Besonderes, etwas ganz Persönliches. Es hat mit der Geschichte dieses Körpers zu tun, mit dieser Lebensgeschichte. In dieser Geschichte sind Samarpan und Marga verheiratet. Das hält mich nicht davon ab, mit jedem in Liebe zu sein. Ich bin in Liebe. Aber das heißt auch nicht, dass ich losrenne und mit jeder Frau ins Bett gehe. Das wäre dumm, das wäre echt verrückt. Also wie können wir das verstehen?

F.: Ich weiß es nicht, ich verstehe es nicht.

S.: Wir können es nicht verstehen.

F.: Mist.

S.: (lacht) Es ist einfach so, und du weißt, dass es so ist.

F.: Ich frage mich oft, ob nicht auch Liebe ein Konzept oder ein Idee des Ego ist. Oft fühle ich, dass ich nicht lieben kann.

S.: Das ist richtig. Worüber sprechen wir hier, wenn wir von Liebe sprechen? Dieses eine Wort versucht, so viele verschiedene Phänomene und auch was jenseits aller Phänomene ist, zu beschreiben. Wenn Jesus sagt, Gott ist Liebe, spricht er nicht von Emotionen. Er spricht nicht über das Sich-Verlieben, was bedeutet, dass man mit jemandem eine Liebesgeschichte beginnt und mit jemandem eine Fantasievorstellung entwickelt.

Jesus spricht über das, was wir sind. So sprechen wir über Liebe und darüber, im Herzen zu sein. Es geht dabei nicht um das physische, und auch nicht um das emotionale Herz. Es geht um die Mitte deiner selbst, das Herz der Herzen, den Ort, wo wir uns treffen. Wir sagen, dort, wo alles eins ist, aber in Wirklichkeit ist da gar nichts. Wo wir uns treffen, ist das Herz der Herzen, aber es ist nicht das emotionale Gefühl, das kommt und geht. Manchmal ist es sehr kühl. Da ist niemand, es ist nicht persönlich. (Schweigen)
Bitte fahre fort.
F.: Aber dieses Sehnen nach Liebe, ist das nicht wieder der Verstand?
S.: Jetzt kommen wir der Sache näher. Da besteht ein Sehnen?
F.: Sicherlich.
S.: Schließe deine Augen für einen Moment und lasse das Sehnen da sein. Lasse alle Ideen los. Entspanne dich mit dieser Empfindung. (Schweigen)
Was ist hier?
F.: Liebe.
S.: Sage mir, gibt es eine Begrenzung dieser Liebe?
F.: Ja und nein, natürlich ist da eine Begrenzung in...
S.: Schau nur in der Liebe, nicht im Verstand!
F.: Dann gibt es keine Grenze.
S.: Ist da eine Trennung zwischen dir und der Liebe?
F.: Nein, solange ich in ihr bin, nicht.
S.: Fehlt hier irgendwas?
F.: Ich würde gerne Ja und Nein sagen.
S.: Nur in dieser Liebe!
F.: Nein.
S.: Von hier können wir sehen, einfach aus dieser Liebe, dann ist es offensichtlich. Vom Verstand aus betrachtet ist es sehr verwirrend.
F.: Aber wiederum ist es ein Unterschied, ob mir nichts fehlt, wenn ich in dieser Liebe bin, oder ob ich in einer Beziehung bin und das mit einer bestimmten Person zu teilen versuche.
S.: Wenn du versuchst, etwas zu teilen, dann ist es der Verstand. Du kannst *das* nicht teilen. Dein Liebhaber ist kein Jemand, dein

Liebhaber ist ganz allein *das*. Wir werden durch die Phänomene der Körper verwirrt; dein Körper, der Körper deines Liebhabers. Dann versucht der Verstand alles zuzuordnen: das gehört dazu, und das bedeutet jenes. Aber wenn wir einfach zu dieser Liebe kommen, zu dem, was wir sind, ist da niemand, weder dieser Körper, noch der Körper deines Liebhabers, und doch ist dies alles, was ist. Der Verstand kann das nicht begreifen.

Wenn wir in dieser dreidimensionalen Welt agieren, scheint es anders zu sein. Du scheinst jemand zu sein, und ich erscheine als jemand anderes. Das ist die Welt der Erscheinungen, sie ist aber ohne Wirklichkeit. Wir können sehr klar sehen, dass sie nicht wirklich ist, wenn wir in dieser Liebe sind. Da erkennen wir, dass wir diese Liebe sind. Da war nie etwas anderes und wird nie etwas anderes sein. Dann können wir zurückgehen in die Welt der Gedanken, und da scheint große Vielfalt und viel Verwirrung zu sein, weil der Verstand versucht, all dies zu verstehen.

Das Beste, was wir tun können, ist, uns einfach in der Liebe zu entspannen. Der Verstand wird ausflippen – lass ihn ausflippen, das ist in Ordnung. Sei zu Hause. Der Verstand wird nach und nach ruhiger und langsamer werden. Er wird den Versuch aufgeben, herauszufinden zu wollen, was er nicht herausfinden kann. Er wird zufrieden damit sein, sich einfach nur um die alltäglichen Dinge zu kümmern, und sich nicht selbst damit verrückt machen, verstehen zu wollen, was er nicht verstehen kann. Darum ist ein Retreat so schön, weil es eine Gelegenheit ist, einfach in der Liebe zu ruhen, ohne eine Idee über irgendwas.

Wir gehen hinaus, um in unserer Welt zu spielen, und da gibt es unendlich viel, womit man spielen kann, so viele unterschiedliche Menschen, so viele Dinge. Was für eine erstaunlich schöne Welt wir erschaffen haben! Wir lieben es zu spielen, weil es für uns natürlich ist Spaß zu haben.

Wenn wir aber hinaus in die Welt gehen und nicht nach Hause zurückkehren, dann verlieren wir unser Gleichgewicht, dann werden wir krank. Du kannst in dieser Phantasiewelt, in dieser Illusion spielen, aber behalte die Balance. Komme zurück nach Hause. Nach und nach wird deine ganze Welt, dein ganzes Leben von zu Hause aus betrachtet.

Wir haben unser Zuhause vergessen. Wenn wir unser Leben leben und uns an unser wahres Zuhause erinnern, dann ist das Leben nicht so ernst, dann ist es einfach ein schönes Spiel. Darum geht es.

• • •

Fragende: Ich möchte gerne mitteilen, was mit mir in den letzten Tagen passiert ist. Zunächst war alles sehr schön. Ich war in Frieden. Aber dann nahm mein Verstand das, was du sagtest, zum Anlass, um konfus zu werden. Einmal hast du gesagt: „Gib deine Aufmerksamkeit dem Frieden." Und dann: „Gib all deine Aufmerksamkeit dem Gefühl, das wird dich nach Hause bringen."
Samarpan: Ja.
F.: Das ist mir nicht klar.
S.: Wenn Frieden ist, dann ruhst du in ihm. Ist ein Gefühl da, dann ist kein Frieden, oder? Du kannst ein Gefühl nicht zum Verschwinden bringen. Du kannst nicht sagen: „Ich will, dass das Gefühl weggeht, ich will Frieden." Du musst das Gefühl als Tor zum Frieden benutzen. Wenn du das Gefühl annimmst, dann wird es dich zu diesem tieferen Frieden leiten. Hast du diese Erfahrung schon einmal gemacht?
F.: Ich denke schon.
S.: Was ist also das Problem?
F.: Es war einfach der Verstand, dem es nicht gefallen hat, dass er nicht so viel Aufmerksamkeit bekam.
S.: Ja, das ist, was passiert. Denn das, was wir Ego oder Verstand nennen, existiert nicht wirklich. Es braucht ständige Aufmerksamkeit, um diese Idee von „mir" am Leben zu erhalten. Sobald meine Aufmerksamkeit aber im Frieden ruht, beginnt der Verstand durchzudrehen. Diese Idee von „mir" möchte gerne weiter existieren.

Du verfügst über die Aufmerksamkeit, du bist derjenige, der alles in Gang hält. Das Ego flippt aus und sagt: „Gib mir deine Aufmerksam-

keit, ich will deine Aufmerksamkeit. Ich werde dir etwas erzählen, was deine Aufmerksamkeit gewinnen wird."
F.: Das ist gestern passiert.
S.: Genau.
F.: Plötzlich verspürte ich ein Unbehagen, dass ich niemanden ansehen dürfte, weil ich stören würde, und dass ich auch dich nicht anschauen sollte. Ich versuchte herauszufinden, was es war. Es war einer meiner ältesten Begleiter in einem neuen Kleid. Ich identifiziere mich so leicht damit. Es ist die Geschichte, jemandem eine Last zu sein und selbst nicht genug zu bekommen, und dazu noch die Scham darüber.
S.: Ja, das ist es. Das ist, was du willkommen heißen musst. Heiße diese Scham oder welches Gefühl gerade am stärksten ist, willkommen. Lasse dich von ihm führen, lass es dich berühren.
F.: Ich bin so ungeduldig.
S.: Das ist nur der Verstand. Der Verstand schafft Ungeduld, weil er dadurch die Kontrolle behält. Wir sprechen hier über den Tod des Verstandes, über den Tod der Vorstellung von dir mit all den dazugehörigen Programmen. Sobald du die Scham oder das Gefühl, nicht genug zu bekommen, willkommen heißt, haben diese Programme keine Macht mehr. Das bedeutet, dem Tiger die Zähne zu ziehen.
F.: Zu dieser Geschichte gehört auch, dass ich mich schäme, weil ich versuche, den Leuten gefällig zu sein.
S.: Lass uns nicht in diese Richtung gehen, denn das ist ein weiterer Trick des Verstandes. Indem er dich an alles denken lässt, was mit dir nicht in Ordnung ist, hält er dich von diesem ganz gefährlichen Gefühl fern. Denn das zu fühlen, ist bedrohlich für den Verstand. Heiße das Gefühl jetzt willkommen. Schließe deine Augen, ruhe hier, ohne Gedanken über irgendetwas. (Schweigen) Was passiert jetzt?
F.: Es ist ruhig, doch der Verstand versucht dazwischenzufunken.
S.: Der Verstand will nicht, dass du ruhig bist. Der Verstand will ständig deine Aufmerksamkeit. Das ist jetzt eine sehr wichtige Zeit, es ist die Chance deiner Freiheit.
Zwischen dir und deinem Verstand findet ein Kampf um die Vorherrschaft statt. Dein ganzes Leben lang war der Verstand der Chef, da-

rum das Elend. Hier ist die Gelegenheit, das zu durchbrechen. Komme zur Stille, wieder und wieder. Was auch immer hochkommt, du heißt es willkommen, ohne eine Geschichte, ohne Gedanken. Analysiere nichts. Analysieren bedeutet, dass der Verstand die Vorherrschaft hat. Mache dem Analysieren ein Ende.

F.: Das heißt, die Aufmerksamkeit der Stille geben?

S.: Das ist richtig, da haben wir angefangen. Du hast deine Aufmerksamkeit der Stille gegeben. Wenn ein intensives Gefühl auftaucht, gibst du dem deine Achtsamkeit, lässt dich wieder zur Stille bringen und bleibst in der Stille. Du gehst nicht zurück in den Verstand und analysierst, was passiert ist.

Es ist einfach.

F.: Manchmal.

S.: Es ist immer einfach. Der Verstand wird es kompliziert machen, wenn er die Vorherrschaft hat.

F.: Die Geschichte geht weiter.

S.: Das macht nichts, lass die Geschichte weitergehen. Schenke der Geschichte gar keine Aufmerksamkeit, das ist der Punkt.

F.: Ich weiß nicht, ich bin mir nicht sicher, ob ich der Geschichte Aufmerksamkeit geschenkt habe. Ein Schmerz kam, weil ich so oft eine „Brezel" aus mir gemacht habe. Ich hatte die Einsicht, dass ich für meine Mutter zu viel gewesen bin. Nicht ich war zu viel, sondern für sie war es zu viel. Nach dieser Einsicht war ich erschöpft und müde. Ist das auch Teil der Geschichte?

S.: Man hat Einsichten. Es ist wahr, was du über deine Mutter gesehen hast, dass es für sie zu viel war und eigentlich nichts mit dir zu tun hatte.

F.: Ich war erstaunt, weil ich nach dieser Einsicht keine Erleichterung fühlte.

S.: Du hast keine Erleichterung gespürt, weil du nicht das damit verbundene Gefühl fühlen wolltest. Wenn du die Situation deiner Mutter verstehst, hilft dir das nicht. Du musst das Gefühl fühlen und durchleben, eine Last zu sein. Wenn du gewillt bist, das Gefühl zuzulassen, spielt es keine Rolle, wie die Geschichte verlief.

Wir haben gelernt, unsere Gefühle zu rationalisieren. Das spielt sich ungefähr so ab: „Ich sollte mich nicht schlecht fühlen, weil meine Mutter ja auch sehr belastet war." Aber trotzdem fühlst du, was du fühlst. Dafür gibt es keine Abkürzung.
Lasse das Gefühl kommen, lass es hier sein. Dies ist ein alter Freund.
(Schweigen)
Was ist jetzt?
F.: Der Verstand hat wieder dazwischengefunkt.
S.: Der Verstand will nicht, dass du dies fühlst. Wenn du Freundschaft mit diesem Gefühl schließt, hat der Verstand nichts mehr, womit er dich quälen kann.
Habe mit dir selbst Geduld. Komme ganz behutsam wieder und wieder zum Gefühl zurück und heiße es, so gut du kannst, willkommen. Das ist deine Hausaufgabe, es gibt nichts anderes zu tun.
F.: (in Tränen) Es ist gut deine Liebe zu fühlen.
S.: Diese Liebe ist endlos.
F.: Manchmal...
S.: Manchmal was?
F.: Manchmal bilde ich mir ein, dass du alle liebst, nur mich nicht.
S.: (lacht) Ja, das ist das Programm.

14

All-Ein-Sein

Samarpan: Einen schönen Nachmittag, willkommen zum Satsang. Wie geht es euch?
Fragender: Hallo.
S.: Hallo, wie geht es mit deinem Motorroller?
F.: Sehr gut, ich habe heute eine sehr schöne Fahrt gemacht. Wir haben viel darüber gesprochen, die Gefühle zu fühlen. Ich frage mich, ob man immer ein Gefühl zu vermeiden sucht, wenn man in Gedanken herumspinnt?
S.: Meistens.
F.: Mein Verstand spinnt oft über alle möglichen Dinge herum, und ich erlebe das als Leiden. Es ist nichts anderes als denken, aber es macht keinen Spaß.
S.: Es ist harte Arbeit, es schluckt deine ganze Energie.
F.: Bedeutet das, dass auf einer tieferen Ebene einem Gefühl Widerstand geleistet wird?
S.: Du musst damit nicht einmal sehr tief gehen. Der Verstand spinnt herum, und wie fühlt sich das an?
F.: Schrecklich.
S.: Also fühle dich einfach schrecklich, das holt dich wieder heraus. Es ist wirklich einfach, du musst überhaupt nicht sehr tief gehen.
F.: Es ist nicht fair, jedes Mal, wenn ich dir in die Augen schaue, verschwinden alle meine Probleme. (lacht)

S.: Ja. (beide lachen)
F.: Wenn ich hier sitze, vergeht die Zeit im Nu. Nochmals danke.
S.: Du bist sehr willkommen.

• • •

Fragender: *Ich wollte immer schon viel alleine sein; ich dachte, dass ich reifer und fähiger werden würde, mit Leuten zurecht zu kommen.*
Samarpan: Ich habe das auch immer gedacht. (lacht)
F.: *Eigentlich habe ich es gehofft.*
S.: Ja, ich auch.
F.: *Ich dachte, dass es so sein sollte.*
S.: Mir war auch nicht bewusst, dass ich so sein sollte, wie ich bin.
F.: *Ich fühle mich irgendwie als „Gesellschaftskrüppel". Niemals habe ich die Leute verstanden, und sie mich auch nicht.*
S.: Das kann ich verstehen.
F.: *Wenn ich alleine bin und nicht im Verstand, dann ist es einfach in Stille zu sein, aber wenn Leute kommen, mit mir sprechen und ich mich mit ihnen unterhalte, bin ich einfach konfus.*
S.: Ja, weil über einen solchen Unsinn gesprochen wird. Ich erinnere mich, als ich vor ein paar Jahren auf einer Party war und mit einer Frau sprach. Ich habe mich so außerirdisch und fremd gefühlt wie ein Besucher von einer anderen Galaxie. Denn nichts, was für mich interessant war, konnte für sie irgendetwas bedeuten, während ich absolut an nichts interessiert war, was sie interessiert hat. So ist es. Darum muss es, wenn ich Menschen treffen will, so sein wie hier. Ich muss genügend Leute finden, die auch so verrückt sind wie ich, damit ich mich ihnen in der Art wie es mir entspricht, mitteilen kann. Es gibt in ganz Amerika und Europa keine Cocktail-Party, auf der ich mehr als eine Person finden kann, mit der eine Verständigung möglich ist, aber meist gibt es überhaupt niemanden.
Das hier ist eine auserwählte Gruppe. Wir sprechen nicht einmal von einem Prozent, wahrscheinlich eher von dem Hundertstel eines Prozents der Menschheit. So ist es einfach auf der Welt.
F.: *Und mit diesen anderen Leuten muss man nicht sprechen.*

S.: Das ist richtig, das ist das Beste daran.
F.: *Aber dann lebt man wie ein Ausgeschlossener, total unsozial.*
S.: Ja, das ist in Ordnung.
F.: *Ich dachte, man sollte mitten auf dem Marktplatz sein, und es ginge nicht darum, sich zurückzuziehen und zu fliehen. Oft würde ich das gern.*
S.: Was würdest du gern?
F.: *Alleine sein.*
S.: Das ist kein Problem, oder? Es ist wiederum nur eine Idee, dass da etwas falsch ist, dass du oder die Leute anders sein sollten. Wenn du dich umschaust, erkennst du, dass die Erleuchteten zu allen Zeiten alleine waren. Schau dir Osho an, er hat neunundneunzig Prozent seiner Zeit allein verbracht. Er ließ uns um sich herum sein, solange wir ihm nicht zu lästig waren.
Du bist einmalig, genieße es, wie du bist. Schenke dem keinen Glauben, dass an der Art, wie du bist, etwas verkehrt sein sollte.
F.: *Es liegt also in der Natur der Dinge, dass man zum Beispiel den Geräuschen von spielenden Kindern oder dem Rauschen des Meeres ewig zuhören kann. Aber wenn man Leute sprechen hört, ist es dann natürlich, dass die Aufmerksamkeit von dem Gespräch angezogen und vom Lauschen abgelenkt wird?*
S.: Ich kann froh sein, dass ich in einem fremden Land bin, dessen Sprache ich kaum verstehe. Meistens kann ich die Gespräche der Leute einfach ausblenden, aber kürzlich saß mir im Zug eine junge, sehr attraktive Frau gegenüber. Sie war in Begleitung von drei Männern. Sie redete und redete und redete. Sie sprach Englisch, sodass ich verstand, worüber sie sprach. Sie hat den Männern erzählt, wie wundervoll sie sei, wie glücklich über ihre Arbeit, auch wie clever sie für diesen Job sein muss und... und... und. Die jungen Männer haben nichts von all dem gebraucht, sie wären auch ohne all das sofort auf sie draufgesprungen. (Gelächter)
Es ist erstaunlich. Die Wahrheit ist, sie hätte kein Wort sagen müssen. Sie war schön, die Männer waren einfach glücklich mit ihr zu reisen. Sie hat durch ihr Reden ihre Position in Wirklichkeit geschwächt. Das meiste Sprechen ist nicht notwendig. Es hält nur diese Idee von

einem „Ich" lebendig, und damit ist jeder in irgendeiner Form beschäftigt.

Jemand beginnt seine Geschichte zu erzählen, und entweder initiiert das eine Geschichte in deinem Gedächtnis, oder du beginnst zu vergleichen, oder du siehst dich in einem Wettstreit.

F.: Die Leute sehen mich als eine bestimmte Person, und ich betrachte mich dann selber als diese Person.

S.: Ja, so spielt sich das ab.

F.: Mit all den Reaktionen und der Unsicherheit!

S.: Die Idee, eine getrennte Person zu sein, ist der Schmerz. Darum ist es so schmerzhaft, mit Menschen zusammen zu sein, die ununterbrochen reden. Es hält deine Idee von dir selber wach. Das ist das Leiden. Nach einer Weile, wenn du mit dir selbst für ein paar Jahre in Stille warst, wirst du nicht mehr aus der Stille herausgezogen, aber du wirst das Reden immer noch langweilig finden. Du wirst mit keinem, der nicht an Stille interessiert ist, deine Zeit verbringen wollen. Das ist alles, was ich hier tue, ich lade die Leute in die Stille ein. Das ist meine Freude.

F.: Es ist gut, hier mit dir zu sitzen. Wenn ich etwas sagen möchte, sehe ich in deinen Augen, dass du es schon weißt.

S.: Ist da etwas, was gesagt werden möchte?

Osho hat die Geschichte von den zwei Meistern erzählt, die zu einem gemeinsamen Treffen zusammenkommen wollten. Die Schüler der beiden Meister waren sehr gespannt auf dieses Ereignis. Sie stellten sich viele große Diskussionen vor, und wie wundervoll es sein würde, wenn sich zwei Männer der Weisheit begegneten. So verharrten die Schüler in brennender Erwartung. Die Meister kamen, schauten sich an und brachen in schallendes Gelächter aus. Es wurde kein Wort gesprochen, sie haben nur gelacht und gelacht, weil es *hier* nichts zu sagen gibt.

Ich weiß das, und du weißt das, und jeder erkennt es in den Augen des anderen.

F.: Dann ist man ein Narr, wenn man redet.

S.: Ja, das ist der Punkt; alles, was man dann noch sagt, ist eine Tor-

heit. Es gibt wirklich nichts zu sagen, alles ist offensichtlich.
F.: Danke.

• • •

Fragende: *Hallo Samarpan. Jetzt fühle ich mich ein bisschen dumm, nachdem du gesagt hast, dass es nichts zu sagen gibt.*
Samarpan: Wenn etwas gesagt werden muss, dann muss man es auch aussprechen. Wenn Fragen da sind, müssen sie auch gestellt werden. Es spielt keine Rolle, wenn du als Narr erscheinst, wen kümmert es? Mich kümmert es nicht.
F.: Könntest du überprüfen, was ich als wirklich erlebe?
S.: Dafür bin ich hier.
F.: *Ich fühle mich sehr seltsam, auch in meinem Körper. Ich habe viele Schmerzen, es ist wie ein starkes Brennen. Ich nehme es mit der Einstellung wahr: Oh, was passiert, ist interessant.*
S.: Das ist sehr schön. Das Brennen wird sich um alles kümmern, es wird alle Unreinheiten verbrennen, alle alten Ideen. Das sind wundervolle Nachrichten.
F.: *Ich habe das Gefühl, als wollte ich etwas.*
S.: Was willst du?
F.: *Ich möchte, dass alles okay ist und fühle, ich will noch etwas mehr. Ich fühle einfach dieses Wollen.*
S.: Unterscheidet sich das Wollen von dem Brennen?
F.: *Ich weiß nicht... Ja, es ist dasselbe, es gehört zusammen.*
S.: Sehr gut. Gib dem all deine Aufmerksamkeit.
Papaji sagte: „Gib deine gesamte Aufmerksamkeit einzig und allein diesem Verlangen." Wenn du dem deine ganze Aufmerksamkeit schenkst, dann ist es wirklich wie ein Brennen, ein brennendes Verlangen nach der Wahrheit. Das ist alles was nötig ist, das ist perfekt. Sehr gut, lasse mich bitte wissen, wie es weitergeht, ja?
F.: *Ja, danke.*

• • •

Fragende: *Ich genieße das Schweigen hier. So viele gesellschaftliche Konditionierungen fallen dadurch weg. Ich bin sehr froh darüber, es macht* *mich glücklich. Sonst ist immer dieser Druck, etwas tun oder sagen zu müssen.*

Samarpan: Ja, normalerweise kann man an niemandem vorbeigehen, ohne etwas zu sagen. Man kann von niemandem weggehen, ohne dass man etwas sagt oder tut. Es ist so einengend.

F.: Ich fühle mich überhaupt nicht isoliert, im Gegenteil. Es gibt mir so viel Energie, all die Energie, die sonst beim Reden verloren geht. Manchmal bin ich so glücklich und spüre so viel Vitalität, dass ich innerlich springe. Ich springe auf diese Felsen hoch und runter, in den Himmel und zurück.

Manchmal bin ich so berührt und muss weinen. Da ist diese Sehnsucht aufgetaucht, mich in ein Kloster zurückzuziehen.

S.: Du brauchst kein Kloster. Das ist der Verstand, der sagt, wenn ein wenig Stille und Alleinsein gut ist, dann wird mehr davon noch besser sein. Aber nach ein oder zwei Wochen im Kloster willst du dann wieder mit Leuten zusammen sein. Wenn du dir diese künstliche Barriere nicht schaffst, die ein wirkliches Kloster darstellt, dann kannst du jederzeit im Kloster sein. Du kannst zu jeder Zeit mit dir selbst und dem Göttlichen sein, wo immer du auch bist, ob in deiner Wohnung, draußen in der Natur oder mitten in der Stadt im Einkaufszentrum, du kannst *hier* sein. Das bedeutet, das Kloster in die Welt zu bringen. Dadurch findest du das Gleichgewicht. Die Zeiten, in denen man sich ins Kloster zurückzog, sind vorbei. Es ist eine alte Idee.

F.: Ich denke in letzter Zeit viel über den Gegensatz nach, einerseits den Alltag in dieser Welt zu leben, und auf der anderen Seite nur noch Gott zu dienen.

S.: Beides: Dein Leben leben und ganz allein Gott dienen! Das ist das Kloster, wenn du dein ganzes Leben dem Göttlichen gibst. Es ist nicht nötig vor der Welt davonzulaufen, die Welt braucht das Göttliche. Die Welt hungert nach Frieden.

F.: Meine Erfahrung damit ist aber anders. Ich komme mir vor, als wäre ich aussätzig.

S.: Ja, das bist du. Du bist ein Außenseiter, du bist an die Welt nicht angepasst, du passt in keine Schablone.

F.: Und ich bin auch bei dem Großteil der Leute nicht erwünscht.
S.: Das ist richtig.
F.: Dadurch habe ich das Gefühl, dass die Leute das nicht brauchen.
S.: Es ist für die Welt an der Zeit aufzuwachen, es ist wirklich Zeit. Das kann nicht geschehen, wenn sich jeder in ein Kloster zurückzieht. Wir müssen das Kloster in die Welt bringen. Es ist die Aufgabe des Bodhisattva, in der Welt zu sein und das Göttliche in die Welt zu bringen. Das ist ansteckend.

Ich spreche nicht davon, jemanden zu bekehren oder zu überzeugen, sondern dein Sein sprechen zu lassen. Wenn du in der U-Bahn sitzt und für dich still bist, dann fühlt jeder diese Stille. Vielleicht bemerken es die Leute nicht auf einer bewussten Ebene, trotzdem überträgt sich diese Stille auf sie.

F.: Wenn ich in der U-Bahn sitze, spüre ich die Stille dann aber vielleicht nicht mehr.
S.: Das spielt keine Rolle, du magst sie vielleicht nicht spüren, das ist in Ordnung.

Finde genug Zeit, für dich alleine zu sein. Mache aus deiner Wohnung einen Tempel, schaffe dir Raum, um die Stille zu unterstützen, nutze jede Gelegenheit dies zu fördern.

Die Welt wird nicht aufwachen, wenn sich alle in die Berge zurückziehen, in eine Höhle oder in ein Kloster. Wir brauchen euch auf dem Marktplatz, in der Welt, in den Städten, im ganz normalen, alltäglichen Leben. Meditation geschieht nicht nur im Kloster oder in deiner Wohnung, sondern du bringst die Wahrheit vierundzwanzig Stunden am Tag in die Welt.

Gib *dem* deine Aufmerksamkeit, das ist die Aufgabe. Je bewusster du dies tust, desto mehr unterstützt es dich. Je mehr du dein Leben dem Göttlichen weihst, desto stärker wirst du darin ruhen. Habe keine Angst vor der Welt, laufe nicht vor ihr davon, das wäre der alte Weg.

Kennst du die Geschichte von dem Mönch, der fortgelaufen war und sich in eine Höhle zurückgezogen hatte, um der Welt zu entsagen? Osho fragte ihn: „Was hast du aufgegeben?" Der Mönch antwortete:

„Ich habe der Welt entsagt, weil sie nur eine Illusion ist." Osho sagte: „Wenn die Welt nur eine Illusion ist, dann gibt es da nichts zu entsagen. Wenn sie nicht wirklich ist, brauchst du nicht davonzulaufen, sie ist substanzlos." (beide lachen)

• • •

Samarpan: Diese Welt ist in einem starken Wandel begriffen. Dieser Wandel wird sich in den nächsten zwanzig Jahren ereignen. Dies ist eine sehr wichtige Zeit in der Geschichte der Menschheit. Auf diese Zeit haben wir gewartet. Niemals zuvor war es einfacher zu erwachen als jetzt. Da ist eine Reife und eine Bereitschaft, die man überall sehen kann, nicht nur hier im Satsang, in der ganzen Welt beschleunigt sich dieser Prozess.
Es ist kein Zufall, dass die Rinder krank werden und die Menschen aufhören rotes Fleisch zu essen. Es ist kein Zufall, dass in Deutschland die Mauer gefallen ist. Es ist nicht zufällig, dass sich das gesamte Bewusstsein der Menschheit verändert. Ich spreche nicht von Menschen, die die Wahrheit suchen, sondern ich meine die ganz normalen Menschen. Es findet wirklich eine Veränderung des Bewusstseins statt, und ihr steht an der Spitze dieser Entwicklung. Das ist eine wunderbare Zeit.
Wir brauchen Erleuchtung, in der Industrie und in den Büros.
Viele Leute werden in dieser Zeit ausflippen, das ist eine andere Seite dieser Energie. Die Schwingung ist hoch, doch manche Leute wissen nicht, wie sie damit umgehen sollen. Sie denken, da liefe etwas verkehrt.
Sei dort, wo immer du bist, es ist gut so. Tue das, wonach du dich fühlst, es wird perfekt sein.

• • •

Fragende: Es ist so seltsam in diesen Tagen. Dieses Retreat ist für mich so ganz anders als jedes andere oder als jede Vorstellung von einem Retreat. Ich habe mich auf die Stille gefreut und darauf, nichts zu tun, und jetzt bin ich überhaupt nicht im Schweigen. Ich bin zur Arbeit eingeteilt und renne den ganzen Tag beschäftigt herum.

Samarpan: Das ist gut für dich. Wenn du zu viel Zeit hast, beginnt dein Verstand dich zu verwirren. Du siehst gut aus. Es ist gut, wenn du beschäftigt bist.

F.: Du hast vor ein paar Tagen schon zu mir gesagt, dass es in Ordnung ist, wie es ist. Das ist wahr. Ich genieße es total. Ich habe den Kampf aufgegeben. Da war zum Beispiel die Idee, wenigstens vor dem Satsang Zeit zum Duschen zu haben. Normalerweise will ich auch zur Ruhe kommen und entspannen, bevor ich esse. Aber es ist einfach nicht möglich. Ich reserviere einen Teller für mich, und alle ärgern sich, dass mein Teller immer noch da steht, wenn schon Zeit für die nächste Mahlzeit ist. Dann habe ich mir selber gesagt, vergiss es, ich esse einfach in meinem eigenen Rhythmus. Oder: Heute bin ich nicht mal schwimmen gegangen. Wenn ich die Idee fallen lasse, dass ich ja hier die Sonne und das Meer genießen will, dann geht es einfach darum, zu akzeptieren, dass es eine andere Erfahrung ist.

S.: Ja.

F.: Manchmal kommt es zu diesem Anhalten, und dann kann ich sagen, es hat einen völlig anderen Geschmack. Ich laufe immer noch von hier nach da, aber der Körper fühlt sich anders an. Ich schaue anders. Ich denke: Oh, ja, das ist auch möglich. Und dann ist da der Moment, wo ich einfach nur noch gehe – nicht mehr gehe, um irgendwo hin zu gelangen.

S.: Ja, das ist es. Das ist Anhalten.

F.: Es ist schön. Ich dachte immer, ich müsste anhalten, indem ich mich hinsetze und mir sage, jetzt muss ich anhalten und sehen, was hier ist, und die Stille fühlen. Aber gerade wenn ich denke: Ja, so fühlt sich Stille an, dann frage ich mich: Ist es das? Und dann ist es wie: Ja, ich kenne die Stille, aber jetzt muss ich los und dies und das machen... Ich bin dann im selben Zustand wie vorher. Ich komme da nicht heraus, ich kann es nicht tun.

S.: Das ist richtig.

F.: Also muss ich akzeptieren, dass es Zeiten gibt, die so sind? Muss ich einfach geduldig sein?

S.: Du musst nicht einmal geduldig sein. Sei dir einfach bewusst, was hier ist. Sei hier, so sehr du kannst, was immer du tust. Mache dir keine Sorgen über irgendeine Erfahrung.
F.: Selbst wenn da einfach Spannung und kein Anhalten ist?
S.: Wenn da Spannung ist, dann ist einfach Spannung da; erfahre sie. Was könntest du sonst tun? (Schweigen)

15

Der Sprung ins Unbekannte

Samarpan: Guten Abend, willkommen zum Satsang.
Fragende: Gestern habe ich wieder einmal diesen Zustand erlebt, bei dem ich ganz im Ego war: Arroganz, Beurteilung, Neid und Stolz, all diese hässlichen Dinge. Bis jetzt habe ich mich immer verurteilt, wenn ich das bemerkt habe. Gestern ist etwas anderes geschehen. Es ist interessant, du sagst es schon seit Jahren, und ich höre es seit Jahren, aber ich musste erst selbst die Erfahrung machen, um wirklich zu verstehen. Plötzlich habe ich es genossen, im Ego zu sein. Es war wirklich ein Vergnügen. Ich dachte mir, jetzt bin ich eben so eine blöde, arrogante Kuh. Dann tauchte die Frage auf: Wen kümmert es?
S.: Genau.
F.: Es ist niemand da, den es kümmert! Ich kann so sehr im Ego sein, wie ich will, ich kann damit herumspielen, keinen kümmert es. Es war so befreiend!
S.: Normalerweise wechseln wir von dem positiven Ego, das wir hier arrogant nennen, zu einem negativen Ego. Das gibt sich dann entweder bescheiden oder es macht uns schlecht, wie: „Ich sollte nicht so arrogant sein."
F.: „Das ist nicht spirituell."
S.: Genau. Dann haben wir ein spirituelles Ego. Es ist alles Ego, jede Idee über dich selbst ist Ego. Es ist schön, wenn du damit spielen und

es genießen kannst, ohne es zu verurteilen. Das ist großartig. Osho hat dazu gesagt: „Blase das Ego zu einem dicken Ballon auf, und dann sei wachsam, wenn der Stachel kommt!"

• • •

Fragender: Ich möchte über die Beziehung zwischen Männern und Frauen sprechen.
Samarpan: Das Thema ist immer interessant!
F.: Ich verschließe mich. Ich sehe nur zwei Möglichkeiten: Entweder gehe ich in eine Beziehungsgeschichte und verliere mich darin, oder ich mache dicht. In beiden Fällen entsteht Traurigkeit, denn verschließe ich mich einer Frau gegenüber, dann verschließe ich mich allem gegenüber, auch der Stille. So fühlt es sich für mich an.
S.: Schade! (Lachen)
Ich kann verstehen, dass du dich einer Frau gegenüber verschließt, besonders wenn es eine sehr starke Frau ist. Manchmal ist solch eine Frau einfach zu viel, und du musst irgendwie Abstand schaffen, sonst hast du als armer Mann keine Chance. (Lachen)
Ich verstehe aber nicht, warum du dich dir selbst gegenüber verschließt.
F.: Es scheint dasselbe zu sein. Ich habe mich den ganzen Abend und die Nacht über schrecklich gefühlt. Ich habe versucht in Stille zu sein, aber bei diesem Thema ist der Verstand am aktivsten.
S.: Okay, du läufst davon. Ist es nicht in Ordnung, davonzulaufen?
F.: Ja, es ist nicht gut, ich sollte offen sein. Es ist Liebe da, und was sie gibt, ist so schön.
S.: Das ist die Mann/Frau-Geschichte, und für gewöhnlich hat der Mann den Part desjenigen, der sich falsch verhält, denn: „Dieser Idiot kann einfach nicht offen sein..."
F.: Das ist richtig.
S.: „... dabei möchte ich ihm soviel Liebe geben." (Lachen)
F.: Für mich ist es schwierig mit dieser Liebe umzugehen.
S.: Es ist nicht die Liebe, die dir Schwierigkeiten macht. Es sind die Erwartungen und Emotionen, die in ihr ausgelöst werden, und das Ausagieren dieser emotionalen, liebevollen Gefühle.

F.: *Du meinst, wie es sich auswirkt, was es mit sich bringt?*
S.: Du brauchst nicht einmal so weit zu denken. Hast du schon einmal von bemutternder Liebe gehört? Das ist ein Spiel mit Worten, Mutter – bemuttern.
F.: *Sie ist überwältigend.*
S.: Wirklich überwältigend, sodass der Mann nicht mehr atmen kann.
F.: *Ja.*
S.: Was kann man in einer solchen Situation machen? Man hat keine Möglichkeit, sich zu verteidigen. Wenn jemand mit einem Messer auf dich zukommt, kannst du dich leicht verteidigen. Bringt dir aber jemand all diese liebenden Gefühle entgegen, die in dem Augenblick gar nicht willkommen sind, weil man für diese Aufmerksamkeit nicht offen ist, dann wird daraus auch eine Art von Gewalt, und dagegen gibt es keine Verteidigung.
F.: *Mein Verstand sagt dann, dass ich der falsche Mann bin.*
S.: Natürlich, das sagt der Verstand immer. In dieser Situation läuft es immer darauf hinaus, dass der Mann derjenige ist, der sich falsch verhält.
F.: *Das ist interessant. Meist waren meine Freundinnen sehr jung. Ich hatte die Vorstellung, dass ich dann mehr Macht hätte und dass sie weniger Druck auf mich ausüben würden, aber es ist doch immer wieder anders gekommen.*
S.: Je stärker und reifer die Frau, um so schwieriger ist es. Der Mann hat dem nichts entgegenzusetzen, was kann er tun? Er kann sich hässlich benehmen oder weglaufen. Beides fühlt sich nicht gut an, weil du sie nicht wirklich verlassen willst. Du magst sie und möchtest gerne mit ihr zusammen sein. Aber irgendwie werden deine Grenzen in einer Art überschritten, dass du nicht weißt, wie du damit umgehen sollst. Für mich fühlt es sich wie ein Mangel an Respekt an.
F.: *Aber dann verhält sie sich falsch – einer muss Unrecht haben.*
S.: So ist einfach die menschliche Situation. Es geht nicht darum, dass sich der Mann oder die Frau falsch verhält. Wir sprechen hier über Konditionierungen, über Gewohnheiten, wie wir gelernt haben, miteinander umzugehen. Adam und Eva haben von Anbeginn miteinander gekämpft, das ist unser Erbe.

F.: *Unsere Eltern haben es auch nicht besser gemacht.*
S.: Meine Eltern waren vollkommen unfähig; deine auch, ihre ebenfalls; wie sollen wir es denn gelernt haben? Wir haben von diesen verrückten Leuten gelernt. Besteht da eine Möglichkeit, herauszufinden, wie wir in harmonischer Weise miteinander umgehen können? Nur wenn wir uns eingestehen, dass wir es nicht wissen und demütig in die Situation hineingehen, dann besteht die Möglichkeit etwas zu lernen.
F.: *Das hört sich gut an.*
S.: Je sicherer die Frau sich in der Beziehung fühlt, um so schwieriger wird es, weil diese Programmierung stärker und stärker wird. Wenn sie anfangs noch etwas unsicher ist, gibt sie sich sanfter und respektvoller, aber sobald sie den Ring am Finger hat...
F.: *... dann hat sie das Sagen. (Gelächter)*
S.: Du wirst dadurch stärker werden. Wenn du dich nicht selbst ins Unrecht setzt, wirst du sehen, wie die Kraft kommt. So kann der Mann lernen, stark wie eine Frau zu sein.
Du kennst vielleicht den Witz, den Osho über den König erzählt hat, welcher in seinem Königreich nach einem Mann suchen ließ, der in seiner Familie wirklich das Sagen hätte. Der König sandte seine Diener aus, und sie gingen von Tür zu Tür und fragten: „Wer ist hier der Herr im Haus?" Ein Familienvater nach dem anderen musste eingestehen, dass seine Frau alles entschied. Schließlich war ein Mann an der Tür, den die Diener des Königs fragten: „Wer hat hier die Hosen an?" Er antwortete: „Ich bin der Chef in meinem Haus!" Der Diener sagte: „Oh, das ist sehr gut, der König will dir seine Anerkennung aussprechen, du darfst dir ein Pferd aussuchen. Willst du den Schimmel oder den Rappen?" Der Mann dreht sich um zu seiner Frau und fragt: „Liebling, sag, welches Pferd wollen wir?"(Lachen)
Zeige mir einen Mann, der keine Angst vor seiner Frau hat, und ich zeige dir einen Lügner!

• • •

Fragende: *Ich erinnere mich immer wieder daran, was du über Demut gesagt hast, und frage mich was Demut eigentlich ist. Mir ist es als Hal-*

tung nur aus der christlichen Tradition bekannt, bei der man gefügig den Kopf senkt.
Ich habe verstanden, was du über die emotionale Liebe gesagt hast und über die Gewalt, die damit verbunden sein kann. Heute Nachmittag hatte ich die ganze Geschichte mit meinem Ex-Ehemann vor Augen, wie ich meine vermeintliche Liebe dazu benutzt habe, ihn ins Unrecht zu setzen. Ich kenne das auch im Umgang mit meinen Töchtern. Ich weiß, wie es sich anfühlt, wenn ich sie etwas zu lange oder zu intensiv umarme. Ich bekomme es genau mit, wenn es ihnen unangenehm wird, ich aber trotzdem nicht damit aufhöre. Genau wie du gesagt hast, es ist ein Mangel an Respekt. Jetzt fühle ich es deutlicher. Lege ich zum Beispiel jemandem meine Hand aufs Knie, erscheint es wie eine sanfte Geste, aber ich spüre, wenn ich nicht auf den anderen achte, sondern nur aus meinem Wunsch heraus handle, missbrauche ich ihn. (weint)
Ich habe mich immer stark mit dieser emotionalen, persönlichen Liebe identifiziert, dadurch war ich jemand. Ich kann den Schmerz fühlen, den dieses Verhalten in mir auslöst, und ich fühle auch den Schmerz, den dies bei jemand anderem verursachen kann. Also muss ich dich fragen: Wenn ich jetzt schaue, nehme ich Stille wahr und Offenheit, wie eine Einladung, und das würde ich Liebe nennen, einfach das. Und darüber hinaus sehe ich, dass Körper und Verstand Impulse aussenden. Sobald ich damit in den Verstand gehe, fange ich an, mich darüber zu sorgen, ob ich das Richtige tue. Dann ist es ein totaler Alptraum. Wenn ich damit nicht in den Verstand gehe, sind da einfach Impulse, und ihnen zu folgen bedeutet einen Sprung ins Unbekannte zu wagen.
Samarpan: Genau so.
F.: Ich zittere, da ist nichts anderes. Ich danke dir.
S.: Oh ja.

• • •

Fragende: *Ich weiß nicht, womit ich beginnen soll. Ich fühle mich behindert. Ich schäme mich, ich laufe am Nacktbadestrand im Badeanzug herum, weil ich meinen Körper nicht so schön finde, und dadurch bin ich nicht offen.*

Samarpan: Okay, was ist damit? Meinst Du, dass du offen sein solltest?
F.: Vielleicht sollte ich alles ablegen, was mich behindert.
S.: Nein, es geht darum, deine Behinderungen zu akzeptieren. Weißt du, Papaji hat sich sehr geschämt, sich nackt zu zeigen, immer. Dies hat sich nie geändert, soviel ich weiß.
F.: Ich habe erkannt, dass es tiefer liegt. Ich habe nie Vertrauen zu einem Mann gehabt.
S.: Das verstehe ich. (Gelächter)
F.: Aber ich möchte vertrauen.
S.: Du musst herausfinden, worauf du vertrauen kannst.
F.: Das weiß ich.
S.: Du kannst keinem Mann vertrauen, du kannst keiner Frau vertrauen. Niemand ist verlässlich, keine Sache ist verlässlich, keine Umstände, kein Gefühl, kein Gedanke, kein Glaube.
F.: Das ist es.
S.: Dies zu erkennen ist der halbe Weg - dann schauen wir und sehen, was wirklich verlässlich ist. (Schweigen)
Das *hier* ist verlässlich, nur das. Darauf kannst du dich verlassen.
Es ist nichts falsch mit dir; du musst dich nicht ändern, damit du zu etwas vertrauen lernst, zu dem man gar kein Vertrauen haben kann.
F.: Danke.
S.: Heute ist ein guter Tag, um seine Illusionen los zu werden, ist es nicht so?
F.: Ja, das ist es.
S.: Du kannst dieser Illusion nicht vertrauen. Es ist eine schöne Illusion, aber wir können ihr nicht vertrauen. Gut?
F.: Danke.

• • •

Fragende: Die letzten zwei Tage waren sehr seltsam, immerfort kämpfte es in meinem Kopf und es hört nicht auf. Es geht noch immer um diese Liebesgeschichte. Mir ist klar geworden, dass mein Verstand und mein Herz die ganze Zeit kämpfen.
Samarpan: Was sagt dein Herz?

F.: Da ist Liebe für ihn, und ich spüre die körperliche Anziehung; ich möchte einfach mit ihm zusammen sein.
S.: Sobald dieses Wollen dazu kommt, ist es der Verstand, der sich als Herz tarnt. Das Herz ist einfach offen, das Herz liebt einfach, es braucht keinen Grund dafür und es erwartet nichts. Es ist dieser listreiche Verstand, der sagt: Ich bin das Herz.
F.: Eigentlich kämpft dann der Verstand mit dem Verstand.
S.: Es ist immer so. Das Herz kämpft nicht, daran kannst du erkennen, dass es wirklich das Herz ist. Das Herz ist einfach offen, liebend und akzeptierend.
F.: Ich hasse dieses Kämpfen. Eine Seite in mir sagt: Wie kannst du mit einem Mann sein wollen, der dich so schlecht behandelt, willst du das wirklich? Ich spüre ein klares Nein! Und dann ist mir auch immer bewusst, was du wohl sagen würdest. Ständig sind da diese Gespräche. Ich bekomme Antworten, von denen ich weiß, dass sie wahr sind. Trotzdem laufen die Gedanken immer weiter.
S.: Das ist eine ganze Gang, die da kämpft! Es sind nicht nur zwei, sondern eine ganze Meute. Ein Teil des Verstandes sagt, dass all dieses Kämpfen falsch ist. Der andere, dich beurteilende Teil sagt, dass du so nicht sein solltest.
Der ursprüngliche Kampf beginnt mit der Identifikation mit dem Verstand. Für gewöhnlich betrifft es etwas, das ich haben will, aber nicht haben kann: „Ich will; und wenn ich es nicht bekomme, bin ich wohl nicht gut genug, hübsch genug, sexy genug..." – all diese Ideen, die ich über mich habe!
Die Wurzel von all diesem Kämpfen ist die Idee von einem „Ich". Wenn wir die Wurzel durchtrennen, fällt der ganze Baum. Tun wir das nicht, wachsen immer mehr Zweige nach.
F.: Ja, ich sehe das auch so. Es ist mir aber nicht immer möglich, in Frieden zu bleiben.
S.: Ich verstehe das. Manchmal bist du absolut in Frieden, nichts ist falsch, alles ist da. Dann kommt ein Gedanke, auf den du springst, und wieder bist du zurück auf dem Schnellzug der Gedanken. So ist es für uns alle. Der Zug sieht vielleicht anders aus, es geht vielleicht

um ein anderes Thema, aber das macht keinen Unterschied, grundsätzlich ist es dasselbe.

F.: Ich weiß diese Antworten, aber ich hatte das Gefühl, ich müsste es noch einmal aussprechen. Vielleicht hilft das um schließlich loszulassen.

S.: Ja, es hilft, das Ganze offenzulegen. Es ist für alle gleich, jeder hat damit zu tun. Ich bringe es ans Licht, indem ich sage: „Okay, es ist so wie es ist, es ist der Verstand." In Wirklichkeit hat es nichts mit dir zu tun. Die Verbindung ist die Identifikation mit dem Körper/Verstand. Die Schwierigkeiten beginnen, wenn ich mich mit diesem Körper und diesem Verstand identifiziere.

F.: Jetzt gehe ich schon seit Jahren zum Satsang...

S.: ... und sollte es besser wissen.

F.: Eigentlich ist es das Verlangen, es endlich zu begreifen.

S.: Was ist da zu begreifen?

F.: Ich möchte wirklich wissen, wer ich bin, und nicht mehr die meiste Zeit außerhalb von mir selbst suchen. Im Augenblick fühle ich mich, als wäre ich nicht richtig hier. Da ist etwas, das woanders hin strebt. Ich fühle mich nicht mehr klar.

S.: Klarheit gehört auch zu den Phänomenen, die kommen und gehen. Auf Erfahrungen kann man sich nicht verlassen. Manchmal können wir einfach keine Klarheit finden, das ist in Ordnung. Der Punkt ist, nicht zu denken, dass da etwas falsch sei. Du hast die Erfahrung, nicht hier zu sein, das kenne ich auch. Und doch ist da jemand, der diese ganze Show beobachtet; jemand, der sich dieser Wahrnehmung des Nicht-hier-seins bewusst ist.

F.: Es fühlt sich so fern an.

S.: So subtil, aber wenn du *dem* mehr Energie gibst, kommt es näher. Das ist alles, was zu tun ist, Tag für Tag zu leben, jeden Augenblick so intensiv wie nur möglich zu erfahren, nichts als falsch einzustufen und sich mit keiner dieser Erfahrungen zu identifizieren. Du wirst nicht vermeiden können dich wieder zu identifizieren, das ist Teil der Illusion, aber es hat nichts mit dir zu tun.

F.: Wie gut, es immer wieder zu hören!

S.: Ja, wir müssen es alle immer wieder hören. Es ist so erstaunlich vielschichtig.

F.: Ja, auch weil ich dreiunddreißig Jahre lang etwas anderes gehört habe.
S.: Ganz bestimmt, und auch noch viele Leben davor. Was wir hier sagen, ist radikal, wenn man es mit den üblichen Ansichten vergleicht.
F.: Eine Sache muss ich fragen, weil sie mich so beschäftigt. Ich spüre oft diese Person in mir, die zweifelt. Ich frage mich: Ist der Lebenslauf eines jeden Menschen bereits durch einen großen Plan festgelegt? Ich würde das gerne glauben, weil es dann nicht mehr viel zu tun gäbe. Ich bräuchte nur so zu sein wie ich bin, das beobachten und Spaß dabei haben.
S.: Manches weist darauf hin. Als ich zum ersten Mal davon hörte, war ich schockiert. Das widersprach allem, was man mir beigebracht hatte. Man hatte mich gelehrt: freier Wille bedeutet, dass man mit seinem Leben tun kann, was immer man will. Wenn du dich mit Astrologie beschäftigst, siehst du, dass dein Leben mehr oder weniger festgelegt ist. Abhängig davon, unter welcher astrologischen Konstellation du geboren bist, erscheint dir dieser Augenblick in unterschiedlicher Weise. Jetzt gerade sind die Energien in einer bestimmten Weise ausgerichtet, aber sie wirken sich anders auf dich und auf mich aus, weil unsere grundlegenden Muster verschieden sind.
Sogar die Zeit meines Erwachens kann ich aus meinem Horoskop ersehen.
F.: Also weißt du, wie man das Horoskop liest?
S.: Nein, ich kenne mich mit Astrologie nicht aus. Aber ich ziehe Astrologen an, genauso wie Musiker und Gärtner.
Durch die Astrologie habe ich vor allem gelernt, zu entspannen. Du bist, wie du bist, weil es so vorgesehen ist. Wie du bist, ist perfekt für dein Erwachen, und es entfaltet sich alles genau zur richtigen Zeit. Selbst die Hölle, durch die wir in einem Beziehungsdrama gehen, ist perfekt.
Ich erinnere mich an eine Zeit, als meine damalige Freundin mit einem Freund durchgebrannt war. Immer wieder grübelte ich, was ich denn falsch gemacht hatte und versank in der Geschichte. Was hatte er Besonderes, was ich nicht hatte? Warum war sie bei ihm und nicht

bei mir und so weiter. Aber ich kam immer wieder zu meinen Gefühlen zurück. Ich war entschlossen, frei zu werden. Ich liebte sie beide. Das machte es mir leichter da durch zu gehen.
F.: Aber solange man zu so etwas nicht fähig ist, fühlt es sich schrecklich an.
S.: Bis ich das konnte, musste ich immer und immer wieder den Schmerz fühlen. Jedes Mal, wenn ich bemerkte, dass ich mit meiner Aufmerksamkeit in Gedanken über diese Geschichte war, kam ich zu der körperlichen Wahrnehmung zurück. Das war alles, was ich getan habe; ich habe einfach versucht, so gut ich konnte, dabei zu bleiben. Es ist möglich, es beginnt alles damit dich anzunehmen, wie du gerade bist.
F.: Ja, und wenn man es beim ersten Mal nicht begreift?
S.: Wir verstehen es nie beim ersten Mal. Das Göttliche ist so geduldig, es schafft immer wieder diese Situationen für uns, ganz liebevoll und sehr sanft, sodass wir lernen, nicht mehr so sensibel auf diese intensiven Gefühle zu reagieren, sondern entspannt zu bleiben.

• • •

Fragende: *Ich möchte dir eine kleine Geschichte erzählen. Es war eine sehr wichtige Erfahrung für mich. Ich bin jemand, der die Stille liebt und den Lärm hasst. Mein Mann ist ein Fan des Rockstars Rory Gallagher, der sehr laute Musik macht.*
Samarpan: Jemand, der sehr viel Krach produziert.
F.: Meinem Mann bedeutet diese Musik viel, und er möchte das gerne mit mir teilen. Diese Musik ist so lärmend, dass es mir schwer fällt, sie anzuhören, ich kann es einfach nicht. Doch dann hatte es mein Mann geschafft, einen Mitschnitt von einem Konzert auf Video zu bekommen, und lud mich ein, dies mit ihm zusammen anzusehen. Ich entschloss mich, ihm diesen Gefallen zu tun.
Er kam nach Hause, es war an einem Wochenende, und ich hatte mich auf einen langweiligen Abend eingestellt, hatte Bier und Erdnüsse eingekauft. Wir sind in die Küche gegangen, um möglichst weit weg vom Kinderzimmer zu sein, damit wir die Musik laut aufdrehen konnten.

Ich schaute mir also die Aufzeichnung an und war nicht richtig bei der Sache. Das war aber auch nicht weiter schlimm, denn ich war völlig unbeteiligt und wartete nur darauf, dass es vorbei ging.
Das habe ich übrigens bei den Satsangs gelernt, dass man nur warten muss; alles geht einmal vorbei. (Lachen)
Mein Mann war völlig gefesselt. Er sagte: „Das ist toll!"
Dann ist etwas passiert, völlig unerwartet und ungeplant: Ich schaute etwas genauer hin und konnte sehen, dass der Musiker völlig eins mit seiner Musik war. Er kümmerte sich gar nicht um das Publikum, er war eins mit ihm. Auch bestand eine solche Symbiose zwischen dem Klavierspieler und ihm – es war ein Tanz; es war wie Satsang. Für den Rest der Show war ich mitgerissen, wurde weggetragen, ich war in jedem Ton der Musik. Alles war eins: Rory Gallagher, die Musik, mein Mann, ich, das Publikum. Es war wie ein Trip, aber ich wusste: Was ich da erlebe, ist die Wahrheit. Es war nur eine Erfahrung, aber eine wunderbare.
Sie ist vorbei, aber es hat mich total bewegt, ich spüre es immer noch. Es ist einfach geschehen, ohne mein Zutun. Ich habe es nicht erwartet. Ich würde eher denken, dass mir so etwas hier im Satsang widerfahren könnte.
Ich habe erkannt, wenn die Welt so ist – und ich fühle, dass sie so ist – dann habe ich immer die Wahl. Die Welt hatte sich nicht verändert, nur meine Sichtweise war total anders.
S.: Ja, deine Wahrnehmung hat sich geändert. Ganz plötzlich hast du in all dem Lärm Gott gefunden.
F.: *Das passt in den Prozess, den ich im Moment durchmache: Das Leben kann aussehen wie es will, es ist nicht die Realität. Die Wirklichkeit ist etwas anderes und liegt nicht in meinen Händen. Ich habe keinen Einfluss darauf. Diese Geschenke, diese göttlichen Momente kommen von alleine.*
S.: Das ist Satsang, das ist die Wahrheit. Das Leben ist so. Wenn wir unsere Beurteilungen fallen lassen, ob zufällig oder absichtlich, dann können wir Gott überall erkennen. Durch die Verschiebung deiner Wahrnehmung konntest du die Schönheit in dieser Rockmusik sehen. Das muss nicht bedeuten, dass du jetzt für den Rest deines Lebens ein Rockfan werden musst, aber du hast die Schönheit dieser Musik erfahren.

F.: Ich konnte auch sehen, wie Vorurteile die Sichtweise einschränken. Es war eine großartige Erfahrung.
S.: Jetzt kannst du verstehen, was deinen Mann bei der Rockmusik so anspricht.
F.: Ja, jetzt habe ich volles Verständnis für ihn. Er hätte mir noch Jahre lang davon erzählen können, und ich hätte ihn trotzdem nicht verstanden.
S.: Man kann über etwas reden oder lesen oder nachdenken – erst wenn man die direkte Erfahrung gemacht hat, versteht man es. Einmal davon zu kosten, das genügt.
F.: Ich danke dir.
S.: Danke für deine Geschichte.

16

Die Macht der Illusion

Samarpan: Willkommen zum Satsang!
Fragende: Ich möchte gerne erzählen, was gestern passiert ist. In den letzten Tagen habe ich mich nur nach außen orientiert. Es war mir gar nicht mehr aufgefallen, dass meine Aufmerksamkeit nach außen gewandt war und dass ich Gott außerhalb von mir suchte. Aber gestern konnte ich mich nach innen kehren. Ich saß den ganzen Abend auf der Terrasse, und da war nur Weite; solch eine Erfüllung, es war ganz einfach. Ich hatte vergessen, dass es so schön ist.
S.: Du sprichst von der Erfahrung von gestern. Was ist jetzt hier?
F.: Da ist Schmerz, weil ich es wieder verloren habe.
S.: Lass uns danach suchen und sehen, ob es hier ist. Entspanne dich in diesen Augenblick, sei einfach hier. Wenn du nach einer Erfahrung suchst, ist sie nicht im Hier – aber prüfe, was hier ist.
F.: Frieden.
S.: Ist der Frieden jemals irgendwohin gegangen?
F.: Nicht der Frieden, aber da ist dieser Sog, nach außen zu gehen.
S.: Ja, so passiert es. Wir sind mit unserer Aufmerksamkeit woanders und nicht beim Frieden. Dann fragen wir uns, wohin der Frieden entschwunden ist.
Lass uns deine gestrige Erfahrung noch mal anschauen. Es war eine sehr intensive Erfahrung?

Kannst du sehen, was die Wahrheit *hier* ist? In dieser Erfahrung, in diesem Augenblick, in allen Erfahrungen, frage dich: was ist wirklich?
F.: Die Wahrheit ist, dass es in mir und nicht außerhalb von mir ist. Normalerweise habe ich das Verlangen, es von außen zu bekommen.
S.: War diese Erfahrung innen oder außen?
F.: Sie war innen, und ich fühlte mich eins mit der Weite.
S.: Es ist die Wahrheit, du bist eins mit der Weite, aber du hast nicht immer die Erfahrung davon. Erfahrungen kommen und gehen, auf sie kann man sich nicht verlassen. Aber die Weite ist verlässlich.
F.: Wie kann ich die Weite wahrnehmen, wenn ich nicht die Erfahrung davon habe?
S.: Die Weite ist dieselbe, aber deine Erfahrung davon ändert sich. Der Unterschied ist so fein, so subtil, und das ist wichtig für alle hier, denn es gibt viele Möglichkeiten, verwirrt zu werden. Ich kenne diese Verwirrung sehr gut.
Du hast einen Geschmack, eine Erfahrung davon, eins mit der Weite zu sein, und du wirst vielleicht nie mehr in deinem Leben genau diese Erfahrung haben. Du weißt jedoch, worauf diese Erfahrung hindeutet – auf die Wahrheit.
Der Mystiker Kabir sagte: „Ich hatte eine einzige Gotteserfahrung, sie dauerte ein paar Minuten, und den Rest meines Lebens verbrachte ich damit, ihr zu dienen."
F.: Ja, ich hatte eine sehr starke Erfahrung vor Jahren...
S.: Und diese Erfahrung war anders als die jetzige.
F.: Ja, sie war anders.
S.: Jede Erfahrung ist anders.
F.: Aber wenn die Erfahrung vorüber ist?
S.: Wenn sie vorüber ist, dann ist sie vorüber. Und was nicht kommt und geht, ist *hier*, genau jetzt.
F.: Jetzt ist es einfach, jetzt mache ich eine Erfahrung.
S.: Lass uns hier keine Verwirrung stiften; mein Bestreben ist es, Klarheit zu schaffen. Was ist immer hier, unabhängig von einer Erfahrung? Du kannst die Erfahrung von Traurigkeit haben, von Freude, von sexuellem Vergnügen oder von Schmerz, aber worin erscheinen alle

diese Erfahrungen, und worin verschwinden sie wieder? Was ist die Leinwand, auf der wir den Film sehen?

Wir glauben so schnell, dass es die Erfahrungen sind, die uns in diesen Momenten so tief berühren, dass wir denken: „Oh, das ist es!" Und dann verlieren wir sie wieder und fragen uns: „Wo ist es hin?"

Wir sprechen aber nicht über das, was man bekommen und wieder verlieren kann. Wir sprechen darüber, wer du bist, darüber, was nicht kommt und geht.

Du kannst die Erfahrung haben, im Himmel zu sein und Götter und Engel zu treffen, exquisite Erfahrungen. Aber das sind eben nur Erfahrungen. Die Christen glauben an den Himmel als einen tatsächlichen Ort. Wenn Leute sterben, wenn der physische Körper sein Leben aushaucht, dann gibt es verschiedene Möglichkeiten. Eine davon ist in den Himmel zu kommen. Das scheint eine gute Wahl zu sein, der Himmel ist großartig. Du kannst Hunderte von Jahren im Himmel verbringen, für alles wird gesorgt. Du hast all das Vergnügen, all den Wein, alles was du jemals haben wolltest, aber es ist nicht real. Alles, was beginnt, hat auch ein Ende, das ist die Natur der Dinge. Alles, was kommt, geht auch wieder.

F.: Aber warum ist das so?

S.: Das ist die Natur der Dinge. Wenn du nach etwas greifst, das kommt und geht, wirst du enttäuscht werden. Das geschieht alles im Außen, obwohl es so scheint als sei es innen. Es deutet nach innen, es deutet zur Wahrheit, aber es ist nicht die Wahrheit. Es ist eine Erfahrung.

F.: Dann versuche ich jetzt zu sehen, was immer da ist.

S.: Es ist ganz einfach, schau und sieh. Was ist hier! (Schweigen)

F.: Nichts.

S.: Wie ist das?

F.: Irgendwie normal. (lacht)

S.: Irgendwie normal. (Schweigen)

Das ist dein Fundament, dein Urgrund, auf den du bauen kannst. Das ist verlässlich und nur das befriedigt.

Ich machte eine solche Erfahrung, als ich bei Papaji war. Ich war so glücklich, ich kniete nieder und berührte seine Füße. Papaji schaute mich an und machte: „Hm", und sofort schwebte die Erfahrung davon.

Es ist sehr, sehr wichtig, ganz genau zwischen dem, was wirklich ist, was immer ist, und der Erfahrung zu unterscheiden.

F.: Warum suchen wir dann nach etwas anderem?

S.: Schaue nicht nach etwas anderem. Nur *dies*!

Wenn wir es einmal verstehen, sehen wir es überall. Diese Erfahrung, die du hattest, weist darauf hin. Jede Erfahrung deutet darauf hin.

F.: Es fühlt sich umgekehrt an, als ob dies *auf die Erfahrung hinweisen würde.*

S.: Warum sagst du das?

F.: Weil das die Verwirrung ist, unter der ich immer gelitten habe.

S.: Wir denken, weil ein Feuerwerk losgeht und eine großartige Erregung bewirkt, müsse es wirklich sein. Das ist die Verwirrung. Darum verwechseln die Leute psychotische Erfahrungen mit der Realität. Bei solchen Erlebnissen treten oft ungeheure Kräfte und Energien auf, die sich dann in Form von Klarheit und göttergleichen Einsichten manifestieren. Aber das ist die Verführung durch den Verstand. Worüber wir sprechen, ist sehr erdverbunden, es ist nicht fern in den Sternen, sondern sehr nah. So nah, so normal, wir können es jeden Augenblick erfahren. Wir nehmen es vielleicht nicht immer wahr, weil wir mit anderen Erfahrungen beschäftigt sind, aber es ist jeden Augenblick da.

Als ich vor zwanzig Jahren mein erstes Satori hatte, hörte ich Osho sagen: „Vergiss es!" Ich wollte es nicht vergessen, sondern die Erfahrung noch einmal machen. Ich wollte es als dauerhafte Erfahrung haben. Er sagte, ich solle es vergessen. Das war ein sehr guter Ratschlag.

F.: Ja, Papaji hat mir das auch gesagt, und ich dachte, ich sollte es vergessen, um es wiederzufinden!

S.: Nein, vergiss es, weil es nicht die Wahrheit ist. Die Verwirrung besteht darin, dass man einem Phänomen seine Aufmerksamkeit gibt, das nicht wirklich ist, das nicht mehr hier, sondern nur eine Erinnerung ist. Du hängst noch an deiner Erfahrung. Aber irgendwann wird es nur noch eine schwache Erinnerung sein. Diese intensive Erfah-

rung, die ich vor zwanzig Jahren hatte, war so lebendig, so eindrucksvoll. Doch jetzt kann ich mich kaum noch daran erinnern, sie ist nur noch schemenhaft in meinem Gedächtnis, eine Erinnerung an irgendetwas. Ja?
F.: *Ja.*
S.: Ich wollte dir nicht die Freude verderben, ich wollte Dir nicht in die Parade fahren.
F.: *Ja, das hast du aber.*
S.: Je eher, desto besser!

• • •

Fragende: *Dann habe ich wohl Glück gehabt, dass ich bis jetzt noch keine hochdramatische und ganz besondere Erfahrung hatte. Ich habe immer auf so etwas gewartet.*
Samarpan: Die eine Hälfte der Leute wartet auf ein solches Erlebnis, und die andere Hälfte wartet, dass sich eine solche Erfahrung wiederholt: Warten auf Godot! (lacht)
Alles Wirkliche geschieht genau jetzt hier im Moment. Es ist immer hier. Wir müssen nur anhalten, um es zu sehen. Wenn wir still genug sind, ist es offensichtlich. Es spielt keine Rolle, wie wir still werden. Alles kann dich hierher bringen: du reinigst dein Haus, du bereitest das Essen zu oder du gibst eine Massage, und keiner ist da, der etwas tut.
In jedem Augenblick, der total gelebt wird, ist keiner da, der darüber nachdenkt, der abwägt oder sich an andere Momente erinnert oder auf zukünftige Momente projiziert.
Nur das, was hier ist!
Es ist so offensichtlich, so normal, dass wir es jederzeit übersehen können. In dem Augenblick, wenn du erkennst, sagst du: „Ach ja, natürlich!" Wenn du erkennst, weißt du, dass du es schon immer gekannt hast.

• • •

Fragender: *Ich habe zwei Fragen. Die Erste ist: Wer ist dieser Typ, der immer Liebe und Anerkennung von außen braucht? Er erscheint nur, wenn ich nicht bekomme, was ich brauche.*

Samarpan: Und wenn da kein Verlangen ist, etwas zu bekommen? Wenn du grundlos glücklich bist?
F.: Dann ist er nicht da.
S.: Sehr gut, das ist richtig. Also fällt er unter die Kategorie: was kommt, das geht auch wieder. Deshalb brauchen wir uns nicht um ihn zu sorgen, er ist nicht wirklich. Das ist die Komik, dass sich herausstellt, dass der Teil von uns, den wir versucht haben zu befriedigen, gar nicht existiert. Das macht es einfach.
F.: Ja. Ich warte darauf, dass er wieder auftaucht. Ich bin vorsichtig.
S.: Es spielt keine Rolle, ob er kommt. Es ist, als ob dich ein Geist besucht. Ist dir erst einmal wirklich klar, dass er nicht existiert, kann er jederzeit kommen, und du nimmst ihn nicht ernst. Sobald du aber denkst, dass dieser Typ ein Teil von dir ist, gibst du ihm wieder Macht.
F.: Okay, ich versuche es.
Noch eine Sache: Ich bin mir nicht sicher, ob ich den Frieden, über den du sprichst, überhaupt schon kenne, dabei meditiere ich schon so lange. Wenn ich vollkommen mit einer Sache beschäftigt bin, entsteht so etwas wie eine Bewegung von totaler Anspannung hin zu einem Zustand von tiefem Frieden, den ich dann als normal empfinde. Wenn dieser Zustand des Friedens nicht leicht, aber doch manchmal für mich erreichbar ist, warum bin ich dann nicht erleuchtet? Was ist der Unterschied?
S.: Du hast gehört, wie ich gesagt habe, dass jeder erleuchtet ist.
F.: Aber was ist der Unterschied?
S.: Du hast mir gerade gesagt, dass du eine Wahl hast.
F.: Oft, ja.
S.: Immer! Dir bleibt immer die Wahl. Manchmal ist es dir nicht bewusst, dass du die Wahl hast, weil du mit der Anstrengung beschäftigt bist, etwas zu erreichen. Aber immer wenn du anhältst und dich entspannst, erkennst du das.
F.: Ja, das ist richtig. Aber das heißt nicht, dass ich erleuchtet bin.
S.: Das bedeutet aber auch nicht, dass du es nicht bist.
Ich sage, Frieden ist deine Natur. Und du sagst mir, dass du dies erkannt hast, zumindest die meiste Zeit, oder manchmal? Wenn du das

nur für einen Augenblick erkennst, ist es genug. Alles andere geschieht ganz natürlich, weil es einfach schöner ist, in Frieden zu sein als im Stress.

F.: Manchmal komme ich während der Meditation in diesen friedvollen Zustand, und dann ist es nicht direkt langweilig, aber ich habe den Gedanken, ich sollte etwas tun. Diesem Gedanken zu folgen erscheint mir dann attraktiver.

S.: Das ist der Trick. Du bist in Frieden, und dann kommt der Verstand mit etwas, das dir anziehender erscheint. Da ist die Tendenz, sich von dem Frieden abzuwenden und einer Aktivität zuzuwenden, weil das attraktiver erscheint. Das ist die Natur der Illusion, sie sieht interessant aus.

Ich habe einmal Disneyland aus einer ungewöhnlichen Perspektive gesehen, wie es sonst kaum einer zu Gesicht bekommt. Meine Freundin und ich wurden festgenommen, weil wir etwas Unerlaubtes geraucht hatten. Wir wurden abgeführt und aus dem Park herausgebracht, aber nicht auf dem üblichen Weg. Sie brachten uns hinter die Gebäudefassaden. Von vorne sieht alles echt aus, aber dahinter sieht man, es sind alles nur Kulissen mit ein paar Verstrebungen, die die Fronten stützen. Das ist großartig.

Sobald du aus diesem friedvollem Zustand die Illusionen betrachtest, wirst du eine andere Erfahrung haben. Es ist anders, wenn du in die Illusion gehen kannst, während du noch in Meditation bist. Denn normalerweise springen wir aus der Stille direkt in die Illusion, und dann erscheint sie uns aus allen möglichen Gründen als wirklich. Bringe deine Meditation in die Illusion mit herein, komme mit der Stille der Meditation in die Illusion, dann wirst du ihre wahre Natur erkennen. Sie hat keine Substanz, sie scheint nur Bedeutung zu haben, solange wir sie nicht aus der Nähe betrachten. Normalerweise betrachten wir sie nicht direkt, sondern aus den Augenwinkeln. Wir wollen die Illusion nicht wirklich als solche sehen, wir nehmen sie lieber so wahr, wie sie uns erscheint.

Wenn du wirklich die Wahrheit erkennen willst, dann schaust du dir die Illusion aus der Stille heraus an. Alles kann man so betrachten, da-

durch wird man desillusioniert. Und wenn du vollständig desillusioniert bist, dann bleibt da nichts mehr, was anziehend sein könnte. Die Welt sieht trotzdem noch aus wie die Welt, Sex wie Sex, Drogen wie Drogen, Geld wie Geld. Die Macht der Illusion besteht in der Vorstellung, dass diese Dinge uns etwas Wirkliches geben könnten, und darum jagen wir diesen Phantasiegebilden hinterher. Wenn du sie dir genauer anschaust, verlieren sie ihre Macht. Das ist die Herausforderung: Die Illusion mit den Augen des Erwachten zu betrachten.
F.: *Ich versuche mir vorzustellen, wie man das macht.*
S.: Du kannst es dir nicht vorstellen. Die Vorstellung ist für nichts gut, sie dient nur der Unterhaltung.
F.: *Wenn die Illusion kommt, dann ist die Stille nicht mehr da?*
S.: Die Stille ist immer gegenwärtig, es ist nur eine Frage des Anhaltens. Es braucht einen Willensakt, um in der Stille zu bleiben.
Früher habe ich, als guter Sannyasin, viele Frauen umarmt. Ich habe damit experimentiert. Darunter waren schöne, lebendige Frauen und der Verstand möchte natürlich sofort zu phantasieren beginnen. Ich bin einfach still geblieben und habe mich auf keine Gedankenspiele eingelassen, wie beispielsweise: Vielleicht kann ich ihre Telefonnummer bekommen, wir könnten zusammen Kaffee trinken... und so fort. Ich blieb in der Stille und beobachtete die Energie, die manchmal sehr herzlich, manchmal sexuell oder auch aufregend war. Dann konnte ich beobachten, wie die Energie wieder verschwand. Zu diesem Zeitpunkt beginnen wir normalerweise, der Energie hinterher zu jagen, und holen Papier und Bleistift heraus.
Bleibst Du jedoch einfach in der Stille, dann kannst du sehen, wie die Energie verschwindet und nichts zurückbleibt. Du drehst dich um und gehst, weil Du keine Phantasiegeschichte zugelassen hast. Es war einfach nur ein schöner Austausch von Energie, bis es endete. Es war in sich vollständig, eine ganze Beziehung in zwei Minuten. Das ist doch großartig, keine Scheidung ist nötig, keine Unterhaltszahlungen. (Lachen)
Du kannst alles mit dieser Ruhe angehen. Du beschließt einfach, dich nicht zu bewegen. Und du schaust in jede dunkle Ecke, in alles, was du interessant findest, ohne Tabus.

Tabus sind nur eine Art und Weise, wie man die Dinge weiterhin interessant halten kann. Sie dienen dazu, Illusionen am Leben zu halten. Gehe den Dingen auf den Grund, sage dir selbst die Wahrheit. Beobachte alle Gefühle, wie sie kommen und gehen. Beobachte den Fluss der Gedanken und mache deine Aufmerksamkeit an nichts fest. Das ist die Herausforderung, die Vollendung, dann bleibt nur noch die Erleuchtung.

Papaji sagt es so: „Lebe nirgendwo im Verstand, bleibe hier, rücke nicht davon ab! Sei wie ein Fels!" Du kannst von *hier* die ganze Welt betrachten, dann wird dein gesamtes Leben Meditation.

• • •

Fragende: *Mich interessiert, was der Unterschied zwischen den „spirituellen Giganten" wie Ramana Maharshi – ich habe die anderen Namen vergessen – und „normalen Erleuchteten" ist?*
Samarpan: Die Form, die Manifestation ist anders.
Osho sagte: „Erleuchtung hat einen Anfang, aber kein Ende."
F.: *Das Lernen durch das Leben geht weiter.*
S.: Ja, indem man jeden Tag lebt. Wir sehen Osho ungefähr dreißig Jahre nach seiner Erleuchtung, und es ist erstaunlich, solch eine Kraft und Klarheit zu erleben. Da ist dreißig, fünfunddreißig Jahre lang Vertiefung geschehen.
F.: *Aber ist auch die Erfahrung der Erleuchtung unterschiedlich? Von manchen Menschen hört oder liest man, dass sie ihr Ego für immer verloren haben.*
S.: Das ist eine der schwierigen Fragen. Ich höre Papaji sagen, dass da immer noch ein Rest von Identifikation bleibt, was irgendwo notwendig ist, damit der Körper weiter funktioniert. Bei Ramana war diese Identifikation sehr, sehr schwach, das konnte man sehen. Er war kaum noch mit seinem Körper verbunden. Bei Osho war gegen Ende seines Lebens zu beobachten, dass die Verbundenheit mit seinem Körper sehr fein war. Es besteht bis zum Ende eine Verbindung, wenn auch nur ganz leicht.

Ich bin ein Pragmatiker, und es ist keine Hilfe, sich Ramana anzuschauen und dich mit ihm zu vergleichen. Es scheint einen so gewaltigen Unterschied zu geben. Ich weise lieber darauf hin, was hier für dich wirklich und jetzt erkennbar ist. Der Verstand ist uns mit seinen Programmen, seinen Identifikationen und allem, was zum Ego gehört, vertraut. Normalerweise richten wir unsere Aufmerksamkeit auf diese Programme und kämpfen mit ihnen: „Dieses Programm ist schlecht, ich muss es loswerden und das Ego zerstören." Aber das Ego existiert nicht, wir sprechen hier von einem Geist.

Weder Ramana noch Osho wurden zu dem, was sie waren, indem sie ihre Aufmerksamkeit auf das Ego lenkten. Ihr Interesse galt der Wahrheit, sie lebten die Wahrheit und ein erleuchtetes Dasein. Du kannst ein erleuchtetes Leben führen. Kümmere dich um nichts anderes, auch nicht darum, dass du noch immer voller Unsinn bist, wozu auch!

F.: Ich sitze da und versuche zu meditieren, aber Meditation geschieht nicht.

S.: Versuche nichts, es ist sinnlos, dass du versuchst zu meditieren! Es ist besser zu genießen. Entspanne einfach und genieße, das ist die Meditation! Schaue nicht nach dem Sinn, sondern nach der Freude und dem Spaß!

17

Hurra, ich bin erleuchtet!

Samarpan: Guten Morgen, willkommen zum Satsang.
Fragende: *Ich konnte die ganze Nacht nicht schlafen. Es geht darum, etwas in meinem Innern wieder zu beleben und es nicht außerhalb von mir zu suchen. Es hat mehr mit Loslassen als mit Finden zu tun. Es geht im Grunde darum, wie ich leben möchte. Es berührt mich, wie wir hier gemeinsam diese Tage verbringen, denn so möchte ich leben.*
Obwohl ich während des Retreats arbeiten musste, hat es funktioniert: Ich tat, was getan werden musste, und kehrte zum Frieden zurück. Bei der Arbeit war gegenseitiger Respekt und keine „Story", denn es gab diesen Rahmen von Satsang, in dem die Geschichten erzählt werden konnten. Das ist mein Traum.
S.: Oh ja!
F.: *Seit einiger Zeit nehme ich es ziemlich ernst, dass ich nicht fähig bin, diesen Traum in vollem Umfang zu leben. Es gab Zeiten, da habe ich es leichter hingenommen, dass es nicht so war.*
S.: Ja, das ist das Verlangen, mit allem Verlangen zu einem Ende zu kommen; das ist es, ein erleuchtetes Leben zu führen. Es ist möglich, genau hier, genau jetzt! Nur hier und jetzt!
Wenn du all deine Energie in dieses eine Verlangen steckst, wer kann es dir dann verwehren? Es braucht nur einen um in Frieden zu sein.

Beim Krieg führen können beliebig viele mitspielen, aber zum Frieden ist nur einer nötig.

Der Kampf will keine Lösung, der Kampf will Fortsetzung. In dem Augenblick, in dem du Frieden willst, ist da Entschlossenheit. Egal was vor sich geht, du machst Frieden damit, und das ist einfach. Dazu ist nötig, dass du alles akzeptierst, so wie es ist. Du musst dich selber akzeptieren, wie du bist, und auch jeden anderen, wie er ist, ohne zu versuchen, jemanden oder etwas zu manipulieren.

Wenn ein Mensch beschließt, in Frieden zu sein, ist niemand fähig, ihn in Auseinandersetzungen zu verwickeln. Es ist die Entschlossenheit, sich nicht vom Frieden wegzubewegen. Und wenn du vom Frieden weggehst, dann komme so schnell wie möglich zurück, einfach durch Akzeptanz. In dem Augenblick, wo du akzeptierst, bist du in Frieden.

Das sind solch gute Neuigkeiten! Jesus hat uns das als Vermächtnis hinterlassen. Er sagte: „Ich hinterlasse euch meinen Frieden." Das ist auch mein Geschenk an euch. Nehmt es und verteilt es, jeder ist dazu eingeladen. Dieses Geschenk geht niemals zu Ende. Es breitet sich aus, indem der Frieden und die Wahrheit gelebt werden. Schön!

・・・

Fragende: Du hast gestern gefragt, ob alle glücklich und zufrieden sind, und meine Antwort innerlich war Nein. Zu Beginn des Retreats war ich voller Dankbarkeit für diesen Garten Eden und diesen Luxus. Aber seit gestern laufe ich herum wie eine geköpfte Henne. Ich versuche im Moment zu sein, ich versuche es.

Samarpan: (lacht) Ja.

F.: Es funktioniert nicht mehr. Gestern war ich zum Mittagessen in einem sehr kleinen Restaurant. Im Hintergrund saßen sechs oder sieben Einheimische. Normalerweise bin ich sehr lärmempfindlich, aber ich lauschte einfach nur ihren Gesprächen; es hat mir weder gefallen noch missfallen, und dann dachte ich: Jetzt bin ich im Moment!

S.: (lacht) Oh ja.

F.: Ich dachte: Und was mache ich jetzt? Jetzt beobachte ich den Berg und achte darauf, ob ich im Verstand bin oder im Moment.
Nun empfinde ich es als lächerlich, und es schmerzt mich. Ich habe solch ein Verlangen nach dieser Stille, über die du gesprochen hast, aber ich kann mir nicht vorstellen, jemals in dieser Stille zu sein.
S.: Das ist richtig, man kann es sich nicht vorstellen. Man kann sich die Stille nicht vorstellen. Sie kann nicht herbeigeführt werden.
F.: Wie soll ich es denn dann tun?
S.: (lacht)
F.: Ich weiß, ich sollte akzeptieren, dass ich nicht im Augenblick bin.
S.: (lacht) Oh, du bist wundervoll!
F.: Ich fühle mich aber nicht so.
S.: Es ist genau richtig, so wie du bist. Du bist ehrlich. Alle lachen, weil sie die gleiche Erfahrung machen. „Oh, ich bin im Moment, oh, das ist gut!"
Es gibt eine Geschichte von Papaji. Er sprang aus seinem Bett, erhob die Arme über seinen Kopf und rief: „Ich bin erleuchtet, ich bin erleuchtet!" Er kniete sich vor dem Bild seines Meisters nieder und sang. Er dankte den Sternen und dem ganzen Universum, das ihm geholfen hatte, mit den Worten. „Es ist so wunderbar. Es ist Liebe."
Das ist so kostbar!
F.: Aber das kann ich im Augenblick nicht fühlen.
S.: Nein, du kannst nur das fühlen, was im Moment ist. Wenn du mürrisch bist, dann fühlst du dich eben mürrisch. Wenn du die Erfahrung hast, im Verstand zu sein, dann hast du eben die Erfahrung im Verstand zu sein. Du kannst es nicht abstellen, du kannst es nicht ändern, du kannst nur damit in Frieden sein. In dem Moment, wo du in Frieden damit bist, kommst du zum Hier und Jetzt.
F.: Aber es ist schwer für mich, in Frieden damit zu sein.
S.: Ja, weil du all diese Urteile hast, dass etwas mit dir nicht stimmt und du anders sein solltest. Nicht dass du wirklich so bist, aber wir erfahren das Leben so, wir leben unter diesen Bedingungen. Natürlich lässt uns das manchmal weinen, und da ist so viel Leid und Schmerz damit verbunden.

F.: Es gibt da noch einen anderen Punkt, den ich schwerlich akzeptieren kann. Du erwähntest, dass unser Leben schon in einem Skript festgelegt ist, dass man nichts verändern kann. Unter dem Aspekt finde ich alles irgendwie hoffnungslos. Warum sitzen wir dann hier im Satsang? (Lachen)
S.: Ja, das ist auch Teil des Skripts, hier mit mir im Satsang zu sitzen. Das ist ein sehr erfreuliches Skript, das für dein Erwachen verfasst ist.
F.: Dass ich hier bin, war ein sehr wichtiger Entschluss.
S.: Aber wie kommt es, dass du diesen Entschluss gefasst hast? Wie kommt es, dass du erkannt hast, dass solch eine Entscheidung fällig war?
F.: Mir ist ein Buch in die Hände gefallen, in dem über dich gesprochen wurde. Das mag vielleicht ein Hinweis gewesen sein, den mir die Götter gegeben haben. Ich wusste dann, was ich zu tun hatte.
S.: Ja, auch das haben dir die Götter gegeben.
F.: Wenn das so ist, warum wurde dann am ersten Tag gesagt, dass sich die Leute benehmen, nicht in die Küche gehen und sich ungefragt Essen nehmen sollen? Wenn alles schon im Vorhinein festgelegt ist, dann macht es ja nichts aus, wenn jeder in die Küche rennt und Essen stiehlt, deines inbegriffen. (Gelächter)
S.: Auch das ist im Skript verzeichnet.
F.: Also spielt nichts eine Rolle?
S.: Nichts spielt eine Rolle, und doch haben wir dieses brennende Verlangen nach der Wahrheit. Es ist alles verzehrend, und auch das ist ein Geschenk.
F.: Du sprichst manchmal von diesen einhundert Prozent. Was ist damit?
S.: Du gibst dem Verlangen zu Erwachen deine einhundertprozentige Aufmerksamkeit. Mehr kannst du nicht tun. Für alles andere wird Sorge getragen. Es kann dir nicht versagt werden, weil es dir als Erbe zusteht. Es ist nicht so, dass du es dir verdienen kannst, es ist dein Geburtsrecht. Es ist alles für dich vorbereitet, solch glückliche Lebensumstände!
F.: Es ist wahr. Jetzt ist die Anspannung vergangen.
S.: Schön.

• • •

Fragende: Ich bin mit all dem Lärm nicht in Frieden. Seit gestern finde ich es im Satsang sehr laut.
Samarpan: Lärmt es in deinem Kopf?
F.: Nein, wenn ich die Gesichter sehe, empfinde ich Liebe und Frieden, aber wenn ich die Worte höre, nimmt das mein Verstand schmerzlich wahr, und ich sehne mich nach Frieden. (weint)
S.: Da sind keine Worte. Osho sagte: „Lausche nicht den Worten, sondern der Stille."
F.: Aber ich wünschte, da wäre...
S.: Das ist alles Blödsinn vom Verstand, ein heiliger Blödsinn.
F.: Okay.
S.: Wenn jemand nach vorne kommt und sagt: „O ja, Satsang ist so schön, ich liebe die Stille, aber ich kann das Reden nicht ertragen", ist das der Verstand, der sagt: „Ich weiß schon alles, ich weiß, wie es sein sollte." Das ist kein wirkliches Schweigen.
F.: Ich habe mich gefragt, ob ich mich vielleicht nur mit meinem eigenen Verstand wohl fühle und nicht mit dem von anderen Leuten. (lacht)
S.: Es ist derselbe Verstand. Wenn du in Frieden bist, dann bist du in Frieden, und wenn du in einer Auseinandersetzung steckst, bist du im Krieg mit allem.
F.: Können wir nicht wenigstens zehn Minuten lang einfach nur in Stille mit dir sitzen?
S.: Nein. Wenn wir alle dazu bereit sind, wird es passieren. Alles ist perfekt, wie es ist. Irgendein Urteil darüber ist purer Unsinn. Ja? – Aber, aber...?
F.: Das verwirrt meinen Verstand total, es schmerzt ihn, es tötet ihn.
S.: Gut.

• • •

Fragende: Ich kann nur nach vorne kommen, wenn ich wirklich den Impuls dazu spüre. Der Impuls kam, als du vorhin über dieses hundertprozentige Verlangen, erleuchtet zu werden, gesprochen hast. Ich habe mich blitzartig daran erinnert, wie ich vor acht Jahren hier ShantiMayi getroffen habe. Sie gab mir damals einen Namen. Das war die Wende

in meinem Leben. Damals sagte sie zu mir: „Du musst es wirklich hundertprozentig wollen, erleuchtet zu werden." Und ich antwortete ihr: „Das mache ich nicht." Es war nicht im Bereich meiner Möglichkeiten, und ich blieb dabei. Ich war wirklich ehrlich ihr gegenüber. „Da ist keine Chance," sagte ich zu ihr. „Für meinen Verstand ist es besser, wenn ich es nicht will, weil er so ehrgeizig ist." Ich konnte sehen, wie er daran arbeitete und dabei in die falsche Richtung ging.
Aber vor ein paar Minuten ist mir bewusst geworden, was es heißt, einhundertprozentig zu sein, ohne dass Wollen mit im Spiel ist. Ich habe erkannt, dass die Arbeit oder das Wollen einfach darin besteht, den Fokus, wie du es nennst, auf die Wahrheit zu richten. Wenn ich das will, muss ich mein Leben darauf hin ausrichten. Das war mir vorher nicht klar gewesen, ich dachte, ich müsste alles Mögliche tun.
S.: Es geht darum, erkennen zu wollen, was wahr ist und was nicht, egal was das bedeutet, egal was die Realität dir bringt, egal was du dabei gewinnen oder verlieren wirst.
Denn du wirst alles verlieren. Das ist der Preis. Die Wahrheit zu wollen erfordert, die Illusion hundertprozentig aufzugeben. Normalerweise versuchen wir an der Illusion festzuhalten und der Wahrheit hinterherzulaufen.
Darin stimme ich dir zu, dass es dann besser ist, sich nur mit der Illusion zu befassen. Wenn du nach etwas in der Illusion suchst, dann versuche es zu erreichen, bemühe dich ganz und gar darum. Dann wirst du erfolgreich sein und wenigstens bekommen, was du zu wollen glaubst. Es stellt sich dabei vielleicht heraus, dass es nur Schall und Rauch ist, aber das ist dann in Ordnung.
Ein Geschäftsmann, der sein ganzes Leben damit verbringt, Geld anzuhäufen und wirklich zielstrebig damit befasst ist, muss erfolgreich sein. Vielleicht hat er kein intaktes Familienleben, vielleicht kann er keine Beziehung eingehen, vielleicht macht er nie Urlaub, aber er ist erfolgreich in seinem Geschäft, weil es das ist, was er anstrebt und wonach er sein ganzes Leben ausrichtet.
Wenn du auf einen Punkt gerichtet bist, spielt es keine Rolle, auf welchen. Wenigstens lernst du dabei, wie es ist, nur ein Ziel zu verfolgen.

Dann gelingt es leicht, deinem Fokus eine ganz andere Richtung zu geben. Die meisten Leute sind so zerstreut, dass sie gar nichts erreichen, sie bewegen sich in zehn verschiedene Richtungen.

F.: Ich fühle, dass sich eine Richtungsänderung vollzieht. Das ist schmerzhaft, doch gleichzeitig ist da Glückseligkeit. Es geht mir in meiner Beziehung genauso. Es ist eine sehr intensive Zeit, man könnte es eine Krise nennen. Das ist die beste Möglichkeit, zu prüfen, ob ich hier bin oder irgendwo in meinen Vorstellungen, wie es sein könnte oder sein sollte. In all dem waren Augenblicke vollkommenen Friedens, nichts Großartiges, einfach nur...

S.: Das ist es, was wir uns niemals vorstellen können, wenn die schlimmsten Alpträume Wirklichkeit werden und es trotzdem gut ist.

F.: Du hast etwas über starke Frauen gesagt, dass sie die Grenzen ihrer Männer nicht respektieren. Da ist etwas bei mir mitgeschwungen, nämlich, dass wir keine Ahnung haben, wie wir damit umgehen können, weder die Männer noch die Frauen. Dein Ratschlag war großartig, so von Mann zu Mann. Ich fühlte, ich könnte da als Frau auch Rat brauchen, aber am besten ist es, einfach zuzugeben, dass wir nicht wissen, wie wir damit umgehen sollen. Das ist beängstigend.

S.: Lass mich dazu noch etwas sagen. Die Frau ist wirklich kraftvoller als der Mann, aber das wird verleugnet. Schau dir Mann und Frau anatomisch an, der Mann ist größer und stärker, aber er ist verletzlicher. Seine Genitalien befinden sich außerhalb des Körpers, das ist gefährlich. (Lachen) Bei der Frau liegen die Genitalien innerhalb des Körpers, wo es sicher ist.

Wir sehen es in der gesamten Menschheitsgeschichte, wie der Mann versucht, die Kraft der Frau zu unterdrücken, nicht weil sie schwächer ist, sondern gerade weil sie stark ist. Der Mann hat absolute Angst vor der Frau, er fürchtet ihre Stärke. Jetzt leben wir in einer Zeit, in der die Frau ihre Kraft erforschen kann. Das ist neu für sie, und darum geht sie nicht sehr sanft damit um, sondern tendiert dazu, den anderen zu überwältigen, weil sie ihre Kraft nicht kennt und nicht gewohnt ist, mit ihr umzugehen. Der Mann hat gelernt, seine Kraft mit größerer Gelassenheit zu handhaben, weil sie ihm wohlbekannt ist.

Aber für die Frau ist das Neuland. Darum neigt sie dazu, übers Ziel hinaus zu schießen. Das ist nur eine Phase und ganz normal. Je mehr die Frau in ihre Kraft eintaucht, um so sanfter kann sie sie anwenden. Je mehr sie erkennt, wieviel Stärke ihr zur Verfügung steht, umso behutsamer wird sie damit umgehen. Das ist zum jetzigen Zeitpunkt ein Reifungsprozess der Menschheit, eine gute Zeit.

F.: Ich fühle mich manchmal so, als ob ich ins völlig Unbekannte gehe.
S.: Es ist unbekannt, es ist ein immer neues Territorium. Noch nie in der ganzen Geschichte der Menschheit waren wir an genau diesem Punkt wie jetzt.

Wir gehen durchs Leben und können den nächsten Schritt vor uns nicht sehen, da ist nichts, und wir drehen uns um und schauen hinter uns, und da ist auch nichts. Das ist das Zen-Paradox „durch das Leben zu gehen, ohne Fußspuren zu hinterlassen". Das bedeutet vollkommene Verletzlichkeit. Hier gibt es nichts für den Verstand zu tun, man kann sich keine Strategie zurechtlegen.

Es ist sehr aufregend, ja? (beide lachen)

F.: Noch immer sucht der Verstand, und ich beobachte ihn und sage, es ist in Ordnung.
S.: Das ist alles, was wir sagen können, okay.

• • •

Fragender: *Endlich sitze ich hier, es hat eine Weile gedauert.*
Samarpan: Du kommst gerade zur rechten Zeit.
F.: Ja. Um die Geschichte von dem Nicht-nach-vorne-Kommen zu beenden: Es ist wie der Schatten eines Monsters, das sich als eine kleine Maus entpuppt.
S.: Alle Monster sind in Wirklichkeit nur Schatten und überhaupt nicht real.
F.: Gestern Nachmittag war ein ganz besonderer Satsang für mich. Das Besondere ist, dass da nichts Besonderes war. Da ist nichts Besonderes!
S.: Das ist die Wahrheit.
F.: Es ist ganz normal, da ist nichts anderes, als Das. Es ist so nah! Ich muss eine Geschichte erzählen. Gestern Abend ging ich zu Bett und

wachte dann zwei oder dreimal auf. Das erste Mal lag ich da und nichts passierte. Ich hatte keinerlei Gedanken und schlief wieder ein. Dann bin ich wieder gegen fünf Uhr wach geworden, und mein Körper fühlte sich sehr müde an. Ich habe darum gekämpft, wieder einzuschlafen. Schließlich habe ich mir vorgestellt, vor dir zu sitzen, und sofort war mir klar: Okay, dann spiele ich, dass ich eben nicht schlafe. Ich weiß nicht, wie viele Minuten das dauerte, aber danach war ich wirklich müde. Ich fühle mich jetzt noch wie ein nasses, ausgewrungenes Handtuch, obwohl gestern nichts Besonderes gewesen war.
Es ist wie ein tiefes Muster, das die Kräfte des Körpers auszehrt. Ich weiß nicht, was da vor sich geht.

S.: Wir haben keine Vorstellung davon, wie es sich wirklich mit dem menschlichen Körper verhält. Wenn die Erkenntnis des Göttlichen im menschlichen Körper wahrgenommen wird, passiert tatsächlich etwas.

Ramana wurde einmal nach seinen körperlichen Problemen gefragt, wie es sein könne, dass ein Erleuchteter überhaupt Probleme mit seinem Körper haben könne. Darauf antwortete er: „Wenn ein Elefant in eine Hütte eindringt, ist sie danach jemals wieder dieselbe?"

Ich sitze im Satsang, und es ist unendlich viel Energie verfügbar. Dann gehe ich zwei Minuten lang den Hügel hinunter und bin mit meiner Kraft am Ende, der Körper fühlt sich so schwer an. Es ist einfach so. Mache dir keine Sorgen darüber, entspanne dich einfach. Lass ihn schwer sein! Lass die Erschöpfung da sein, das ist eine natürliche Erscheinung. Ich weiß nicht warum und habe auch keine Erklärung dafür. Wir können es nicht verstehen, es ist zu komplex für unseren kleinen Verstand. Das Beste, was wir tun können, ist zu sagen: „Okay, ich verstehe es nicht."

Ich weiß, dass alles mit diesem und allen anderen Körpern genau richtig ist, war, und immer sein wird. Wenn für diesen Körper der Zeitpunkt zum Sterben kommt, wird er genau zur richtigen Zeit sterben, nicht einen Augenblick früher, oder später. Da gibt es nichts zu ändern. Das ist die Entspannung. Wir müssen nichts herausfinden, wir müssen nichts begreifen, wir müssen nichts wissen. (lacht)

F.: Jetzt fühlt es sich an, als würde ich in den Wolken schweben. Auch wenn es eine Illusion ist, es ist fast nicht zu ertragen, was hier ist.
S.: Mit der Intensität dieser Freude ist es genauso wie mit jeder anderen Intensität: Sei einfach in der Mitte davon, dort ist es sehr ruhig. An der Außenseite ist es sehr intensiv, es scheint unendlich und unerträglich intensiv zu sein, aber im Zentrum ist es absolut ruhig. Heiße die Erfahrung willkommen, und halte nicht wegen einer Idee oder aus Angst vor der Erfahrung an der Außenseite an. Sei und entspanne in ihrer Mitte! Ja?
F.: Ja. Danke für die Einfachheit.
S.: Du bist sehr willkommen.

• • •

Fragende: Ich schon wieder! Gestern Nachmittag war der Satsang so großartig für mich, als ob ich wirklich etwas entdeckt hätte. Aber zwei oder drei Stunden später ist etwas passiert.
Samarpan: Was passierte?
F.: Der Verstand ist auf eine Geschichte gesprungen, und dann war das Wünschen wieder da und das Nichtakzeptieren, und dass ich nicht genüge und anders sein sollte.
S.: Erstaunlich, nicht wahr?
F.: Ja, es ist, als ob ich es einfach nicht kapiere, obwohl ich es doch wirklich schon erkannt habe. Da ist so viel Wollen.
S.: Aber so ist es, ohne Ende, für jeden von uns. Stecken wir in der Geschichte drin, dann zum Kuckuck damit, wenn es sich nicht ganz real anfühlte! Es fühlt sich absolut real an, man kann sich nichts anderes vorstellen. „Frieden, was ist das? Keine Probleme? Das muss ein Traum sein! Das, was ich hier erlebe, ist doch wirklich!"
Und wenn wir im Frieden sind, können wir uns nicht vorstellen, wie wir jemals diesen Traum ernst nehmen konnten. So ist es, wir gehen hinein in die Geschichte und zurück in den Frieden – es ist ein Witz!
F.: Aber ich will es einfach nicht mehr!
S.: Was willst du nicht mehr?
F.: Ich will nur Frieden.

S.: Der Weg zum Frieden besteht darin, den Krieg nicht mehr zu bekämpfen. Weigere dich zu kämpfen!
F.: *Aber ich ertappe mich immer wieder im Kampf.*
S.: Ja, du bist aufs Kämpfen programmiert.
F.: *Ein wirksames Programm.*
S.: Ja, es ist ein gutes Programm und es funktioniert ausgezeichnet. Es ist in Ordnung. Schließe Frieden damit! Versöhne dich damit, wie du bist. Du entdeckst hier etwas so Großartiges. Du entdeckst, wie einfach es ist, in Frieden zu sein. Dann bist du wieder im Krieg, und es erscheint unmöglich, wieder zum Frieden zu finden. Doch dann entspannst du dich einfach und sagst dir: „Okay, es ist so. Diese Erfahrung von Krieg, von Kämpfen, von nicht Akzeptieren, das ist alles Teil meines Erwachens."

Wir nehmen den Frieden mit in den Krieg, wir nehmen diese Erkenntnis, dass da wirklich kein Problem ist, mit in das Problem hinein. Nur so kann das Problem auseinander fallen, indem man inmitten des Problems in Frieden ist, in der Mitte dieses Wünschens, in der Mitte dieser sehr intensiven Gefühle. Diese Gefühle sind doch interessant, oder?

F.: *Ja.*
S.: Das ist es, zu erfahren und zu sehen, wieviel Macht die Illusion hat. Es ist unglaublich.
F.: *Aber wenn man erwacht ist, wann lässt man die Illusionen los?*
S.: Ich mache nichts mit den Illusionen, ich lasse sie einfach da sein. Manchmal fühlt sich das sehr schlecht an. So ist das Leben. Nur weil die Illusionen real erscheinen, heißt das nicht, dass die Wirklichkeit unwirklich wird. Die Wirklichkeit bleibt unverändert. Es ist ein großartiges Spiel, das wir spielen.
F.: *Vielleicht gebe ich einfach auf.*
S.: Gib einfach auf und genieße das Drama. Genieße all diese Gefühle und die intensiven Erfahrungen. Das ist die Reise, für die du bezahlt hast, und es ist eine wirklich gute Reise. Du hast ein E-Ticket, ein Extra-Ticket, das sind in Disneyland die wirklich teuren, die richtig guten Fahrten. Du bekommst viel geboten, also genieße es!

...

Fragender: Ich will jetzt keine Show mehr machen, ich will ehrlich sein.
Samarpan: Okay.
F.: Es kommt mir vor, als wäre dies das letzte Gespräch mit dem Priester vor der Hinrichtung. Etwa nach dem Motto: Anderen kann er helfen, nur sich selbst nicht.
S.: Du kannst niemandem helfen, weder dir selbst noch einem anderen.
F.: Ich weiß es
S.: Es gibt keine Hoffnung, lass die Hoffnung los.
F.: Alles, was du sagst, ist mir so vertraut. Schon seit ich dich das erste Mal beim Satsang gesehen habe. In Wirklichkeit gibt es nichts zu sagen. Im Moment zu sein ist kein Problem für mich, ich bin es gewohnt. Aber trotzdem gibt es die große letzte Angst!
S.: Was ist das für eine Angst?
F.: Loszulassen, mich aufzulösen.
S.: Die Existenzangst, ja?
F.: Nicht nur, es ist eine Mischung. Ich habe kein Problem damit, wenn jemand ein Messer nimmt und mich umbringt.
S.: Es ist tiefer als das. Was ich mit Existenzangst meine, ist nicht einfach nur die Angst, den Körper zu verlieren. Es ist die Idee von „dir" zu verlieren. (Schweigen)
F.: Letzte Nacht habe ich gesehen, wie mein Ego von mir gegangen ist.
S.: Hat es dich verlassen?
F.: Es hat meinen Körper verlassen.
S.: Bist du dir sicher? (Lachen)
F.: Wahrscheinlich kommt es wieder zurück.
S.: Was ist hier, jetzt?
F.: Frieden und Ruhe. Du glaubst mir nicht?
S.: Es ist irgendeine Schwere hier.
F.: Das ist normal.
S.: Okay.
F.: Kein Problem.

S.: Was hier vor sich geht, kommt sehr aus dem Verstand. Es fühlt sich nicht frei an, nicht im Augenblick gegenwärtig, sondern vom Verstand her kommend. Das macht die Schwere aus. Es ist nicht still, es ist nicht friedvoll.

Es geht mir nur um das Jetzt. Es macht das Leben einfach, wenn dir nur das Jetzt wichtig ist. Aber es geht nicht um die Idee von „jetzt", nicht um die Idee von „Erleuchtung" oder „Freiheit", sondern nur um diesen Augenblick, hier, jetzt. (Schweigen)

F.: Hier vorne auf dem Stuhl habe ich das Gefühl, dass ich den anderen die Zeit raube.

S.: Das machst du auch. Was willst du damit tun? Wie willst du sie nutzen?

F.: Nicht nach vorne kommen, dann können andere kommen. Es ist nicht so wichtig, was ich sage.

S.: Natürlich ist es nicht wichtig, was du sagst. Es geht darum, ob du es nutzen willst, zum Hier zu kommen.

F.: Ich fühle mich überhaupt nicht danach, zurück nach Deutschland zu gehen.

S.: Dann tue es nicht.

F.: Ich muss aber.

S.: Das ist nicht wahr. Es ist nicht wahr, dass du musst. Da ist nichts, was du tun musst. Ein paar Leute werden sauer sein, das ist okay.

F.: Ich kann nicht solch einen Trümmerhaufen zurücklassen, ich muss wenigstens ein bisschen aufräumen.

S.: Warum?

F.: Ich weiß nicht.

S.: Du bist frei, genau *jetzt*. Du musst nichts tun um frei zu sein.

F.: Auf der anderen Seite mag ich diese Art von Leben. Es sind nur Kleinigkeiten, die mich stören. Es ist okay, wenn ich Taxi fahre, es ist okay, wenn ich Schauspieler bin. Aber eine gewisse Ruhe; die habe ich hier gefunden.

S.: Ja, hier ist immer *hier*. Hier ist *hier*, wenn du auf Gomera, oder wenn du in der Stadt bist. Und wenn du auf der Bühne stehst, ist *hier* auf der Bühne, und wenn du Taxi fährst, ist *hier* beim Taxi fahren.

Gehe nicht auf die Bühne, um irgendetwas zu erreichen; gehe nicht für irgendjemand auf die Bühne oder um irgendetwas zu bekommen. Wenn du schauspielerst, dann tue das, weil du diese Erfahrung machen willst, um herauszufinden, wie das ist. Mache es nicht aus irgendeinem Grund, sondern nur, wenn es dich reizt. Wenn dich die Schauspielerei nicht anzieht, dann tue etwas anderes.
F.: Ich bin dir so dankbar, ich kann es mit Worten nicht beschreiben.
S.: Sei einfach in Frieden. Lebe dein Leben in Frieden und Freiheit, das ist der Dank.

• • •

Fragender: Ich möchte erzählen, was bei mir vor sich geht. Gestern Abend saß ich auf der Mauer am Meer und habe zum ersten Mal in meinem Leben geweint, weil ich so glücklich war, sonst war da nichts.
Samarpan: Ja?
F.: Ich war die ganze Nacht wach. Mein Körper fühlt sich an, als ob er von Drogen und Glückshormonen überschwemmt wird. Ich spüre eine sanfte, weiche Kraft.
Was die letzten sechs Wochen hier passiert ist, würde ich als die Früchte harter Arbeit meines Verstandes bezeichnen. Wenn mein Verstand einen Computer bedienen kann, dann kann ich ihn auch als Werkzeug benutzen, um in dieser Welt zu wirken. Und wenn der Verstand mir hilft, mein Herz mehr zu entdecken, dann liebe ich ihn dafür um so mehr. So habe ich im Augenblick gar kein Problem mit meinem Verstand.
S.: Doch, du hast ein Problem mit ihm. Du gibst ihm mehr Macht, als er verdient. Es ist nicht der Verstand, der dir das gegeben hat. Diese Schönheit kommt nicht vom Verstand.
F.: (weint) Die Schönheit kommt daher, weil ich authentisch bin. Immer mehr kann ich authentisch sein, wenn auch nicht perfekt. Ich habe festgestellt, dass der Schlüssel zur Kommunikation darin liegt, dass der andere fühlen kann, was ich sage.
S.: Dieser Kontakt, diese Kommunikation kann nur *hier* passieren; es passiert nur vom Hier zum Hier. Welche Worte auch immer fallen, sie kommen von *hier*. Nur deswegen haben die Worte eine Auswirkung, weil sie nicht vom Verstand kommen. Dieser Mechanismus bringt die

Worte nur nach außen, aber er ist nur der Diener von dem, was ist. Es ist leicht davon verwirrt zu werden, denn es geschieht in einer so großartigen Art und Weise. Aber der Verstand ist der Diener, er ist ein Werkzeug, so wie dein Computer ein Werkzeug ist. Er dient dem, was du bist.

F.: Das ist es, was ich an meinem Verstand liebe.

S.: Bete den Verstand nicht an, das ist der Punkt. Bete das Nichts an, aus dem der Verstand kommt, in dem alles seinen Ursprung hat, all diese Formen und all diese Schönheit. Alles kommt aus diesem Nichts und geht in dieses Nichts zurück. Das ist *wirklich*, das hat immer Bestand.

F.: Es kommt und geht, und es ist trotzdem wirklich.

S.: Es kommt und geht nicht. Das Nichts kommt nicht und geht nicht. Das Nichts ist. Was kommt und geht, sind die Formen. Die Computer und all diese phantastischen Dinge – alles kommt aus dem Nichts und geht wieder dorthin zurück. Es ist *dies*, was real ist. Es ist *dies*, was nicht verstanden werden kann. Gib deine ganze Aufmerksamkeit *dem*, dann ist alles in Ordnung.

Bete nicht den Verstand an, das ist gefährlich. So entstand die Ursünde, als wir anfingen, den Verstand anzubeten. Darum schickte Gott uns all die Widrigkeiten. Die Macht der Illusion ist beeindruckend. Wenn wir beginnen, sie anzubeten, verlieren wir den Kontakt zu unserem wahren Selbst. Wenn wir unsere Aufmerksamkeit dem geben, was wirklich ist, dann ist alles an seinem richtigen Platz. Hier ist kein Konflikt, unser Haus kommt in Ordnung und wir erkennen, was unser wahrer Ursprung ist. Jesus hat gesagt: „Gib alles in Gottes Hand und der Rest geschieht von selbst."

Das ist die natürliche Ordnung der Dinge.

Glossar

Amma: Mata Amritanandamayi, geboren 1953 in Kerala an der Südwestküste Indiens; nach schwieriger Kindheit und Jugend erlangte sie als 22-jährige Erleuchtung; seitdem finden viele spirituell Suchende aus aller Welt zu ihrem Ashram in Amritapur (Kerala) oder treffen sie auf ihren weltweiten Reisen; ihre Lehre steht im Einklang mit den traditionellen Werten der indischen Kultur.

Bodhisattva: in der buddhistischen Tradition ein Erleuchteter, der sich aus Mitgefühl reinkarniert.

Gangaji: 1942 in Texas geboren, aufgewachsen in Mississippi, Psychologiestudium; wandte sich in den 70-er Jahren der Spiritualität zu; fand 1990 in Indien den von ihr ersehnten wahren Lehrer, Sri Poonja (siehe unter Poonja), und erkannte die Wahrheit; wirkt weltweit als Satsang-Lehrerin.

Kabir: Dichter und Mystiker (1440-1518) in Benares (Indien), der Elemente des Hinduismus und des Sufismus in seiner Lehre vereinte.

Krishna: Populärste Gottheit des Hinduismus.

Mantra: Heiliges Wort oder heilige Formel, die ein Schüler von seinem Meister oder Lehrer erhält; die Wiederholung des Mantras ist eine Art der spirituellen Übung.

Osho: Indischer Mystiker (1931-90), bürgerl. Name: Rajneesh Chandra Mohan; zeitweise auch Bhagwan genannt; erlangte 1953 Erleuchtung; Professor für Philosophie; ließ sich 1974 in Poona nieder, wo sein Ashram viele Suchende aus dem Westen anzog; ging 1981 in die USA, wo in Oregon eine große Kommune (Ranch / Rajneeshpuram) um ihn herum entstand; nach deren Auflösung ließ er sich 1987 wieder in Poona nieder, wo sein Ashram auch heute noch von Suchenden aus aller Welt besucht wird. Aus seinen Vorträgen entstanden mehr als 300 Bücher.

Sannyasin: Traditionell wird in Indien ein Mönch, der der Welt entsagt, um sich ganz der Suche nach Wahrheit zu widmen, als Sannyasin bezeichnet. Osho nannte seine Schüler Neo-Sannyasin, mit der Empfehlung, „in der Welt, aber nicht von der Welt" zu sein.

Poonja: Sri H.W.L. Poonja, auch Papaji oder Poonjaji genannt, geb. 1910 im Punjab im heutigen Pakistan, gest. 1997 in Lucknow, Nordindien, erwachte 1944 in Gegenwart seines Meisters Ramana Maharshi. Er ließ sich später in Lucknow nieder, wo zwischen 1990 und 97 viele Besucher aus dem Westen an seinen Satsangs teilnahmen.

Ramana Maharshi: Indischer Mystiker, geboren 1879 in einem Dorf bei Madurai / Südindien. Als 16-jähriger stellte er sich dem Tod und erwachte. Er sagte sich von seiner Familie los und ging in die Tempelstadt Tiruvannamalai am Fuß des heiligen Berges Arunachala, den er über alles liebte und sein Leben lang nicht mehr verließ. Seine Methode der Selbsterforschung durch die Frage: „Wer bin ich?" führt bis heute viele Menschen zu einer direkten Erfahrung ihrer wahren Natur. Ramanas Ashram in Tiruvannamalai wird auch heute noch von vielen Suchenden als Platz der Stille und Selbstbesinnung erlebt.

Retreat: Rückzug aus der Welt, um für eine Zeit in die Stille zu gehen, um sich auf Gott, sein eigenes Selbst, zu besinnen.

Satsang (aus dem Sanskrit): Sat bedeutet Wahrheit und Sangha die Gemeinschaft. Satsang ist das Sein in der Wahrheit oder im formellen Satsang, das Zusammensein mit einem erwachten Menschen.

Samadhi/ Satori: Bewusstseinszustand, in dem direkte Einsicht in das Wesen der Wirklichkeit geschieht.

Satguru: Der hinduistischen Tradition nach der wahre Guru, der innere Meister; eine Bezeichnung für das eigene Selbst.

ShantiMayi: 1950 in Ohio geboren, erleuchtete Schülerin des indischen Gurus Sri Sri Hansraj Maharajji in Rishikesh; wirkt als Satsang-Lehrerin in der ganzen Welt, besonders in Europa und den USA.

Vasanas: Unter Vasanas sind die große Anzahl der inneren Wirkkräfte zu verstehen, welche dem Einfluss unseres Wollens, Fühlens und Wissens unterliegen. Zu den Vasanas gehören: Fähigkeiten, Eigenheiten, Gefühle, Erfahrungswissen, Wille, Wünsche und Veranlagungen. Vasanas sind ein Produkt der Gefühle und Gedanken. Die Vasanas bewirken demnach den seelisch-geistigen Zustand, in dem wir uns befinden.

Vipassana: Aus der buddhistischen Tradition entstandene Meditation, bei der die Aufmerksamkeit auf die Atmung gelenkt wird.

Danksagung

Wir danken allen, die an diesem Buch mitgewirkt und ihre Liebe und viele Stunden an Zeit und Arbeit eingebracht haben. Großer Dank gilt Marga und Maya, Devasetu und Dhanya, Atma, Bhavito, Ateet, Tilo und Roshani.
Die Texte stammen aus Tonbandaufzeichnungen von Gesprächen, die Samarpan mit seinen Schülern und Freunden in englischer Sprache führte.

Vita

Samarpan, mit bürgerlichem Namen Sam Golden, wurde 1941 in San Francisco geboren und verbrachte seine Kindheit in einer ganz normalen, katholischen Familie als sechstes von acht Kindern. Er besuchte drei Jahre ein Priesterseminar, studierte Psychologie und wurde in erster Ehe vierfacher Vater, bevor er 1981 zu dem indischen Mystiker Osho fand, mit dem er in Oregon/USA lebte. Von ihm nahm er den Namen Samarpan an, was Hingabe bedeutet.

Samarpan erwachte 1995 während eines Retreats mit Gangaji. Neben Osho und Gangaji fühlt er sich besonders tief mit Jesus, Sri Poonjaji und Ramana Maharshi verbunden. Seit 1996 kommen viele Suchende in ganz Europa zu seinen Satsanggesprächen, die meist von Live-Musik umrahmt sind.

In seiner starken und feinfühligen Präsenz erwachen immer wieder Menschen, die zu ihm kommen. Er sagt dazu: „Jeder, der zum Satsang kommt – und nicht nur mal eben vorbeischaut – erwacht. Es ist dein Geburtsrecht."

Weitere Informationen zu Satsang mit Samarpan finden Sie unter:
www.samarpan.de
Es sind Audio- und Videoaufzeichnungen der Satsanggespräche erhältlich unter:
bestellung@samarpan.de

Kontakt: **Samarpan@samarpan.de**

Pyar Troll

NICHTS

Dies ist ein Buch über Wahrheit, über Erwachen, über Erleuchtung. Es ist jedoch keine theoretische oder philosophische Erörterung von Ideen, sondern ein Bericht aus erster Hand. Alles, was hier geschrieben wurde, ist nicht die Wiedergabe toten Wissens, sondern ist lebendig, frisch und neu. Es ist die persönliche Geschichte einer Frau, die zeitlebens nach der Wahrheit fragte.

Pyar Troll: Reise ins NICHTS
240 Seiten | ISBN 3-933496-46-2

Eine deutsche Mystikerin lehrt die Essenz der Religionen – hier und heute. Sie spricht aus der inneren Autorität eines Wissens, das sich nicht zwischen zwei Buchdeckel einsperren lässt. Und doch ist dieses Buch eine Schatztruhe. Wer es aufschlägt, wird an der Hand genommen, um Frieden und Stille zu erfahren und im Alltag umzusetzen.

In diesen Gesprächen mit Suchern und Schülern herrschen Klarheit, Wärme, absichtslose Kraft, Freude ohne Grund, und Liebe, klar und mitfühlend, unbegrenzt und bodenständig.

Pyar Troll: Poesie der Stille – Tanz des Lebens
320 Seiten | ISBN 3-933496-66-7

J.Kamphausen　　　　www.weltinnenraum.de

H.W.L. Poonja

Sei still!

In diesen Protokollen aus Satsangs und privaten Interviews beantwortet Poonja alle grundlegenden Fragen, die sich, wie jeder Wahrheitssuchende weiß, immer wieder aufs Neue stellen. Eine ausführliche Beschreibung von Poonjas Leben und Weg ist der Sammlung, die sich wie ein orientalisches Märchen liest, vorangestellt. Geschichten und Parabeln durchziehen auch die Gespräche Poonjas mit seinen Schülern und bereichern die klare, kompromisslose Lehre um ein buntes Leuchten. „Wo hast du den Frieden her," fragt Poonja seinen Schüler und damit auch den Leser, „da du doch im Moment vorher unruhig und aufgeregt warst?" Der Schüler: „Ich habe nachgesehen." Und Poonja: „Ja. Das hast du vorher nicht getan. Nach Millionen Jahren voll Aufregung und Unruhe siehst du nach und findest Frieden."

H.W. L. Poonja: Sei still! | 204 Seiten | ISBN 3-933496-61-6

J. Kamphausen

Robert Adams

STILLE

Die Stille des Herzens ist die Stille, die auf uns wartet, wenn wir zutiefst erkennen, dass unser Verstand nicht existiert. „Der schnellste Weg zur Realisation besteht darin, still zu sein," sagt Robert Adams, „doch du musst verstehen, warum du still bist. Still zu sein bedeutet, tief, tief, ganz tief zu jenem Ort zu gehen, wo die absolute Realität zu Hause ist."

Du bist das Selbst, dieses vollkommene unveränderliche Selbst. Nichts anderes existiert. Nichts anderes hat je existiert. Nichts anderes wird je existieren. Es gibt nur dieses eine Selbst und du bist Das.

Robert Adams: Stille des Herzens, Teil 1 | 208 Seiten | ISBN 3-933496-49-7
Robert Adams: Stille des Herzens, Teil 2 | 196 Seiten | ISBN 3-933496-50-9

J.Kamphausen   www.weltinnenraum.de